河北省社会科学基金项目HB23YJ053

张玉瑾/著

环京地区医养结合的
康养产业创新发展对策研究

HUANJING DIQU YIYANG JIEHE DE
KANGYANG CHANYE CHUANGXIN FAZHAN DUICE YANJIU

中国财经出版传媒集团

经济科学出版社
Economic Science Press
·北京·

图书在版编目（CIP）数据

环京地区医养结合的康养产业创新发展对策研究／
张玉瑾著． -- 北京：经济科学出版社，2024.8.
ISBN 978 - 7 - 5218 - 6176 - 1

Ⅰ. F726. 99

中国国家版本馆 CIP 数据核字第 2024Q9H194 号

责任编辑：武献杰
责任校对：王肖楠
责任印制：邱　天

环京地区医养结合的康养产业创新发展对策研究

张玉瑾／著

经济科学出版社出版、发行　新华书店经销
社址：北京市海淀区阜成路甲 28 号　邮编：100142
编辑部电话：010 - 88191441　发行部电话：010 - 88191522
网址：www. esp. com. cn
电子邮箱：esp_bj@ 163. com
天猫网店：经济科学出版社旗舰店
网址：http://jjkxcbs. tmall. com
固安华明印业有限公司印装
710 × 1000　16 开　15.5 印张　230000 字
2024 年 8 月第 1 版　2024 年 8 月第 1 次印刷
ISBN 978 - 7 - 5218 - 6176 - 1　定价：99.00 元

前　　言

随着经济社会的快速发展和人口老龄化趋势的加剧，健康与养老问题已成为社会各界关注的焦点。环京地区作为京津冀一体化发展的重要区域以及首都经济圈的重要组成部分，具备独特的地理优势和资源条件，不仅承载着疏解非首都功能、促进区域协同发展的重任，同时也面临着优化养老服务供给、提升老年人生活质量的迫切需求。在此背景下，探索医养结合的康养产业创新发展路径，对于促进环京地区乃至全国康养产业转型升级，具有深远的现实意义和理论价值。

《环京地区医养结合的康养产业创新发展对策研究》一书在系统梳理国内外康养产业发展经验的基础上，结合环京地区的实际情况，从政策环境、市场需求、资源配置、技术创新等多个维度，深入分析了环京地区医养结合的康养产业发展现状、存在问题及未来趋势。同时，通过实地调研、案例分析、专家访谈、定量分析等多种研究方法，提出了一系列具有前瞻性和可操作性的对策建议，以期通过本书的研究，能够为政策制定者、行业从业者及学术界提供有价值的参考和借鉴，共同推动环京地区乃至全国康养产业的健康、可持续发展。

本书共分为 8 章。第 1 章主要介绍了研究的背景、意义、创新点及研究方法，通过文献综述寻找研究缺口、定位研究不足。第 2 章和第 3 章系统分析了康养产业的范畴、发展特点与趋势，探寻环京地区康养产业发展现状及存在的问题。第 4 章运用定性与定量等研究方法构建环京地区康养产业发展指数与评价体系，探究环京地区康养产业的发展趋势并对不同城市康养产业发展水平进行了量化和评估。第 5 章探讨了金融在支持康养产业发展中的角色和作用，以及如何通过金融手段促进康养产业的可持续发展和创新。第 6 章选取城市、机构及康养小镇案例，分析其在康养产业发展中的创新路径和成功经验。第 7 章则重点探讨了数智化赋能、医养康养相结合、政府引导、金融支持和人才队伍建设等方面的创新发展策略和实践路径。第 8 章总结了全书的研究成果，并对未来的研究方向进行了展望。总之，《环京地区医养结合的康养产业创新发展对策研究》不仅是对当前环京地区康养产业发展现状的一次深刻剖析，更是对未来发展趋势的一次前瞻性探索。

在此，特别感谢为本书撰写提供支持和帮助的各界人士。希望本书能够为环京地区乃至全国范围内的康养产业发展提供有益的借鉴和参考，同时也期待能够激发更多关于康养产业创新发展的思考与讨论，共同为构建更加和谐、美好的社会贡献力量。

张玉瑾

2024 年 7 月

目　　录

第 1 章

引　言

1.1　研究背景

发展康养产业是建设现代化强国、实施健康中国战略的内在要求。随着我国经济的不断发展和人口结构的变化，老龄化问题日益突出，医养结合和康养产业作为两个重要的领域，受到了广泛的关注与研究。医养结合强调将医疗服务与养老服务相结合，为老年人提供更加全面、个性化的健康管理和养老服务；而康养产业则包含了康复、养生、健康管理等多个方面，涵盖了老年人全生命周期的需求。京津冀地区作为我国的重要城市群之一是全国人口老龄化的重点区域，数量庞大的失能失智老人、空巢老人、高龄老人群体，对专业化、个性化养老服务产生了强劲需求。由于环京地区地理位置的特殊性、人口结构的复杂性以及经济发展水平的不断提升，康养产业成为京津冀具有巨大发展潜力的朝阳产业。

国家和地方政府纷纷出台政策鼓励和支持康养产业的发展。《中共中央关于制定国民经济和社会发展第十四个五年规划和二〇三五年远景目标的建议》提出，实施积极应对人口老龄化国家战略。推动养老事业和养老产业协同发展，健全基本养老服务体系，发展普惠型养老服务和互助性养老，支持家庭承担养老功能，培育养老新业态，构建居家社区机构相协调、医养康养相结合的养老服务体系，健全养老服务综合监管制度。"构建医养康养相结合的养老服务体系"首次以国家发展规划的方式进入了国家发展顶层设计，这是医养与康养产业顺应新时代发展的需要。中共中央、国务院印发《"健康中国 2030"规划纲要》定下明确目标：到 2030 年，健康服务业总规模达 16 万亿元。康养产业将迎来前所未有的发展契机。河北省政府办公厅印发《关于大力推进康养产业发展的意见》，指出要不断提升康养产品质量和水平，加快建设康养产业体系，满足人们多层次的健康服务需求，促进康养产业与相关产业的融合发展，提出打造环京津康养产业平台。河北省人民政府《加快建设京畿福地、老有颐养的乐享河北行动方案（2023－2027 年）》提出，到 2027 年，医养康养相结合、居家社区机构相协调的养老服务体系基本建立。

进入 21 世纪以来，信息技术、生物技术、新能源技术、新材料技术等交叉融合正在引发新一轮科技革命和产业变革。全基因组检测与基因治疗、干细胞治疗、3D 细胞打印技术等有望率先实现产业化，信息技术与生物技术相互渗透融合，催生基因检测、远程医疗、个性化治疗等健康服务新业态，5G、大数据、人工智能、VR／AR、区块链、可穿戴技术等的应用场景不断拓展，创造全新健康体验。这些颠覆性技术将不断创造新产品、新需求、新业态，推动经济格局和产业形态深刻调整，成为国家和区域竞争力的关键所在，也为环京地区康养产业的快速发展提供了可能。

大力推动环京康养产业的发展，是京津冀地区养老工作协同发展的重要内容之一，也是河北省积极分担北京健康养老功能的重要举措。通过这一举措，可以满足京津冀老年群体日益增长的健康养老服务需求，缓解北京养老服务供给的压力，促进环京地区的产业结构转型升级和经济发展，具有重要的现实意义。环京协同养老示范带形成规模效应，有效承接北京养老需求，康养产业实现集聚化、规模化、品牌化发展，打造一批百亿级的产业集群。立足健康中国建设，研究并发展康养产业不仅是健康养老或生命科学某个科学领域的问题，也是重要的经济社会问题。然而，当前环京地区康养产业仍存在诸多问题和挑战。因此，如何结合环京地区自身特点，创新康养产业发展模式，优化社会资源配置，促进环京地区康养产业的发展，亟须加强研究。本书立足于此，旨在深入探讨环京地区康养产业的现状、问题与挑战，构建康养产业的发展指标体系，并提出相应的创新发展对策，以促进该地区康养产业的可持续发展，推动区域经济社会的全面发展。

1.2 研究意义与创新点

1.2.1 研究意义

1. 理论意义

（1）通过系统性思维梳理康养产业体系，结合国内外产业评价经典理论和环京地区康养产业发展现状，通过文本分析构建了康养产业发展指数，并构建了涵盖康养产业环境与政策支持、医疗资源与服务、康养服务与设施、数字化康养、中医药康养、经济发展水平、社会认同与参与等方面及若干具体子指标的环京地区康养产业发展评价指标体系。这不仅拓展和丰富了康养产业的理论框架，也为学术界和政策制定者提供了新的研究视角和方法论，有助于推动康养产业研究的深入发展。

（2）基于环京地区自身特点，以金融为支撑，以数智化为手段，探索数智化赋能的环京地区康养产业创新发展路径，为环京地区康养产业的创新发展提供理论支撑。这种理论探索不仅推动了康养产业的发展，也为金融与数智化手段在其他产业中的应用提供了新的理论依据。

（3）康养产业的研究涉及多学科交叉，包括医学、经济学、社会学、信息技术等。本书通过构建康养产业发展指数及发展评价指标体系，促进了各学科的交叉融合，推动了多学科领域的协同发展，这种交叉融合不仅拓展了康养产业研究的广度和深度，也为学科间的相互借鉴和合作提供了新途径；通过系统的评价指标体系，能够对康养产业的发展现状进行全面、客观、科学的分析，这不仅提升了康养产业研究的科学性和系统性，也为未来的康养产业研究提供了坚实的基础和可靠的数据支持。

2. 现实意义

（1）促进社会和谐与经济发展。构建环京地区康养产业发展指数与评价指标体系，有效分析环京地区康养产业发展现状与存在问题，助推环京区域医养结合和康养工作。这有助于落实京津冀协同发展、健康中国和积极应对人口老龄化的国家战略，促进区域康养产业的健康发展。通过推动康养产业的发展，可以实现社会和谐与经济发展的双赢。康养产业的发展不仅能够提升老年人的生活质量，促进社会的和谐与稳定，还可以拉动相关产业的发展，带动区域经济的增长，为社会提供更多的就业机会，促进区域经济的繁荣与可持续发展。

（2）推动数智化赋能的产业创新。探索数智化赋能的环京地区康养产业创新发展路径有利于优化环京地区康养产业布局，有效拉动康养消费，培育新的经济增长点，促进经济的健康发展与区域经济转型升级。通过推动环京地区原有康养产业改造升级，提升竞争优势，提高产业链价值，培育发展新动能，不断提高康养产业在国民经济中的比重，能够促进产业融合发展，催生新业态、新产品和新商业模式，也能促进社会就业，是实现人力资源资本化的重要手段，有利于挖掘"健康红利"、拉动经济增长、推动经济转型升级。

（3）促进老龄化社会的健康发展。通过推动医养结合的康养产业发展，可以推动康养产业的创新与升级，构建科学、完善、多元、有效的康养产业体系。这不仅能够更好地满足老年人的医疗和养老需求，降低老龄化带来的社会成本压力，提升老人生活质量，建立和谐社会关系，还可以提高康养服务的专业水平和服务质量，有利于更好地惠及京津冀老年人及其家庭，减轻家庭养老负担，促进老龄化社会的健康发展，实现老有所养、老有所安、老有所乐、老有所福。

（4）指导政策的制定与实施。通过构建和应用康养产业发展评价指标体系，可以为政府制定和实施相关政策提供科学依据和指导。这有助于政府更好地理解环京地区康养产业的发展现状和需求，制定出更具针对性和有效性的政策措施，推动环京地区康养产业的健康和可持续发展。

1.2.2 研究的创新点

1. 学术思想特色和创新

从整体出发，拓宽康养产业的边界，创新性地将康养产业与大数据、人工智能等前沿科技相融合。传统的康养产业主要集中在医疗和养老服务上，而本书则将科技作为康养产业发展的新动力，通过数智化手段赋能环京地区的医养结合康养产业，推动其创新发展。具体而言，本书不仅注重康养服务的质量和效率提升，还探索如何利用大数据分析和人工智能等技术对康养需求进行精准预测和个性化服务推荐。这样，不仅提高了康养服务的智能化水平，还为未来康养产业的发展提供了新的技术路径。

2. 学术观点特色和创新

本书提出构建环京地区康养产业发展指数与发展指标体系，并对环京地区康养产业发展进行评价，具有显著的探索性和创新性。这一观点突破了传统康养产业评价的单一维度，综合考虑了环境与政策支持、医疗资源与服务、康养服务与设施、数字化康养、中医药康养、经济发展水平、社会认同与参与等多个方面，形成了一个系统全面的评价框架。同时，发展指数和指标体系的构建不仅能够反映环京地区康养产业的现状，还能够为其他地区提供可借鉴的评价模型，推动康养产业研究的进一步发展。

3. 研究方法特色和创新

本书在方法上具有显著的创新性，首先，文本分析法，运用 Python 数据获取技术收集环京地区康养产业的相关数据。这种方法不仅提高了数据收集的广度和深度，还能够及时获取最新的行业信息，为研究提供了丰富的事实依据。其次，定性与定量评价手段的综合应用。在评价环京地区康养产业发展时，研究综合采用了定性与定量评价手段。定性评价通过专家评估、问卷调查和焦点小组讨论等方式，收集主观意见和反馈；定量评价则通过数据和数学模型进行分析，如采用了熵权－TOPSIS法，有效避免人为主观因素的影响，确保评价结果的科学性和客观性。通过这种方法，能够更加精准地评估环京地区各市级行政区康养产业的发展水平，不仅丰富了评价手段，还提高了评价结果的可信度和准确性。最后，结合区域特点进行指标体系构建。在构建评价指标体系时，充分考虑了环京地区的地理、人口和经济特征，确保指标体系的适用性和针对性，这不仅增强了评价的现实意义，也为其他具有类似区域特点的地区提供了参考。

1.3　研究方法与研究内容

1.3.1　研究方法

1. 文献研究法

文献研究法是本研究的基础，通过广泛查阅和梳理国内外有关环京地区医养结合康养产业发展的文献资料，系统分析这些文献资料中关于康养产业的现状、发展趋势、存在问题、政策背景以及成功案例，提炼出关键理论和实践经验。具体来说，笔者查阅了国内外关于康养产业、医养结合、健康老龄化等相关领域大量的学术论文、政府工作报告、行业研究报告、相关政策文件等，重点关注康养产业的发展模式、政策支持、服务质量、技术应用等方面的内容。通过对文献的系统梳理，了解康养产业的现状、发展趋势、挑战以及成功案例，明确了现有研究的不足之处，为研究的创新和突破提供了方向和依据。

2. 专家访谈、调查问卷与实地调研相结合

通过邀请政策制定者、行业专家、学者等专业人士进行深度访谈，获取

他们对环京地区康养产业发展的专业见解和建议。这些专家的见解和建议不仅能够为研究提供高层次的理论指导，还能帮助识别出康养产业发展的关键问题和挑战。同时，深入环京不同地区进行实地调研，详细了解康养产业的实际情况，包括政策落实、资源配置、服务模式、设施建设等方面的具体表现。这些实地调研活动不仅能够全面掌握环京地区康养产业的发展现状和存在的问题，还能够获取一手的实地数据，为构建评价指标体系提供可靠的依据。此外，通过设计并发放调查问卷，收集不同利益相关者（如居民、康养服务提供者、政府官员等）的意见和反馈，进一步丰富和完善研究数据。

3. 定量与定性研究相结合方法

运用文本挖掘、因子分析等方法构建环京地区康养产业发展指数。利用文本挖掘技术，分析大量关于环京地区康养产业的文本资料，提取出关键指标和影响因素。同时运用 Python 数据获取技术，从网站、新闻报道、政府公告等渠道实时收集数据，确保研究数据的丰富性和时效性，这些数据将作为构建环京地区康养产业发展指数的重要依据。并采用因子分析法对收集的数据进行统计分析，提取出能够代表环京地区康养产业发展水平的关键因子，这些因子将作为构建环京地区康养产业发展指数的基础，确保指数的科学性和代表性。

收集环京地区相关事实数据，综合采用定性与定量评价方法，对环京地区的康养产业进行比较评价。定量研究上运用熵权 – TOPSIS 法确定各指标权重，确保权重分配的客观性，更加精准地评价环京地区各地区康养产业的发展水平。在定性评价方面，除了专家访谈和实地调研外，还通过问卷调查和焦点小组讨论等方法，收集不同利益相关者的意见和反馈，获取更为全面和多元的评价视角。通过对这些定性数据的分析，能够深入了解各地区康养产业发展的具体情况和潜在问题，确保评价结果的全面性和客观性。将定量和定性评价结果进行整合，对环京地区的康养产业进行综合评价，找出各市级行政区在康养产业发展中的优势和不足。基于评价结果，结合环京区域特点，探索数智化赋能的环京地区医养结合的康养产业创新发展策略，提出具体的政策建议和实施路径，为环京地区康养产业的发展提供切实可行的指导。

1.3.2 研究内容

1. 环京地区医养结合的康养产业概述

首先，详细总结了康养产业的范畴与发展历程。康养产业作为服务于老年人健康和生活质量的综合性产业，经历了从传统的简单养老服务向多元化、专业化发展的演变过程。根据消费群体、市场需求、关联产业、资源差异和地形地貌对康养产业进行分类，揭示了各个细分领域的发展动态和市场需求。其次，通过历史沿革和政策背景的回顾，系统探讨了中国康养产业的特点，如文化底蕴深厚、庞大的市场需求，政府政策支持力度大，呈现健康旅游热潮等。未来发展趋势方面，强调了科技驱动的重要性，随着科技进步和消费者需求变化，康养产业将向智能化、个性化和国际化方向发展，同时呈现跨界融合和全产业链整合趋势。再次，分析国外如日本、德国、美国康养产业发展历史与现状、特点及康养产业范例，对比分析国内康养产业发展情况。最后，总结环京地区康养产业相关政策及环京地区康养产业发展布局。

2. 环京地区康养产业发展现状与问题识别

首先，分析环京地区康养产业发展的优势与机遇，详细描述了自然资源、区位优势、产业基础、中医药资源、人文资源及京津冀协同发展等因素对康养产业发展的积极影响。其次，通过实地调研、专家访谈、文献分析等，深入剖析了环京地区康养产业的现状，如环京康养产业园建设迅速、康养休闲养生旅游蓬勃发展、健康养老多元发展、环京区域多点发展。同时，总结了环京地区康养产业存在的问题与面临的挑战，包括产业层次不高、融合发展欠缺，基础设施薄弱、管理运作模式不优，医养与康养结合不够深入，融资渠道狭窄，科技创新能力不足，人才短缺等。

3. 环京地区康养产业发展指数与评价

首先，运用文本挖掘技术及 Python 数据获取技术构建了环京地区康养产业发展指数的原始词库并量化原始词库，运用因子分析等方法构建康养产业发展指数，探究 2014～2023 年间环京地区康养产业的发展趋势。其次，建立环京地区康养产业评价指标体系，根据康养产业相关政策文件、国内外相关研究成果和实际数据，设计了涵盖环京地区康养产业各个方面的综合评价指标。采用熵权－TOPSIS 法、调查问卷法、专家访谈法等定性定量研究方法，对环京地区不同城市康养产业发展水平进行了量化和评估。最后，通过康养产业发展评价星级分档，对各地区在环境与政策支持、医疗资源与服务、康养服务与设施、数字化康养、中医药康养、经济发展水平、社会认同与参与以及康养产业整体水平进行比较评价。

4. 金融支持康养产业发展

首先，分析金融支持康养产业发展的现实意义，包括促进康养产业资金供给、优化资源配置、推动技术创新、增强企业竞争力、促进区域经济发展、满足多样化养老需求。其次，深入讨论了康养产业在投融资过程中面临的实际困境，如融资方式单一、融资成本高、投资回报周期长、相关市场机制不完善。针对融资渠道不畅、融资成本高等问题，提出了优化融资渠道、引导金融机构增加对康养产业的信贷支持、推动金融科技应用等解决方案。通过加强政府引导、制定支持性政策、加强监管等，探讨了政府在引导和规范康养产业金融支持中的角色和作用，以及如何通过金融手段促进康养产业的可持续发展和创新。

5. 环京地区医养结合的康养产业创新案例分析

选取了城市、机构及康养小镇案例，深入分析其在康养产业发展中的创新路径和成功经验。通过对攀枝花市和秦皇岛市在发展背景与现状、发展优势与不足的分析，探求案例城市的创新发展特色，如医养康养结合、智慧康养等。通过对典型康养机构如中国康养恒颐汇（燕山院）的实地调研和案例分析，探讨了其在服务模式创新、异地养老服务体验等的创新实践。通过对医养结合型康养小镇的案例分析，探求医养结合康养小镇的创新发展路径。结合城市、企业及康养小镇康养发展案例的发展优势和市场表现，总结创新发展经验，为环京地区的康养产业创新提供了具体的参考和借鉴。

6. 环京地区医养结合的康养产业创新发展路径

根据前面研究结果，在京津冀协同发展、健康中国和积极应对人口老龄化国家战略下，结合环京区域自身特点，把与科技的融合发展作为环京地区康养产业发展的驱动力，在与大数据、人工智能、区块链等科技的融合中实现康养产业的创新发展。详细探讨数智化技术在康养产业中的广泛应用及其对产业发展的推动作用，通过发展基础信息设施、建设便捷信息化服务系统、推广康养智能产品等措施，提出了实现康养产业数字化转型的路径和策略，推动形成数智康养新引擎，应用新技术新形式，推动数智康养平台建设。完善医养核心要素支持，推动医养康养相结合，以医带养、以医促养。结合政府引导、金融支持和人才队伍建设等综合措施，探讨如何在环京地区推动医养结合的康养产业创新，以应对人口老龄化趋势和消费升级需求，促进区域经济健康发展。

1.4　文献综述

1.4.1　关于康养产业定义与发展趋势的相关研究

阳光康养产业发展论坛在 2014 年首次提出康养产业这一概念，认为康养产业涵盖了旅游休闲业和健康养生业等相关领域，成为现代服务业的重要组成部分。随着对康养产业内涵理解的不断深入，形成了以下三种主要观点：第一种观点认为康养包含健康和养老两个方面，其中健康意指恢复、维持或增进健康，养老则包括老年人照护和养护等内容。这种观点将健康和养老相结合，认为康养产业实际上是健康产业和养老产业的统称（杨继瑞等，2018；罗毅，2019）。第二种观点认为康的含义不变，而将养定义为体现中医治未病思想的养生活动（李后强，2015），并将养生保健服务作为主要产业形式。第三种观点改变康与养的并列关系，将康看作目的和方向，养视为手段和过程，使人的身心维持健康状态（何莽，2019），将康养产业定义为养老、养生等产业活动的集合。关于康养产业基本属性与功能属性的方面，康养产业具有准公共产品的特点，回收周期期长、投入资金大、项目运营风险比较高，比较容易受到融资以及经营场所等因素的制约（杨继瑞和赖昱含，2018）。发展康养产业能够有利于产业结构转型升级，是坚守和提升发展和生态这两条底线的有效途径（丁文珺和熊斌，2020）。发展康养产业符合我国经济社会发展趋势，是应对老龄化挑战和适应经济社会发展的必然选择（吴文武和张燕婷，2022）。

国外没有康养产业的概念，而是称作健康产业，相关研究主要是从卫生经济学或健康经济学的角度出发，更多地涉及医药卫生系统改革、医疗保障体系完善等内容的卫生经济学或健康经济学领域（房红等，2020）。与健康产业相类似的概念范畴中，银发经济占据显著地位，这一概念由经济合作与发展组织（OECD）界定为一系列产业及部门，它们专注于为老年人群量身打造的产品与服务，其内涵与我国养老产业不谋而合，但银发经济尤为凸显其在市场导向及精准对接老年需求方面的特性（Marek et al.，2011）。回溯至 1947 年，世界卫生组织对健康的理解超越了单纯的无病无弱，拓展为身体、心理以及社会层面的全面福祉状态。1989 年世界卫生组织更进一步将道德健康纳入健康范畴，从而构建了包括生理健康、心理健康、良好社会适应力及道德健康在内的四维健康观。在经济体系中，健康产业对应于那些致力于向患者提供预防、康复及治疗服务的部门，这在我国直接对应于医疗卫生服务业。若从更宽广的视角审视，该领域还涵盖了美国经济学家保罗所倡导的保健经济范畴，即面向非病患群体提供健康相关产品与服务的经济活动，这一范畴广泛融合了医疗与保健两大产业，共同构成了当前所热议的大健康产业体系（Paul，2007）。

世界卫生组织与世界银行联合统计的健康产业范畴，广泛跨越了医药制造业、健康管理与促进服务、医疗与康复服务业、老年照护产业以及健康旅游等多个经济维度。这一综合性产业体系不仅覆盖了从药物研发到患者治疗的完整链条，还深入到了健康管理、长期照护以及促进健康生活方式的旅游服务等多个方面，从而全方位地促进并维护了人类的健康福祉。国外康养产业研究方向大体包括医药卫生体系的研究（Cutler et al.，2006；Nils et al.，2016）、医疗保障方面的研究（Ethan，2018）和健康行为经济学的研究（Henry，2018）等。

总体来看，康养产业的内涵分为狭义和广义两方面。从狭义方面看，康养产业发展起源于健康和养老，其基本保障在于健康和安全。根据我国当前的发展情况，狭义的康养产业主要是为了应对老龄化冲击、迎合并开发老年人口消费市场，而提供的包括健康、养生和养老三方面内容的产品和服务，主要的服务对象也是老年人和对康养服务有较高质量和多层次需求的群体，目的在于健康的促进和管理，养老和疾病的预防、治疗、康复等。从广义方面看，康养主要是指通过一定的养生和医疗手段，为满足人们对健康幸福生活的追求，使人在身体、心理、生活以及社会适应性方面都处于一种健康良好的状态。康养产业服务于全年龄段、全体居民，由健康、养生、养老向医疗、文化、体育、旅游等诸多业态延伸，逐渐形成一个整体的生态系统。

《中国康养产业发展报告（2021）》指出，我国康养资源的分布区域具有明显的聚集性特征，不同学者对各地区康养产业的发展进行了深入研究。刘战豫等（2019）研究了焦作市的康养产业发展现状，指出该市在康养资源丰富的基础上，亟须优化资源配置和提升服务质量。张旭辉等（2020）则针对攀枝花市的康养产业发展策略进行了分析，提出要结合当地的自然资源优势，打造具有地方特色的康养品牌。中国社会科学评价研究院（2022）构建了中国城市康养产业发展评价指标体系，为中国康养产业的未来发展提出了科学的对策建议。陈皓阳等（2022）从政策、机遇、人才等多个维度探讨了我国康养产业的发展现状与问题，并提出了一系列建议，包括完善市场机制、加大宣传引导、健全顶层设计等，旨在推动康养产业的健康可持续发展。杨鑫和万玉霜（2023）则提出了完善医养核心环要素支持，推动形成数智医养新引擎的观点，探索了数智化技术如何赋能赣南革命老区的康养产业发展，强调了科技创新在康养产业中的重要作用。于代松和袁诗雨（2024）选取四川省洪雅县作为研究样本，深入剖析了该区域康养旅游产业的核心价值与发展紧迫性，挖掘其得天独厚的资源条件，进而创新性地提出"五维康养"产业架构作为产品与服务的新开发导向。此架构依托于特色鲜明的康养区域，旨在促进康养业与生态环境、现代农业、文化底蕴、体育健身、医疗健康五大关键领域的深度融合与协同发展。为加速洪雅县康养产业的创新步伐与转型升级，阐述了一系列策略性举措，如加强跨区域合作网络、塑造鲜明品牌识别度、执行精准高效的市场营销策略，以及构建智能化、互联互通的产业服务平台，这些举措不仅为洪雅县康养产业的蓬勃发展奠定了坚实基础，也为我国康养产业领域的理论研究与实践探索贡献了丰富的案例分析与宝贵经验，具有重要的参考与借鉴意义。

罗素和布谢尔（Staiff and Russell，2004）倡导将现代卫生与健康理念融入传统旅行模式中，催生出健康旅行这一新型旅游方式，助力旅客达到心灵释放、身体疲劳与心理负担的双重缓解。玛瑞亚等（Maria et al.，2014）进一步强调健康旅行作为一般旅行的升级形态，不仅全面继承了传统旅行的要素，更在此基础上深刻满足了人们对于身心全面福祉的追求。随着社会经济的迅猛发展，普遍预期民众将愈发倾向于选择健康旅行作为出游首选，期望从这一过程中获取更加广泛而深远的益处，从而最大化旅游体验的价值。基姆等（Kim et al.，2020）探讨校园森林治疗计划的心理影响，校园森林治疗计划是一种有效的策略，为大学生提供心理健康效益。妍等（Yeon et al.，2021）认为森林康养的森林特征和系统的活动，可以最大限度地改善抑郁和焦虑。

日韩等国也是较早进行森林康养运动的国家。韩国休养林体系聚焦于深化人类感官体验的层次，采取一系列举措优化林间声景与景观，包括设立生态鸟食站、促进食源植物的多样性种植以及构建隐蔽的鸟类繁殖空间等，以此吸引鸟类栖息，进而显著提升其作为康养目的地的环境质量。日本自推行森林疗养计划以来，已成功培育出众多满足森林健康产业核心标准的国家休养林。以小石川市森林公园这一典范为例，该康养胜地通过引导游客漫步林间、静享休憩时光等自然互动方式，实现了五感疗法的实践，园区内精心规划的组团式疗法步道，更是为游客量身定制了"评估—干预—反馈"这一闭环式的治疗流程，确保了治疗过程的全面性与有效性。

在加速构建健康中国的战略背景下，康养产业迎来了蓬勃发展的黄金时期，其业态由单一的康养旅游逐步拓展至多元化领域，涵盖了田园休闲康养、森林生态康养、中医药特色康养以及体育健康促进等新兴模式。这一趋势激发了学术界对康养领域的浓厚兴趣，相关研究呈现日益增长的态势，深入探索各类康养模式的理论基础与实践应用。近年来，生态气候宜居、自然资源宜养的贵州，强化康养资源统筹开发，着力培育森林康养、温泉康养、运动康养、田园康养等业态，并强力促进康养产业与相关产业融合发展，取得明显成效。

从我国康养产业实践可以看出：伴随着"健康中国"战略的深入推进，康养产业将成为国家战略性投资重点；与乡村休闲旅游结合的田园康养将成为康养新热点；康养产业将与旅游业、养老养生产业、文化产业等行业联动，实现跨越融合发展；数字技术赋能康养产业创新发展（罗先菊，2023）。

同时有学者也认为应该发挥中医药在康养产业发展中的作用。中医药发展支持政策不断出台，疾控体系改革不断深化，医药卫生体制改革持续深入，医疗卫生领域科技创新能力持续增强，为中医药特色康养服务的开展和持续深化提供了多方面的优势和条件（刘恩和吴巧敏，2023）。

对康养产业发展面临的问题研究方面，尽管我国医养结合机构的数量实现了快速增长，但其服务供给尚处于初级阶段，具体表现为老年医学专科与医疗服务供给不足，难以实现与医疗体系的无缝衔接。此外，康养企业尚未形成具有规模效应的产业集群，其产品技术层面多偏向于低附加值，主要集中于市场低端，缺乏具备核心竞争力的自主知识产权产品，难以充分响应老年群体多元化、差异化的康养需求（陈皓阳等，2022）。阎嘉昀（2020）针对雄安新区这一具体案例进行深入剖析，指出该区域康养产业面临三大障碍：首先，专业人才队伍匮乏，成为制约产业发展的重要因素；其次，康养产业配套的法律框架、规章制度及激励政策尚不完善，缺乏有力的制度保障；最后，区域基础设施相对滞后，难以满足康养产业高质量发展的基础设施需求。

1.4.2　关于医养康养相结合的相关研究

医养结合就是指把医疗资源与养老资源相结合，在实现社会资源利用最大化的同时，还能够满足老年人"有病治病、无病疗养"的多元化健康养老需求（苟翠萍等，2023）。在探讨医养结合服务模式时，其核心理念聚焦于老年人对养老生活核心诉求的"医"与"养"两大维度，分别对应着健康维护与生命延长的双重目标。具体而言，"医"层面强调通过规律性的健康体检与筛查，确保老年人对自身健康状况的明晰了解，并在遭遇疾病时，能够迅速获得针对性的治疗、护理及身体功能恢复服务。"养"的层面则深刻融合了中华传统文化中"天人合一"的哲学思想，不仅关注于身体机能的维护与促进，还广泛涉及精神层面的健康呵护，通过促进老年人间的日常社交互动，维系其身心状态的和谐统一，进而实现生命质量的长期保持（高鹏等，2022）。综上所述，医养结合模式旨在将专业的医疗照护与老年人的日常生活需求紧密融合，构建一个全方位、多层次的养老服务体系。从广义上讲，医养结合所涵盖的范围非常广泛，一切将医疗服务和养老服务相结合的方式，都可以称为医养结合。从狭义上讲，医养结合所服务的对象主要是老年人、残疾人及失能、半失能的人群（张志雄和王思琦等，2024）。

在国外，美国于 1971 年创立了 PACE 项目，该项目根植于全国性的公共健康保险框架之中，其核心聚焦于提升老年群体的生活品质与捍卫其人道主义尊严。PACE 的服务范畴广泛，涵盖了为残疾老年群体及年满 55 岁、需专业医疗照护的老年人提供一体化、全方位的医疗保健、专业护理以及个性化的康复训练服务，旨在有效回应老年人多元化、个性化的生活需求（Toner，1990）。与此相辅相成，LTAC（长期急性护理医院）与 LTCH（长期护理中心）所倡导的家庭养老模式，作为 PACE 社区养老计划的补充力量，同样代表着美国护理服务模式的创新潮流，它们共同构建了一个更为全面、灵活的老年人照护体系。与 PACE 社区养老计划形成补充的是 LTAC 和 LTCH 的家庭养老模式，也是美国新型护理模式的典型代表（Carson et al.，1999）。西于尔扎多蒂等（Sigurðardóttir et al.，2013）对 PACE 项目进行综合评估，数据揭示出该方案在显著降低老年人就医频率方面的显著成效，同时，其服务模式的专业性与全面性均达到了满足老年人多元化需求的标准，实现了医疗与养护的无缝融合，为老年人提供了一种综合性的健康照护方案。哈丁等（Harding et al.，2015）在探究老年残疾预防计划中，深入分析了医疗与护理费用相关因素的作用力，研究指出，相较于户外活动频率较低的老年人，每周外出活动超过三次的老年群体展现出更为优越的健康状况。这一发现与国内推行的健康养老理念不谋而合，强调了康养范畴的广泛性，它不仅涵盖了医疗护理的维度，还深入到健康老年期的身体维护、半失能状态下的身体功能恢复等多个层面。进一步的研究证据显示，保持适度的户外活动量对于促进老年人身体健康具有积极作用，是健康养老不可或缺的一环。

为了有效缓解老龄化社会带来的挑战，英国构建了全面的老年综合照护服务体系。鉴于其医疗体系的成熟度，该系统主要面向具有健康照护需求的老年群体，通过细致规划、全面实施的策略，为老年人提供一套个性化、系统化的养老服务方案（Henk et al.，2004）。在此基础上，英国还积极推动了一系列医养结合服务的创新举措，这些措施根植于国家医疗服务体系内部，并着眼于服务需求者的核心关切，致力于从用户视角出发进行改革尝试。为促进资源的优化配置与服务的无缝对接，英国还展开了广泛的跨部门、跨专业的合作探索，特别是在卫生服务体系与地方社会服务体系之间，建立了紧密的联动机制。尽管两者在行政上分别隶属于国家医疗服务体系和地方政府管理，但通过有效的协同合作，英国成功实现了卫生健康与养老服务领域的深度融合，为老年人提供了更加全面、高效的照护支持。

日本的老龄化程度在世界范围内都属于较高的水平，日本政府为解决人口老龄化问题，在 2000 年时就实施了强制性长期护理保险。通过将人们从医院转移到居家照护系统来节省医疗支出和减轻家庭照顾者的负担，更为重视社区居家照料而不是机构照料（Conrad，2022）。于等（Yu et al.，2011）对日本的医疗护理人员医院出院支持在降低长期护理病房病人再入院率方面的有效性进行了研究，发现这一支持对于降低病人再入院率是有效果的，所以日本政府为了满足不断增加人口老龄化对医疗服务的需求，政策风向开始转向居家医疗，释放更多住院治疗的医疗服务资源。日本的老年护理体系在不断探索中逐渐完善，并且"医养结合"的特点越来越明显，老年护理体系的服务内容主要包括对老年人疾病的治疗、身体机能康复护理等，服务日趋多元化、标准化，增进了社会整体福祉。

总体上看，医养结合是指能够为老年人提供医疗服务和养老服务，促使医疗机构和养老机构能够进行有效衔接。医养结合将医疗机构与养老机构进行有效整合，为老年人提供医疗保健服务、疾病诊治服务、健康养生服务、生活照料服务、康复护理服务、健康管理服务、精神心理服务、老年文化娱乐服务等。老年人可以根据自身实际的健康状况来选择"以医为主""以养为主"或"医养并重"的医养结合模式。医养结合作为补齐养老服务民生短板和满足老年人健康养老需求的重大民生工程，一直是受到社会普遍关注的热点问题。目前，关于我国医养结合的研究主要集中在研究医养结合养老模式、医养结合人才培养、长期护理保险、中医药养老和智慧医养等方面。

医养结合模式作为一种新型的养老服务模式，随时代进步而逐步演进。回顾我国经济社会发展的历程，传统上，老年人的养老关怀与医疗服务分属不同体系，彼此间缺乏紧密关联。面对老年群体日益增长的健康关注，医养结合模式应运而生，它巧妙融合了医疗资源与生活照护，将老年人的健康维护与医疗服务置于核心地位，展现出高度的整合性与发展活力，现已成为我国养老与医疗领域融合创新的关键路径。陈运奇（2021）强调，医养融合养老模式构成了一个应对社会养老挑战的综合策略框架。随着我国医养健康服务体系的日益健全，多样化的医养结合服务模式相继落地实施，这些举措不仅促进了全民健康水平的提升，更是向"健康中国"这一长远目标迈进的坚实步伐。张翠英（2021）等针对医养健康服务模式及其服务对象进行的调研显示，绝大多数受访者对医养结合型养老服务持肯定态度，认为此类服务能够精准对接老年人多元化的生活需求，特别是在慢性病管理、大病救治及精神慰藉方面，展现出了显著的优越性，有效提升了老年人的生活质量与幸福感。

医养结合模式的推进，依托于市场调节的主导作用及政府引导的辅助角色，旨在高效融合医疗资源与养老资源，其核心价值在于跨越传统医疗与养老服务之间的壁垒，达成资源最优配置。该模式力求为老年群体提供迅捷、便捷且精准的医疗服务，进而将医疗救治、康复护理、健康养生及养老照护等多元服务无缝衔接，构建"医养融合"的综合体系，全面响应老年人的综合养老需求。医养康养结合的概念远不止于医疗与养老的单一结合，它还广泛涵盖了养生、文化娱乐、旅游休闲等多元化业态，形成一个综合服务体系。康养作为一种面向健康状况良好、经济条件较优的老年人的高端养老模式，不仅强调健康管理与生活方式的优化，更对养老服务的质量标准与个性化需求的精准满足提出了更高的期望与要求，旨在全方位提升老年人的生活质量与幸福感（王颖捷和陈友华，2023）。

孔舒（2022）提出要立足新时代，始终要坚持党的领导、人民至上、守正创新、动态发展、量力而行的发展原则，通过建立健全医养结合模式法律体系、推动形成多元主体协同共建大格局、构建居家、社区、机构混动医养结合模式、强化推进医养结合工作的科技创新能力以及从中华优秀传统文化中汲取丰厚滋养来构建具有中国特色的医养结合模式。智慧养老健康产业的卓越发展，作为深入践行健康中国宏伟蓝图与积极应对人口结构老龄化国家策略的关键环节，扮演着举足轻重的角色，旨在通过技术创新与模式升级，推动养老服务体系向更加智能化、个性化与高效化的方向迈进，从而有效支撑并促进两大国家战略的深入实施与高质量达成（王立剑等，2024）。

随着民众对健康养老需求的日益增长，康养服务的受众范畴显著拓宽，涵盖了更为广泛的老年群体，在此背景下，智慧康养服务的兴起与发展，在政府的积极倡导与持续推动下，已逐步演变为应对人口老龄化挑战、提升民众福祉的关键民生举措之一。这不仅致力于满足老年人对高品质、个性化养老服务的需求，还通过智能化手段优化资源配置，提升服务效率，为构建和谐社会贡献重要力量。李菲等（2019）的研究揭示，老年群体在医疗照护、居家照料及心理慰藉等服务方面存在显著需求，且普遍偏好传统的家庭养老模式。此需求受健康状况、年龄结构、婚姻状况、子女数量及经济水平等多重因素的综合影响。养老服务供给应秉持需求导向原则，聚焦于"健康老龄化"核心理念，既要尊重传统养老文化，又需在服务路径上勇于探索，创新性地构建多元化、多层次且灵活多样的服务供给体系。孙继艳等（2016）深入分析指出，我国健康养老服务领域面临资源总量有限、利用率不足的问题，智慧化养老服务的水平尚待提升，且智慧康养服务体系的建立相对滞后，为解决此系列问题，需政府与社会双轮驱动，其中政府层面应强化政策引导与支持，促进健康养老产业的资源整合与优化配置。杨丽君（2021）的研究表明，我国三大经济区域的老龄化进程均对城乡居民的消费结构造成了负面压力，而健康养老产业的蓬勃发展为缓解这一影响提供了一定程度的正面效应，但其缓解力度尚不足以完全抵消老龄化的消极影响。持续推动健康养老产业的深度发展，成为减轻老龄化对消费市场冲击、促进经济健康发展的关键路径。

　　构建医养康养相结合的养老服务体系是我国实施积极应对人口老龄化国家战略的重要组成部分。推动这一体系有效实施的前提是科学解读政策内涵，并系统把握体系的构成要素（孙鹃娟等，2023）。汪连新（2019）指出，政府需明确责任，引入市场化和社会化的竞争机制，通过颁布法律、制定服务标准和严格监管，打破医疗保险的瓶颈，探索和开拓医养结合的方式，为老年人的健康和保健服务提供便利。青连斌和王羽（2022）认为，应顺应老年人对疾病医疗、健康保健和精神生活的强烈需求，在养老服务中更好地融入医疗服务、健康服务和心理疏导服务，推动养老与医疗、养老与健康、养老与心理服务的相互促进，实现医养康养心养的融合发展。

　　医养康养相结合养老服务产业模式的兴起，是养老产业顺应社会历史演进规律的必然结果，它标志着医疗资源与养老、养生乃至旅游产业的深度融合与优化重组，是新时代背景下医养结合与康养旅游产业共荣共生的自然产物。此模式的发展深度关联农村地区的生态与人文资源挖掘与利用，为乡村振兴注入了新的活力与动力（王国桢等，2023）。邱丽君与邢丹（2024）提出，将医养康养融合与智慧养老模式进行创新性结合，构建一种集医疗、康复与智能技术于一体的新型养老服务模式，旨在为老年人提供更为丰富、定制化的服务体验，涵盖高效便捷的远程医疗服务、个性化科学的康复指导、精准连续的健康监测以及智能化的居家生活辅助等。推动医养康养相结合的养老服务产业向高质量发展迈进，关键在于构建一支由顶尖医疗团队、专业素养高的医护人员及康养旅游领域精英组成的综合人才队伍（何鸿和王国桢，2023）。然而，当前我国在医养结合与康养领域的专业人才供给上存在显著短板，人才结构失衡，且缺乏系统化、专业化的培养平台与机制，这已成为制约该产业进一步发展的关键因素（李秀芳等，2022）。

1.4.3　关于康养产业融资的相关研究

投资高、周期长、产业链长、资金量大等特性导致康养产业有效供给不足（赵桐等，2020）。陈臣等（2023）分析四川省在数字康养中投融资的现实困境，新兴小微康养企业经营模式和宣传效果不佳，投资方对企业不信任。数字康养现有发展水平与投资条件不符，投资方重盈利多呈观望态度。

2023年中央金融工作会议强调要做好科技金融、绿色金融、普惠金融、养老金融、数字金融五篇大文章。养老金融作为一个新兴且内涵广泛的领域，首次亮相于中央金融工作会议的官方文件之中，并被明确置于金融改革的核心议程上，彰显了深远的现实意义并更承载着重大的战略意义。养老金融的蓬勃推进，为构建独具中国特色的现代金融体系增添了全新维度与活力，它与普惠金融、数字金融的深度融合与协同发展，正成为驱动新时代金融高质量发展的新引擎。强化养老金融的发展，不仅是国家积极应对人口老龄化挑战的战略性布局，也是深化多层次养老保障体系与服务网络的不可或缺的一环（王擎，2023）。2024年政府工作报告再次提到"大力发展养老金融"，标志着养老金融将进入新的发展阶段（董克用，2024）。国家正加速构建一套集居家、社区与机构养老相互协调，以及医养、康养深度融合的全方位养老服务体系，强化基本养老与居家社区养老服务的实施力度成为关键，而养老服务体系的顺利推进离不开金融的深度参与和有力支撑（郑伟，2023）。金融作为核心驱动力，通过精准引导养老相关资金的流向，有效促进养老产业的蓬勃发展，两者间形成了良性互动与互补共生的关系。金融的介入不仅为养老体系注入了活力，还通过其特有的资源配置功能，反向滋养并优化养老服务的整体效能。

国家金融监督管理总局山东监管局课题研究组指出，养老产业金融作为广义养老金融框架内的一个核心分支，专注于服务养老产业链及其广泛关联的上下游领域。此领域不仅覆盖了养老服务的直接提供者，还延伸至支撑养老产业发展的各类生产企业和机构，致力于通过投融资策略与金融服务的创新，如开辟多元融资路径、设计新颖信贷方案等，为行业注入活力。大型养老机构往往依赖政府资金注入与多元化融资策略确保资金流动，相较之下，中小规模及民营养老机构则面临融资渠道狭窄的挑战，多局限于传统抵押与担保模式。受限于经营规模与资产结构，尤其是缺乏高价值不动产作为抵押，这些机构在信贷市场上往往处于不利地位。为缓解此困境，中国人民银行与国家发改委携手推出了普惠养老专项再贷款试点，意图引导金融机构加大对养老机构的金融扶持，然而能够享受再贷款低息优惠的养老机构仍属少数，政策性金融工具的实际效能尚待提升。此外，养老机构的运营特性，即长周期高投入与财政补贴滞后性并存，进一步加剧了其资金管理的复杂性，使得财政补贴的杠杆效应难以即时且充分显现。

依据运营模式养老服务金融产品可细分为两大范畴：一是聚焦于养老规划与积累的前瞻性产品，涵盖养老保障型与投资型两大系列。养老保障类产品以其稳健性与资本保全优势著称，适合退休后收入来源较为单一的老年群体，其中储蓄作为传统而可靠的手段被广泛采用。储蓄虽稳却面临通胀侵蚀的挑战，长期持有或错失其他增值机遇，相较之下，养老投资类产品虽风险适配已退休人员，但往往收益较为温和。二是聚焦于老年生活阶段的融资与综合解决方案，包括养老融资型产品与综合服务型产品。养老融资类产品以其较高的潜在收益为特点，可以弥补养老资金不足，但伴随的是较长的资金占用周期、相对较高的风险及严格的融资条件。综合服务型产品则通过深度融入养老产业链，增强了金融产品的综合价值与市场吸引力，但是当前金融体制框架下的行业壁垒与协调难题，制约了跨金融产品领域的综合金融服务体系的构建，限制了服务效率与质量的进一步提升（蒋其君等，2023）。

人民论坛指出，养老金融目前正处于理论和实践快速发展的阶段。养老金融的深化发展不仅为老年生活保障提供坚实的资金后盾，还成为推动资本市场繁荣与实体经济增长的重要驱动力。得益于我国政策环境的强力助推，养老金融体系正逐步壮大，结构趋于成熟。为进一步优化养老金融生态，促进其向着可持续、多元化及数字化转型，可采取以下措施：一是精细化调整财税补贴政策，提升激励效应；二是深度融合金融科技，赋能金融服务创新；三是拓宽养老产业融资渠道，增强资金流动性；四是明确并强化跨部门监管职责，确保市场稳健运行；五是广泛开展公众宣传教育活动，提升社会对养老金融的认知与参与度。

养老金融体系包括养老金金融、养老服务金融、养老产业金融。受限于有效资产不足、合规性抵押品匮乏、投资回收期长以及盈利能力有限等多重挑战，商业银行在涉足养老产业融资授信时普遍展现出较低的积极性。因此，通过传统银行信贷渠道获得的融资不仅规模有限，而且形式趋于单一，难以充分满足养老产业发展的多元化资金需求（门洁，2023）。养老产业金融指的是运用多样化的金融手段与工具，对养老相关领域进行资本融通与投资活动，旨在高效整合社会资源，为养老产业的蓬勃发展奠定坚实的资金基石。养老产业广泛涵盖了老年人日常生活的各个方面，如衣食住行、医疗健康维护、情感沟通需求满足以及社会参与活动等多元化业态。鉴于我国养老产业展现出的庞大市场潜力与广阔的发展前景，当前产业重心聚焦于医疗服务市场、养老用品供给及养老地产开发等领域，这些领域普遍具有资金需求规模庞大且回报周期相对长的特征，急需金融的深度介入与强有力支持，以推动养老产业持续健康地向前发展（孙琳琳，2023）。

中国养老产业金融发展处于起步阶段，金融支持轻资产养老项目不够充分，创新型养老金融工具尚缺乏。养老产业金融发展面临资本端追求短期回报与养老产业盈利周期较长之间的矛盾。未来，应在稳步推进金融结构性改革过程中支持综合性金融保险机构引领养老产业投资，引导商业银行形成信贷融资支持养老产业长效机制，发挥多层次资本市场功能，建设适老金融体系，完善金融监管与配套制度建设，构建适应中国人口老龄化形势与养老产业发展需要的养老产业金融体系（柯文轩和施文凯，2023）。施文凯和董克用（2024）认为我国养老金融领域的全局性规划框架尚显薄弱，系统性的发展体系构建尚处于初级阶段，尚未能充分展现其在应对人口老龄化挑战及缓解养老领域发展不均衡不充分问题中的关键作用。具体而言，养老金金融体系的设计仍存不足，资产管理的效能有待进一步增强；养老服务金融在供需两端均遭遇瓶颈，市场活力受限，发展动力不足；养老产业金融领域内也存在显著的发展不均衡和不充分现象。此外，民众对养老金融知识的认知有限，风险承受能力偏低，投资偏好趋于保守，金融素养水平整体不高，这不仅使民众更易成为金融诈骗的目标，也导致养老金融资产面临贬值风险，进而在一定程度上抑制了民众参与养老金融活动的热情与成效。

何圆等（2023）立足于金融地理结构维度，深入探讨了银行服务网点布局对于养老金融发展进程的影响机制。研究结论表明，银行网点的合理布局对养老金融的蓬勃发展具有显著的催化作用，这一效应在教育层次较高、收入水平优越，且地处我国东部经济发达区域的老年人群体中尤为凸显，显示出更为强烈的正面影响。机制检验表明，银行网点通过以下三个方面促进了养老金融的发展：一是提供金融知识宣传普及；二是提供实体咨询服务体验；三是提供社交互动场所及养老生活服务。

蔺治羽（2023）认为养老服务金融应推进模式创新，金融机构应针对老年人的独特需求，积极研发创新型的理财产品与信贷解决方案，为养老金融体系搭建起一条高效便捷的服务通道。这包括实施信贷优惠政策，有效削减融资成本，并加速贷前审核流程，以确保审核工作既快速又精准。在构思养老金融产品的蓝图时，金融机构需将投资潜力与风险保障深度融合，打造出既安全可靠又具备良好收益潜力的养老金产品。以养老信托为例，信托机构加强与保险、基金、银行等多领域金融机构的战略合作，通过协同增效，提升信托产品的综合服务质量，并不断丰富服务产品线，以满足老年群体多元化的金融需求。曲海慧和梅兴文（2023）认为要通过技术创新和服务优化满足老年人特殊需求，促进养老金融和数字金融两篇大文章融合发展。陈臣等（2023）主张深化保险业对数字化健康养老领域的投资布局，倡导充分利用长期护理保险、普惠型健康保险等政策性红利，为老年保险用户群体量身定制成本效益高的旅游项目，以此作为吸引企业和机构客户流量的创新手段。同时，建议加大社会福利基金对养老项目与服务的资金投入，并特别设立专项用于推动数字康养项目的基金。银行、保险、证券公司等金融机构应依托自身独特的客户基础及产品特色，加强跨界协作，构建一套差异化的金融产品矩阵，以精准对接金融消费者多样化的养老金融服务期待（巴曙松和李成林，2023）。进一步应借鉴国际先进经验，在我国资本市场日益成熟的背景下，积极扶持养老产业相关企业的成长，拓宽融资与投资渠道。通过设立专业基金并实施组合投资策略，不仅能够有效分散投资风险，还能提升整体投资回报的稳健性与吸引力（吴其伦，2023）。

1.4.4　关于环京地区康养产业的相关研究

京津冀康养产业市场空间广阔，产业基础条件较好，并具有一定程度错位性，具备跨界融合发展基础，需实现产业链融合和产业跨界来完善产业链，扩展产业发展空间（赵艳华和张洪钊，2018）。京津冀协同发展背景下，人口老龄化、生态环境、亚健康等问题备受重视，人们的康养意识逐渐加强，为京津冀康养产业的发展创造了机遇，京津冀三地康养政策的不断完善为京津冀康养产业的发展提供了政策支撑；京津冀三地国内生产总值的持续上升、人均可支配收入的不断增加、产业结构的不断优化升级为京津冀康养产业的发展奠定了经济基础；5G 时代的来临为京津冀智慧康养产业的发展提供了技术支持（墨天娇，2020）。交通网络、产业分工和聚集等解释变量，是促进河北环京地区经济增长的关键因素。推动城市养老资源向环京地区布局能降低养老机构的运营成本、健全服务种类、提升居住体验、推动城市高质量发展（赵杨，2022）。河北环京地区应对接北京，与之形成优势互补。河北环京地区要利用比较优势，大力发展旅游等产业，不断优化产业结构，并缩小与北京的经济差距，加快河北环京地区的经济发展（孙雷和鲁强，2014）。

在"健康中国"与"京津冀协同发展"战略背景下，京津冀健康产业市场空间巨大，产业基础条件好且具有一定程度错位性，具备跨界融合发展基础，进而提出了京津冀健康产业纵向产业链融合和横向产业跨界，构建完善产业链，扩展产业发展空间，推动健康产业在三地的培育和发展（赵艳华和张洪钊，2018）。京津冀地区拥有丰富的医疗卫生资源以及生物医药、中医药等主导产业，健康产业园区、大健康产业联盟及"大数据＋大健康"产业发展势头较好，应以政策为引领，加强政府间合作，加大资本投入，以创新为驱动力，拓宽人才培养渠道，强化科技应用，加快构建京津冀大健康产业现代化、数字化全产业链（沈艳兵等，2021）。北京科研成果在天津和河北转化力度不断增强，随着京津冀协同发展战略的持续深化推进，区域内轨道交通网络已初具规模，干线铁路、城际铁路、市域快速交通以及城市轨道交通网络正加速融合互联，构建了四通八达的交通骨架。这一进程显著促进了京津冀城市群综合性立体交通体系的构建，无缝集成了航空、铁路、公路及港口等多种交通方式，形成了高效便捷的运输网络。基本实现京津冀核心区域一小时通达圈的目标，有效缩短了相邻城市间的时空距离，实现相邻城市 1.5 小时内的快速交通互联（安树伟和凡路，2024）。

在京津冀协同发展战略与健康中国战略的双重驱动下，河北省正积极构建多元化的大健康产业园区，主动承接来自京津的产业转移，并精心布局新兴的健康养老与休闲产业。鉴于京津冀地区地理相邻、人文相亲、地域融合、文化同源，拥有深厚的历史渊源与紧密的人口流动特征，为养老及相关产业的融合发展提供了得天独厚的自然条件（郝成印和郝凌霄，2021）。河北太行山区域凭借其优越的地理位置、健全的医疗服务体系、独特的传统文化底蕴，以及丰富的休闲农业资源和秀丽风光，成为发展旅居康养产业的理想之地。因此需建立一套系统化的行业与地方性准入规范，将特色旅居康养服务转化为持续性的消费模式，鼓励长期居住与健康养生相结合的生活方式。同时应充分利用"京津冀一体化"所带来的交通便捷性，将医疗资源的优化配置作为产业准入的重要考量因素，以此促进区域康养资源的共享与高效利用，推动大健康产业在京津冀地区的协同发展迈向新高度。京津冀异地养老服务是老年人为寻求新的生活方式形成的需求，是老年人为接受性价比更高的养老服务形成的需求，也是北京市疏解人口政策推动形成的需求（孙伊凡和陈丽莎，2019）。河北省依托张家口、秦皇岛等城市在生态资源、旅游景观及养老服务方面的坚实基础，积极构建候鸟迁徙式与综合型并重的养老服务区域。当前，北京与河北正携手推进旅游资源的空间整合策略，共同打造生态友好型的养老社区，进一步促进区域养老产业的协同发展。

王海英（2021）在深入分析河北省康养产业发展现状后，指出康养领域涵盖了老年农业康养、康复服务业及老年健康服务业等多个维度，覆盖广泛、融合性强且资源依赖显著。尽管河北省坐拥丰富的优质康养旅游资源，各地已纷纷建设了田园综合体、康养乡村、休闲度假区及综合康养项目等，但是真正实现高品质健康养护旅游的项目仍显稀缺，精品案例更是凤毛麟角。这主要归因于专业且知名的健康养护产业开发主体的匮乏，加之行业标准的缺失与规模化开发程度不足。针对环京津康养产业，其发展目标被明确为构建具备国际化视野、高端化品质及信息化管理的绿色生态医疗健康与老年养护基地。随着环京津健康养老项目的相继运营，吸引了大量京津地区老年人前来养老，这也加剧了河北省养老人才供需之间的不平衡，成为制约养老产业进一步发展的重大挑战（王艳霞，2019）。卜从哲（2018）以河北省康养产业发展为视角，运用 PEST 方法，分析研究河北省康养产业创新发展的环境得出：河北省目前对康养产业如何发展并没有明确的定位，产业化整体发展程度较低；河北省康养产业主要是以公办敬老院为主、民营养老为辅的养老产业发展模式，康养项目单一，没有成熟的关于康养产业的综合体。为进一步推进中医药健康旅游产业发展，河北省推出 10 条中医药康养旅游线路，致力于将基地建设无缝融入市、县级旅游发展战略，通过科学规划与资源整合，优化布局。在既有的坚实基础上，进一步深耕中医药人文底蕴与地方历史文化的精髓，充分彰显其独特魅力与优势。同时，强化中医医疗服务的质量，精炼中医保健服务，优化健康旅游服务的体验，并引进以中医药及旅游领域专家为核心的专业团队，共同探索富有地方特色与创新性的融合发展道路与策略（石莹，2018）。

董兴杰（2017）指出，秦皇岛在推进高端康养产业集群的发展进程中，需摒弃传统地域界线观念，秉持"区域协同，共谋发展"的战略视角，积极借势京津资源。具体而言，应深化秦皇岛与京津医疗机构间的合作，通过联合办医、专科共建等形式，全面加强秦皇岛在老年病诊治、老年康复保健等领域的医疗管理与技术水平，共同塑造名医、名院品牌，为京津冀区域的老年康养服务奠定坚实的医疗基础。此外，还应积极引入京津前沿的数字技术，构建国家级康养产业数据服务平台，以科技赋能康养服务，逐步推动其向数字化、智能化、现代化方向转型升级。康养产业目前正处于起步阶段，针对河北省的具体实际，需采取因地制宜的策略，精心规划康养产业的发展蓝图，并设定长远目标，有效解决各年龄段老年人的多元化健康养老需求。强化监管机制是保障康养产业健康前行的关键，相关部门应秉持服务为本、大局为重的原则，将康养产业视为推动社会福祉与进步的重大事业。在此背景下，应细化行业准入标准，如社区医疗领域需设立明确门槛，严控服务质量；针对社区养老院等难以直接设定硬性门槛的行业，需制定详尽的服务规范，涵盖人均居住面积、医护配比、环境卫生等多个维度，以确保服务质量。同时，加强对监管部门的监督与绩效评估，确保监管措施落到实处，避免流于形式（高建立等，2019）。河北省在社会保障体系构建上，应分阶段、分区域、分层次地向京津地区看齐，特别是在社会保险、医疗保险、长期护理保险、养老人才职业化发展、权益保护及社会建设等领域。优先在环京津区域打造养老示范标杆，通过树立典范，引领其他地区发展；在经济较为发达的城市，进一步提升养老服务水平与标准，以满足老年人日益增长的高品质养老需求（曹毅和张贵祥，2021）。张幸（2022）认为要抓住智慧健康养老的机遇，建立长期有效的投融资机制，搭建京津冀智慧健康养老服务平台，加快智慧健康养老服务人才的培养。李素红和郭兆红（2023）采用 AHP 分析法构建了包含环境质量、产品质量和综合管理服务质量三个一级指标的河北省康养地产发展质量评价指标体系，并借助该体系利用模糊综合评价法得出河北省康养地产业发展质量的综合得分情况。

1.4.5 关于智慧康养产业发展的相关研究

智慧康养产业作为大健康领域的关键组成部分，是应对人口老龄化挑战、响应民众健康诉求及驱动经济社会稳步前行的关键路径。中国健康养老集团正致力于构建一个集科技赋能、数字转型、智慧融合于一体的健康养老信息平台，加速产业数字化与数字产业化双向并进，显著提升运营的精细化与智能化水平（张闽，2024）。聚焦于"智慧"与"康养"两大核心要素，前者涵盖了互联网、大数据、区块链等前沿科技，不仅代表了技术产业的革新，也构成了服务供给的高效平台与先进工具；而后者则聚焦于老年人群体的综合福祉，涵盖了医疗诊疗、日常休养、心理健康与精神愉悦等多个维度。智慧与康养之间存在着深刻的技术手段与服务对象之间的相互作用与融合关系，共同塑造着未来健康养老的新生态（杨菊华，2019）。"互联网＋"时代背景下，给中国老龄化社会发展提供了新方向，通过利用各种先进的互联网技术，如大数据技术、物联网技术等，对现有养老服务资源进行科学化整合，全面打造智慧康养社区，缓解家庭和社会的养老负担，让老年人"老有所依，老有所养"（汤薇，2022）。随着互联网技术、大数据分析及人工智能等前沿科技的深度融合与创新应用，依托先进信息技术、为老年人群量身打造个性化服务体验的智慧康养模式正逐步发展，成为我国养老服务领域的主流趋势，这不仅体现了科技对养老服务的深度赋能，也彰显了社会对于老年人生活质量与幸福感提升的深切关怀（陈皓阳等，2020）。

康养产业智慧化转型是大势所趋，能够提供更加智能、便捷和高效的健康养老服务。康养产业智慧化转型面临的挑战，即康养产业智慧化转型规划不清晰、技术创新难、服务体系弱、市场主体少、督导站位低等。要重点从强化统筹引领，勾勒"康养＋智慧"蓝图；驱动技术创新，发展康养产业智慧应用；构建服务体系，整合信息技术资源优势；培育市场主体，打造智慧康养产业特色；落实督导考核，督促智慧康养深入推进（曲富有等，2023）。

喻琨等（2021）基于产业链视角分析了智慧康养产业链整合的影响因素，构建了"三位一体"的智慧康养服务评价体系，拓宽了养老服务评价指标范围，通过养老服务评价数据的采集、处理，运用 AHP 法分析了影响智慧康养产业链整合的因素，参考国家出台的相关文件，设计出由养老机构条件、生活照料、医疗保健、精神慰藉、服务要素以及服务链条等维度和 29 个三级指标构成的评价体系，在 AHP 法和模糊数学法的指导下构建评估模型，以满足不同评价主体对评价模型的多元要求。李楠楠（2022）运用层次分析法分析影响智慧康养服务质量的因素，参考国家和辽宁省内出台的相关政策文件，构建由机构条件、生活照料、保健医疗、精神慰藉、服务保障、服务管理六个准则层和 27 个指标层构成的评价体系，在 AHP – FCE 方法的指导下构建智慧康养服务综合评价模型，以满足不同评价主体对评价模型的多元化需求。

扈剑颖（2021）在基于河北省康养产业发展大环境做出分析的基础上，对河北省智慧康养产业发展模式及措施进行了研究与探讨。主张在深化产业融合的基础之上，对一些成功的智慧康养项目案例进行借鉴与推广，从而发挥出些试点单位所具有的示范作用，探索社区主导、康养机构参与，以居家智慧康养服务为主的智慧康养服务模式。林文静和韩平（2021）立足于黑龙江省的独特发展背景，依托"天鹅颐养联盟"这一创新平台，构想了打造龙江特色"候鸟式"智慧康养社区集群的愿景，树立龙江养老品牌新标杆，推动黑龙江养老产业与其他产业的深度融合与智能化转型。张林华（2021）、沈明辉等（2019）认为构建智慧养老服务平台对于解决健康管理与安全保障这两大核心议题具有至关重要的作用。他们主张运用 AI 人工智能技术，为老年人绘制健康画像，构建详尽的健康档案，并据此定制个性化的健康管理方案，以实现对疾病的精准防控与预防。同时，为进一步提升养老服务的智能化水平，建议将各类智能设备（如智能穿戴设备、智能监控系统、智能家居设施、传感器及智能机器人）深度融入智能系统平台的家庭应用场景中，以实时采集并分析老年人的健康数据，构建"数据互联互通"的智慧养老监管网络，提供全面、精准、实时的健康信息，确保养老服务的高效运行与持续优化。张杰和朱珺（2018）提出攀枝花"智慧康养"的特色发展路径，包含发展攀枝花市基础信息设施、发展以康养为核心的智慧住宅、开发康养的智能产品，形成康养智能产品生产集散地、开发康养的服务型大数据、开发信息化集成的康养"一站式"服务和培植和孵化具有攀枝花特色的"智慧康养"的产业，抢抓机遇，顺势而为，促进产业升级与城市转型，提升城市的影响力和经济效益。刘阳等（2021）基于价值传递理论，融合价值认知与满意度评估模型，深入剖析了养老服务供给在"互联网＋"背景下与智慧康养新型模式的融合演进路径。研究构建了一个综合性模型，整合了养老资源优化配置、信息平台构建、智慧康养价值认同以及智慧康养满意度等多个维度。分析结果显示，养老资源的科学配置与高效信息平台的建设均对提升智慧康养满意度展现出积极的促进作用；智慧康养的价值感知在这一过程中扮演了重要角色，它不仅在养老资源配置与智慧康养满意度之间发挥了部分中介效应，在信息平台建设与智慧康养满意度之间也发挥分中介效应。

关于智慧养老社区方面，智慧康养社区建设方式一般分为两种，一种是从无到有，先建设总体体系，保证基础功能水桶化，能稳定运行，后研究体系特点并举行一定措施，帮助体系特点发展，建立特色型智慧康养社区。而另一种建设方式则以需求为导向，从预期结果着手逆向推导建设过程，专业针对性较强，直接建设特色型智慧康养社区，再以优势带动劣势，用特色型功能帮助基础功能建设（张云迪和张秀卿，2021）。构建智慧康养社区，能全面提升老年居民的生活品质，有效缓解社会养老体系的负荷，并促进城市的智慧化转型与升级。作为社区多元化发展的重要一环，智慧康养社区依托于物联网、互联网及大数据分析等前沿信息技术，将养老照料、物业管理、医疗服务、健康管理、紧急援助等多元化服务集成于一个高效协同的信息平台上。通过智能设备的部署、线上服务平台的优化以及线下服务网络的精细布局，智慧康养社区实现了对居民需求的精准识别与快速响应，构建了一个集安全性、舒适性、便捷性于一体的生活环境，并提供了个性化、智能化的服务体验，确保了社区运营的成本效益最大化与服务质量最优化（杨彬，2020）。以马斯洛需求层次理论为研究基础，智慧康养社区的养老服务设计紧密围绕老年人的实际需求展开，聚焦于解决他们最为关切的养老难题。通过广泛融合互联网、物联网、云计算等现代科技手段，智慧康养社区致力于搭建起一个高效、灵活的服务供给体系框架，逐步构建起一个集便捷性、即时性、定制化与一站式服务于一体的智慧康养服务生态，为老年居民提供全方位、高质量的养老服务支持（郑玉玲和康望星，2019）。

在康养旅游产业方面，关键在于全面推广数字产品的应用，以提升技术在康养旅游中的有效性；优化整个服务流程的数字化跟踪系统，以提升康养旅游产业的服务质量和客户满意度；建立覆盖全面的智能营销网络，以增加康养旅游产业的客流量和市场份额；通过优化数据链条的价值赋能，完善康养旅游产业的管理模式和运营效率（张贝尔等，2022）。

在中医智慧康养领域，应充分挖掘大数据技术的潜力，通过"大数据赋能中医"的模式，促进健康数据的无缝流动，减轻民众寻求健康服务的负担，实现健康管理成本的有效压降，在将健康管理的防线前置，积极干预并有效控制健康风险因素，真正践行"治未病"的理念。鉴于国家对海南与北戴河等南北区域生命健康产业的战略规划，需要构建深度融合"政策引导、产业链延伸、创新驱动、资本支撑"的产业创新生态体系，打造具有国际视野、高端品质、现代管理的健康产业链条，提炼出具有普遍适用性、可复制性及可推广性的经验模式，进而实现创新发展与示范引领的双重目标。建议推动中医药产业的结构性优化与升级，加速智慧中医康养社区的建设步伐，促进中医药与现代科技的深度融合，为人民群众提供更加个性化、精准化、智能化的中医康养服务，助力健康中国战略的深入实施（任善智等，2018）。

1.4.6　文献述评

在康养产业发展方面，通过文献可以了解到国外人口老龄化现象的出现早于我国，其对康养服务的需求识别也较为提前，从而促使康养产业在国际上较早萌芽并发展，相关研究体系相对成熟。世界卫生组织于 2012 年界定了整合型养老服务，即一种集诊断、治疗、护理、康复及健康促进等多维度服务于一体的综合服务模式，此定义与我国当前康养产业的演进态势及未来导向相契合。我国康养产业尚处于新兴阶段，其发展历程较短。《"健康中国2030"规划纲要》出台后，康养概念才被正式提出，并倡导健康与养老、旅游、互联网、健身休闲、食品等多领域的深度融合，以此催生健康新业态，康养产业随之应运而生，标志着我国在该领域的积极探索与布局。

当前关于康养产业发展的学术研究，大多聚焦于健康领域与老龄化、旅游业、互联网技术、健身休闲活动或食品产业等单一领域的结合探讨，而鲜少将视角拓宽至跨领域的综合考量，缺乏对康养产业全面发展的整体战略性规划与研究深度。在医养康养结合方面，国内外对于医养结合有了相对丰富的研究，而在康养产业发展中如何运用医养结合，将医养康养结合起来的研究并没有深入的分析。在康养产业融资方面，文献分析了康养产业因投资高、周期长、产业链长、资金量大等面临着一系列的融资问题，但是就如何解决康养产业发展的融资问题多在于政府政策与引导方面，对市场化融资并没有深入的研究。在环京地区康养产业方面，大多数学者认为在"健康中国"与"京津冀协同发展"战略背景下，康养产业市场空间巨大，但对环京地区如何借助当前的战略背景发展康养产业并没有合理的规划，也没有完善的环京康养产业的评价指标体系。智慧康养产业发展方面，在数字化时代，康养产业也面临着转型的问题，康养产业如何进行数字化转型，发展智慧康养产业仍没有深入的研究。

综上所述，尽管近年来国内外学术界对康养产业进行了大量研究，但由于研究时间较短，这一领域仍处于起步阶段。现有的研究成果虽然丰富，但康养产业的基础理论研究尚显不足，其内涵与外延的界定存在较大分歧，产业范畴和属性缺乏统一的权威定义，也未形成一致的产业统计标准。因此，对康养产业发展现状与策略的理论层面分析和深入研究尤为迫切。特别是在京津冀协同发展和"健康中国"战略背景下，对环京地区康养产业的发展特点和前景尚未有系统深入的研究。这一区域作为首都圈的核心地带，其地理、经济及社会结构特征对康养产业的影响具有独特性，但目前相关研究仍显不足。因此，开展环京地区医养结合的康养产业相关研究具有重要意义，这不仅能够填补现有理论研究的空白，还能为康养产业的实践提供深入的理论支持和指导。通过系统分析环京地区康养产业的现状、挑战和机遇，可以为政策制定者、产业从业者和学术界提供价值和参考，推动该地区康养产业的健康发展，为全国范围内康养产业的发展提供新的理论视角和实践路径。

| 第 2 章 |

环京地区医养结合的康养产业概述

2.1 康养产业的范畴与发展历程

2.1.1 康养产业的范畴与分类

康养产业作为涵盖医疗、保健、康复、养生、养老等多维度生产与服务领域的综合性业态，由一系列提供相关康养产品与服务的产业部门共同构成。依据消费群体特征、市场需求差异、关联产业、资源差异以及地形地貌的多样性，康养产业能够进一步细化为多元化的类型，展现出其丰富的业态形态与广泛的覆盖范围。

1. 基于消费群体

康养产业可以根据不同的消费群体进行细分，以便更好地满足各类消费者的需求，提升康养服务的精准性和多样性。

（1）根据消费群体的年龄构成划分，康养产业可以分为以下几个方面。

①妇孕婴幼康养。妇孕婴幼康养是康养产业中的新兴分支。随着社会和家庭对妇孕婴幼群关注度的日益增强及其消费需求的日益多元化而迅速崛起。妇孕婴幼的健康关怀不再局限于传统的医疗保健范畴，而是逐步拓展至

一个更为广泛且细致的服务体系之中。这一体系涵盖了产前检测、产后康复、胎儿早期教育、婴幼儿推拿保健、妇幼专属膳食以及益智玩具等多个方面，全方位、多角度地满足妇孕婴幼群体的健康与生活需求，为他们提供全面的健康保障。除了传统的产前检查和产后恢复外，市场还引入了许多新型服务，如母婴俱乐部、亲子早教课程、婴幼儿体检和营养辅导等，这些都为妇孕婴幼群体提供了多层次、多方面的康养选择。针对母婴健康的细化服务项目，如母婴护理师培训、婴幼儿早期发展中心、家庭健康管理咨询等，也在逐渐增多。此外，围绕妇孕婴幼健康的线上服务平台，如孕妇健康管理App、母婴健康信息咨询网站等，也成为现代家庭关注的热点，为家庭提供便捷的健康指导和信息服务。

②青少年康养。青少年康养作为专注于满足青少年群体特定康养需求的产业综合体，其服务范畴广泛而深入，紧密围绕教育提升、体育锻炼、旅游体验、美容护肤、养生保健及心理健康咨询等多个维度展开。具体而言，这一领域涵盖了诸如青少年健身赛事、个性化康复医疗方案、中医药特色疗养服务、亚健康状态预防与调理、青少年专属美体美容项目，以及专业心理诊疗与辅导等多元化的产品与服务，旨在全方位促进青少年的身心健康与全面发展。近年来，随着青少年亚健康问题的突出，更多的教育机构和体育组织开始重视青少年的康养需求，推出了如心理辅导、营养咨询、运动康复等专项服务，以促进青少年的全面健康发展。学校和社区组织的青少年健康营、体育夏令营、心理健康讲座等活动也逐渐普及，旨在提升青少年的自我健康管理能力和心理素质。结合互联网的线上心理咨询、健康教育课程等新型康养服务，也为青少年提供了更多的健康支持。

③中老年康养。中老年康养长久以来集中或等同于养老产业，现阶段中国社会加速步入老龄化，中老年康养成为康养产业的重要组成部分。中老年康养的服务范畴，现已超越了传统的养老范畴，广泛融合了医疗旅游、慢性疾病管理、健康监测服务、个性化营养膳食规划以及老年文化活动等多元化产业元素，满足中老年群体多样化的健康需求。具体的康养服务包括老年公寓、护理院、日间照料中心、社区养老服务站等。此外，一

些中老年康养项目还结合旅游资源，推出老年旅游、养生度假等产品，以丰富老年群体的生活方式，提高他们的生活质量。近年来，中老年康养服务还扩展到心理关怀和精神文化层面，如老年心理咨询、艺术疗法、老年大学等，通过丰富的文化娱乐活动，提升老年人的精神生活质量。智能健康监测设备的推广也在中老年康养中起到重要作用，为老年人的健康管理提供科学依据和实时监测。

（2）根据消费群体的个体健康状态划分，分为健康状态的保养、亚健康状态的疗养和临床状态的医养。

①健康状态的保养。对于健康人群而言，其康养需求的核心聚焦于身心的全面呵护与保养，通过一系列积极的生活方式，如规律的健康运动、优质的休息与睡眠，以及心理与精神上的滋养活动，来维系并提升个体的身心健康状态。相应地，康养产业在这一领域的发展亦呈现出多元化的趋势，主要聚焦于体育健身、休闲娱乐、旅游观光，以及文化教育、影视娱乐等广阔领域，为健康人群量身打造一系列丰富多样的身心保养服务，满足其对于高品质生活的追求与向往。健康状态的保养服务还包括瑜伽、普拉提、营养膳食指导、精神健康咨询等。随着人们对健康生活方式的关注度提升，健康管理公司、健身俱乐部、健康度假村等也迅速发展，提供一站式的健康保养服务。这些服务不仅注重身体健康，还涵盖心理和精神健康，通过心理辅导、冥想、艺术治疗等方式，帮助人们保持心理平衡。此外，许多健康保养项目还结合现代科技手段，如健康监测设备、在线健康管理平台等，为健康人群提供个性化的健康管理方案。

②亚健康状态的疗养。亚健康群体作为当前康养产业高度聚焦的目标群体之一，其康养需求显著聚焦于健康监测、疾病预防、健康恢复及保健疗养等多个方面。针对亚健康状态的疗养服务，提供了一系列综合性的解决方案，涵盖了中医养生理疗、营养保健品调理、个性化康复运动计划、专业心理咨询辅导，以及休闲旅游式身心放松等多种途径，全方位助力亚健康人群实现身心的有效恢复与健康状态的显著提升。近年来，随着生活节奏的加快和压力的增加，亚健康问题日益突出，康养产业也在不断发展新的疗养服

务，如压力管理、睡眠治疗、免疫调理等，以满足亚健康人群的特殊需求。这些服务不仅关注了亚健康人群的身体健康，还涉及了心理和情绪的调节，通过综合性的康养方案，帮助亚健康人群实现身心的全面恢复。例如，亚健康疗养中心提供定制化的疗养计划，包括中药调理、营养膳食、专业运动指导等，帮助亚健康人群逐步恢复到健康状态。

③临床状态的医养。病患人群的医养服务作为康养产业中发展最为成熟且至关重要的领域，主要聚焦于医疗服务业的诊疗与护理环节，同时紧密关联着生物科技、化学制药等高端药物研发与制造领域，以及医疗器械、电子医疗设备等精密装备制造行业。这些产业为临床状态的患者提供全方位的医养服务，满足他们的医疗和护理需求。具体的医养服务包括专科医院、康复医院、长期护理院、家庭护理服务等。此外，随着科技的发展，远程医疗、智能医疗设备等也逐渐应用于临床状态的医养服务，提升了患者的医疗体验和服务质量。临床状态的医养服务不仅关注疾病的治疗，还包括术后康复、慢病管理等，通过个性化的医疗护理方案，帮助患者更好地恢复健康。例如，综合康复医院提供物理治疗、职业治疗、心理支持等多方面的康复服务，为患者的全面康复提供有力保障。现代医养服务还注重患者的舒适度和生活质量，通过家庭化、社区化的护理服务，确保患者在熟悉的环境中得到专业的照护。

2. 基于市场需求

康养产业的多样性和复杂性不仅体现在消费群体的划分上，还可以根据市场需求进行细分。不同的市场需求对应着不同的康养产品和服务，形成了多种康养产业类型。

（1）基于养身的康养。基于养身的康养是康养产业中最基础的一部分，主要关注身体的养护和健康维护，旨在保持和提升身体机能，使其处于最佳状态。养身康养涵盖了保健、运动、旅游、养生、休闲等多个领域，提供多样化的产品和服务，以满足消费者对身体健康的需求。例如，保健产品与服务包括保健食品、营养补充剂、功能性食品等，这些产品旨在提供必要的营养支持，增强身体的免疫力和抗病能力。此外，保健按摩、针灸、理疗等服务也属于这一类，通过物理手段促进身体健康。养生服务注重通过日常生活中的饮食、作息、环境等因素来维持和促进健康，如养生餐饮、药膳、健康食疗等，通过科学的饮食调理达到养生目的。运动康养包括健身房、瑜伽馆、户外运动基地等，通过体育运动和锻炼提升身体素质，具体项目如跑步、游泳、瑜伽、太极拳等，不仅能增强体质，还能提高身体的灵活性和协调性。休闲康养则包括温泉度假、海滨旅游、森林疗养等，通过接触自然、放松身心来促进身体健康，不仅提供身体的放松，还能缓解压力，改善心理健康。

（2）基于养心的康养。基于养心的康养核心在于心理健康的深度关怀与积极维护，引导康养体验者达成心灵的舒缓、情绪的平衡以及积极心态的构建，涵盖心理咨询与辅导、文化影视内容的情感共鸣，以及休闲度假活动所带来的心灵释放等，共同作用于个体的心理层面，促进心理健康的全面提升与正面心理体验的持续深化。心理咨询服务包括心理健康评估、心理治疗、心理辅导等，通过专业心理咨询师的指导和干预，帮助消费者缓解心理压力、克服心理障碍，提升心理健康水平。文化影视产品如电影、戏剧、音乐会等，通过艺术表现形式带给观众情感共鸣和心灵的放松，能够有效缓解压力，提升心理幸福感。休闲度假服务如森林浴、田园采摘、农家乐等，通过远离城市的喧嚣、亲近自然环境，让人们在放松身心的同时，获得心灵的宁静与舒适。这些服务和产品不仅关注心理健康的维护，还通过提升心理体验，增强人们的幸福感和满足感。

（3）基于养神的康养。基于养神的康养聚焦于个体思想深度、信仰体系及价值观念等精神维度的培育与守护，营造和谐安宁的精神生态环境，保障个人精神世界的康健与平和，涵盖了安神养神的特定产品与服务、宗教文化旅游体验、艺术作品的鉴赏与收藏活动，以及禅修冥想等精神修养服务。安神养神产品如香薰、精油、草药枕头等，通过香氛和草本植物的作用，帮助人们放松神经，安定情绪。宗教旅游包括朝圣、拜访寺庙、参观宗教圣地等，通过宗教活动和仪式，使人们在精神上获得洗礼和安慰。艺术鉴赏与收藏服务如书画、古董、音乐鉴赏等，通过对艺术作品的欣赏和收藏，陶冶情操，提升精神境界。禅修服务如冥想、静坐、瑜伽等，通过静心修炼，提升自我觉知和精神层次，帮助人们在繁忙的生活中找到内心的宁静和平和。这些养神康养服务和产品不仅关注精神层面的养护，还通过提升精神体验，增强人们的内在平衡和安宁感。

3. 基于关联产业

康养产业可以基于关联产业的不同划分为康养农业、康养制造业和康养服务业三大类。这一分类方式关注的是康养产品和服务在生产过程中所投入的生产要素的不同，体现了康养产业的多样性和综合性。

（1）康养农业。康养农业其核心在于融合健康农产品、农业自然景观等自然资源，以及林业、畜牧业、渔业等产业资源，共同为康养产业提供丰富的基础元素与生产原材料。康养农业不仅涵盖果蔬种植、农业观光、乡村休闲等传统农业活动，还包括有机农业、生态农业、观光农业等新型农业形式。果蔬种植如有机蔬菜、有机水果等，以无污染、绿色健康为目标，满足消费者对健康食品的需求。农业观光如农业公园、农家乐等，让消费者在体验农业生产的同时，享受自然风光，缓解身心压力。乡村休闲则包括采摘体验、田园生活体验等，通过亲身参与农业活动，消费者不仅可以享受健康食品，还能感受到自然的宁静与和谐。此外，林业、牧业、渔业等也逐渐融合康养元素，例如森林康养、牧场体验、渔村休闲等，为消费者提供多样化的康养选择。这些活动不仅提供了健康的农产品，还通过接触自然、参与农业活动，促进消费者的身心健康。

（2）康养制造业。康养制造业专注于为康养领域的各类产品和服务提供高质量的生产加工服务。依据所加工制造产品的独特属性，又可以进一步细分为康养药业与食品、康养装备制造业和康养智能制造业。康养药业与食品包括各类药物、保健品、营养补充剂等，这些产品通过科学配方和加工，满足消费者对健康的需求，例如中草药、维生素、矿物质等保健品，可以增强免疫力、预防疾病。康养装备制造业涉及医疗器械、辅助设备、养老设备等，为医疗康养提供必要的硬件支持，如体检设备、康复器材、老年人专用设施等，确保康养服务的高效和专业。康养智能制造业则包括可穿戴医疗设备、移动检测设备等，通过智能化、数字化技术，为康养服务提供更加便捷和精准的支持，例如智能手环、智能血压计等设备，可以实时监测健康数据，为用户提供健康管理建议。这些制造业产品不仅提高了康养服务的水平和质量，还通过技术创新，不断推动康养产业的发展和升级。

（3）康养服务业。康养服务业主要由健康服务、养老服务和养生服务组成，涵盖了从日常健康管理到深度养生体验的一系列丰富内容与形式。健康服务包括医疗卫生服务、康复理疗、护理服务等，为消费者提供全方位的健康管理和服务。如医院、诊所等医疗机构提供的诊疗服务，理疗中心提供的康复治疗，家庭护理服务提供的专业护理，都是健康服务的重要组成部分。养老服务则包括看护服务、社区养老服务、养老金融服务等，主要面向老年人群体，提供生活照护、健康管理、社交活动等全面的养老服务。如养老院、日间照料中心、社区居家养老服务等，通过专业的护理和丰富的活动，提升老年人的生活质量。养生服务则包括美体美容、养生旅游、健康咨询等，通过美容护理、健康旅游、专业咨询等方式，帮助消费者实现身心健康。例如，美容院提供的美容护理服务，养生旅游项目提供的健康度假体验，健康咨询机构提供的专业健康建议等。这些服务不仅关注消费者的身体健康，还通过多样化的服务形式，满足不同人群的康养需求，提升整体生活品质。

4. 基于资源差异

康养产业的资源依赖性较强，依据自然资源的差异可将康养产业分为不同类型。不同的资源类型为康养产业提供了独特的优势和多样化的服务形式，满足不同消费者的康养需求。

（1）森林康养。森林康养是以环境优美、空气清新的森林资源为依托，开展多种康养活动的产业集合。森林康养不仅包括传统的森林度假、疗养、游憩，还包括养生、养老、运动、教育及食疗（补）等多个方面。利用森林中的负氧离子、植被精华等天然资源，提供如森林浴、森林瑜伽、森林康复疗法等康养服务。此外，森林康养还注重生态教育，通过森林课堂、自然探索等活动，提高公众的环保意识和健康生活理念。森林康养不仅有助于改善身体健康，还能通过亲近自然、放松身心，提升心理健康水平，提供全方位的康养体验。

（2）气候康养。气候康养依托特定地区或季节性呈现出的宜人自然条件，如充沛的阳光、适宜的温度等作为核心康养资源，构建集自然疗养、健康休闲等多功能于一体的综合性产业体系。气候康养产业在满足康养消费者对特殊环境气候的需求下，配套提供各种健康、养老、养生、度假等相关产品和服务。例如，阳光明媚的海滨城市，通过阳光浴、海滨健身等活动，帮助消费者吸收维生素 D，增强免疫力；温暖湿润的亚热带地区，则利用温暖的气候条件，提供慢性病疗养、温泉疗法等服务。气候康养通过利用自然气候的优势，结合现代康养技术和服务，形成多样化的康养产品和服务体系，满足不同消费者的需求。

（3）海洋康养。海洋康养依托丰富的海水、绵延的沙滩以及丰富的海洋食物等自然资源，打造多元化的康养服务与体验，包括利用海水与沙滩进行的自然理疗、活力四射的海上运动活动、寓教于乐的海底科普旅游、悠然自得的海边度假体验，以及品味独特的海洋美食文化等。例如，海水浴和沙滩浴利用海水中的矿物质和沙子的物理特性，提供皮肤护理和理疗服务；海上运动如冲浪、帆船等活动，通过增强体质和心肺功能，达到健身康养的效果；海底科普旅游通过潜水和海底观光，增加消费者对海洋生物的认识，提升环保意识。海洋康养利用丰富的海洋资源，提供健康、美食、娱乐等多样化的康养服务。

（4）温泉康养。温泉康养是基于温泉资源，提供多种康养服务的产业。温泉自古以来便享有保健与疗养盛誉的自然资源，在当代康养旅游领域中占据着重要的地位。随着时代的发展，温泉康养的概念已远远超越了传统的汤浴范畴，逐渐演化为集温泉度假、温泉养生于一体的综合性体验。现代温泉康养还巧妙地融合了中医药智慧、健康疗法等多元资源，创新性地发展出了温泉理疗等新型康养方式。温泉康养不仅包括泡汤、温泉 SPA 等传统项目，还结合现代技术和中医药疗法，提供如温泉水疗、温泉瑜伽、温泉养生膳食等服务。温泉康养通过温泉水中的矿物质，结合专业的理疗技术，为消费者提供放松身心、缓解疲劳、改善健康的综合服务。

（5）中医药康养。中医药康养根植于深厚的传统中医理论与中草药资源，以多样化的中医疗法，构建了综合性的康养业态集群，涵盖了中医养生馆所提供的个性化养生服务，扩展至针灸推拿体验馆中的专业疗法体验，以及基于中医药原理的调理产品系列，还融合了太极哲学的精髓与道家文化的智慧，衍生出修学养性、养生度假及文化体验旅游等多种新型康养模式。例如，中医养生馆通过中医诊断、草药调理、针灸按摩等方式，提供个性化的健康管理服务；针灸推拿体验馆通过传统的针灸和推拿技术，缓解各种身体不适，促进身体健康；中医药调理产品如草药茶、草药膳食等，通过内调外养，改善身体状况。中医药康养还结合太极拳、道家养生等传统文化，提供如太极拳学习、道家养生体验等活动，丰富康养服务内容。中医药康养通过传承和创新中医药文化，提供全方位、多层次的康养服务，满足消费者的多样化健康需求。

5. 基于地形地貌

康养产业的资源依赖性较强，依据地形地貌的差异，康养产业分为高原康养、山地康养、丘陵康养和平原康养四大类。这些类型基于各自独特的地形特征和资源优势，形成了各具特色的康养业态，满足了不同消费者的多样化需求。

（1）高原康养。高原康养作为空间特征康养分类中的焦点概念，备受瞩目。高原地区特有的气候条件、清新的空气、高耸入云的地势以及令人叹为观止的自然风光，共同构筑了人们心中理想的旅行与康养胜地。高原不仅凭借其自然景观的雄浑壮丽吸引着众多游客的目光，更因其相对完整的自然与文化遗产保护，孕育了以旅游休闲、高原特色食品、宗教文化体验及民族医药应用为核心的多元化康养产业体系，为追求身心平衡与健康生活的群体提供了丰富多样的选择。例如，高原地区的牦牛肉、高原枸杞等特色食品，以及藏医药等传统民族医药，都成为高原康养的重要组成部分。此外，高原地区丰富的宗教文化，如藏传佛教文化，也吸引了大量的游客和康养者前来体验。高原康养通过结合自然风光、健康食品和文化体验，提供了全方位、多层次的康养服务。

（2）山地康养。山地康养是基于山地独特的地形和资源优势，形成的一系列康养活动和产业。山地康养活动针对户外运动爱好者以及静心养性者，呈现出一动一静的形态。在动的方面，包括徒步、登山、攀岩、户外生存、山地赛车等活动，这些活动不仅能够锻炼身体，还能提升心肺功能，增强体质。静的方面，山地康养则包括户外瑜伽、山地度假、禅修活动等，这些活动通过亲近自然、放松身心，达到身心灵的全面康养效果。山地康养通过结合自然环境和健康活动，为康养者提供了丰富的康养选择。

（3）丘陵康养。丘陵康养主要集中在丘陵范围较大和风景较好的地区。丘陵地形独特的景观与生态环境，为康养产业提供了丰富的资源和条件。丘陵康养主要以农产品种植、药材生产和生态体验等为主。例如，丘陵地区适宜种植各种果蔬、中草药等，这些农产品和药材不仅具有较高的营养价值和药用价值，还能通过生态农业体验活动，让康养者亲身参与农作体验，了解农产品的种植和收获过程。此外，丘陵地区的生态环境良好，适合开展各种生态旅游和康养活动，如生态观光、田园度假等。丘陵康养通过结合农业生产和生态旅游，为康养者提供了健康、绿色、可持续的康养服务。

（4）平原康养。平原康养主要集中在农业发达地区，利用平原地区丰富的农业资源，形成了一系列康养产品和服务。平原康养产品以绿色果蔬、保健食品等为主，如平原地区种植的有机蔬菜、水果、五谷杂粮等，这些绿色食品不仅营养丰富，还能满足消费者对健康饮食的需求。此外，平原地区的康养产业还包括保健食品的生产和加工，如各种营养补品、功能性食品等，这些食品通过科学的配方和加工工艺，为消费者提供了便捷、有效的健康产品。平原康养通过结合农业生产和健康饮食，为康养者提供了健康、营养、安心的康养服务。

2.1.2　康养产业发展历程

中国康养产业的发展历史可以追溯到古代，中国人民在几千年的历史长河中积累了丰富的养生保健经验和智慧。

1. 古代养生文化

古代中国的养生文化源远流长，蕴含丰富的哲学智慧和实用方法，深深植根于道家、儒家和中医药的传统之中。道家养生理论强调内功修炼，追求身心灵的和谐统一。《周易参同契》和《真诰》等经典文献详细探讨了炼丹术和内丹学说，认为通过调和呼吸、静坐冥想以及自然界元素的吸收转化，可以实现长生不老的理想。道家追求的长生不老，不仅是身体健康的追求，更是对人生境界的深刻探索。儒家养生理论则注重修身养性，强调人与自然、人与社会的和谐关系。《礼记》《孝经》等经典文献中提到的养生方法，如节制饮食、遵循节气变化等，不仅是生活方式的规范，更是一种道德伦理的体现。儒家的养生观念认为，通过养德修身，可以达到内心平和、身心健康的境界，从而在社会角色中更好地实现自我价值。

中医药养生理论则以阴阳五行学说和经络学说为基础，将人体视作一个复杂而有机的整体系统。中医强调气血的平衡和脏腑功能的调理，通过食疗、药疗、针灸、推拿等方法来预防疾病、延缓衰老。早在唐宋时期，人们已经开始利用温泉进行疗养，将温泉视为治病养生的重要手段。九华山、武当山等地的温泉，因其独特的地质特征和矿物质成分，被认为能够促进血液循环、缓解筋骨疼痛，甚至改善皮肤健康。

这些古代养生理论和实践不仅在当时影响深远，而且在现代康养产业的发展中仍然具有重要的启示意义。它们不仅是中华文化宝贵的遗产，更是对健康生活方式和身心平衡的智慧总结，为后世的康养实践提供了坚实的理论基础和实用的方法论。

2. 现代康养产业起步（20 世纪 80 ～ 90 年代）

随着改革开放的深入推进，中国社会经济逐步走向繁荣，人们的生活水平提高，人们对健康生活方式的关注度逐渐提升，推动了康养产业的初步发展，标志着中国康养文化迈向了专业化和商业化的新阶段。康养产业作为一种新兴服务业迅速发展起来，尤其是以温泉疗养和中医养生为核心的传统康养方式得到了广泛推广和接受。

在 20 世纪 80 年代，中国开始兴建大量温泉度假村和养生会所，这些设施不仅提供了温泉浴和养生服务，还推出了各类养生产品，如中草药、健康食品等。这些场所往往选址于自然环境优美的地区，如北戴河、承德避暑山庄等，成为了吸引国内外游客的热门康养目的地。温泉疗法被广泛应用于康养服务中，被认为具有促进血液循环、缓解肌肉疼痛、改善皮肤健康等功效，受到大众的广泛喜爱。中医养生在这一时期也得到了推广和发展。中医的传统理论和疗法，如针灸、推拿、草药疗法等，被应用于康养服务中，以调理人体的气血平衡和脏腑功能。养生会所和中医养生中心成为了人们寻求健康的重要场所，不仅提供了治疗和调理服务，还开展了健康讲座、康复运动等活动，为客户提供全方位的健康管理。政府在促进康养产业发展方面起到了重要作用，通过出台一系列支持政策和措施，如财政补贴、税收优惠政策、场地建设支持等，大力支持康养旅游和养生服务的发展。这些政策不仅加快了康养设施的建设速度，也提高了服务质量和管理水平，使康养产业在市场竞争中占据有利位置。同时，康养产业的发展也促进了相关产业链的蓬勃发展，如酒店业、餐饮业、旅游服务业等，形成了以康养为主导的综合性服务体系。这些服务不仅吸引了国内外游客，也为当地经济增长和就业创造了良好的社会效益。

总体来看，20 世纪 80 ～ 90 年代的现代康养产业起步阶段，是中国康养文化由传统走向现代化的关键时期。在政策支持和市场需求的双重推动下，康养产业初步形成了以温泉疗养和中医养生为主导的格局，并为未来更加专业化和多元化发展奠定了重要基础。

3. 康养产业快速发展（21 世纪初至今）

进入 21 世纪以来，中国康体产业经历了快速发展阶段，这一时期不仅见证了传统康养方式的现代化和专业化，还反映了人们健康意识的显著提升以及生活方式的根本变革。随着城市化进程的加速和生活节奏的快速变化，人们对健康管理的需求显著增长。健身俱乐部、瑜伽馆、SPA 会所等健康管理机构在城市中迅速兴起，为消费者提供了多元化、专业化的健康管理选择。这些机构不仅提供传统的健身和养生服务，还结合了现代科技和专业知识，如健身器材的高科技化、个性化健身方案的制定，以及营养学、心理学等多学科知识的应用，为顾客量身定制全面的健康管理计划。

在健身运动方面，从传统的器械健身发展到全面的功能性训练和高强度间歇训练（HIIT），体现了健身理念的不断创新和科技的深度融合。各类健身俱乐部不仅是健身的场所，更是社交、休闲和健康生活方式的重要平台。瑜伽馆则通过传统瑜伽、普拉提等练习，结合现代人体工学和运动医学，强调身心灵的和谐发展，受到了都市白领和年轻人群的广泛喜爱。

在健康管理方面，专业的康体机构提供了从体能评估、健康风险评估到个性化营养指导、心理健康咨询等全方位的服务。这些服务不仅帮助客户改善体质和健康状况，还促进了健康生活方式的普及和推广。此外，随着老龄化社会的到来，养老养生服务也成为了康体产业中的一个重要发展方向，例如为老年人设计的特殊健身项目和社区康复服务，有力地支持了老年人群体的健康管理需求。

康体产业的快速发展不仅带动了相关产业链的蓬勃发展，如健康食品、健身器材、专业健康咨询服务等，还为城市经济增长和社会福祉作出了重要贡献。在政策支持和市场需求的双重推动下，中国康体产业这一阶段不断创新和发展，为人们提供更加美好的生活体验。

4. 政策扶持与创新推动阶段（当前及未来展望）

近年来，中国政府高度重视康养产业的发展，出台了一系列支持政策和措施。《"健康中国2030"规划纲要》提出了全民健康战略，明确支持康养产业的发展。各地政府也相继推出了促进康养产业发展的地方性政策和文件，为产业的健康发展提供了有力支持。政府鼓励企业增加对健康管理、康体运动、养老服务等领域的投资，支持康养产业的科研创新和人才培养。这些政策的实施不仅提升了康养服务的质量和水平，也推动了产业结构的优化和健康经济的发展。

随着科技的不断进步和应用，技术创新正成为中国康养产业发展的重要推动力量。现代信息技术、大数据分析、人工智能等新技术的应用，正在深刻影响康养产业的方方面面。首先，智能健康管理系统的出现使个性化康养服务成为可能。通过智能穿戴设备、健康监测传感器等技术，可以实时监测用户的健康数据，为个体制订精准的健康管理方案，包括运动指导、营养建议、健康预警等，极大地提升了康养服务的效能和用户体验。其次，远程医疗和在线健康咨询的普及，为康养产业带来了全新的服务模式。通过互联网平台，用户可以随时随地获取医生的远程诊断和健康建议，解决了地域和时间限制下的健康服务问题，推动了康养服务的普及和便捷化。最后，虚拟现实（VR）和增强现实（AR）技术的应用，正在拓展康养产业的边界。虚拟环境下的瑜伽练习、健康教育、心理治疗等，为用户提供了身临其境的沉浸式体验，增强了康养活动的吸引力和效果。随着人口老龄化的加剧和健康管理需求的增加，中国康养产业有望进一步拓展。预防性健康管理将成为主流，个性化、定制化服务将更加普及。同时，新兴技术的不断涌现将继续推动康养服务的创新，如基因检测技术、生物医药研发等领域的进展，将为康养产业注入新的活力和动力。

中国康养产业在传承古代养生文化的基础上，经历了从温泉养生、现代康养起步到康体产业兴起的发展阶段。如今，随着政策支持和市场需求的双重推动，中国康养产业正迈向更加成熟和多元化的发展前景。未来，随着科技进步和人们健康观念的深入，康养产业将在全面促进国民健康、提升生活质量的道路上迎来新的机遇与挑战。

2.2　中国康养产业的特点与发展趋势

2.2.1　中国康养产业的特点

1. 拥有传统文化底蕴

中国拥有悠久的中医养生传统和丰富的养生文化，如温泉疗养、中医药养生等，这些传统文化底蕴对中国康养产业的发展起到了重要作用。

中国中医养生传统源远流长，融合了阴阳五行理论、经络学说、草药治疗等多元化的养生理论和实践。这些理论不仅强调了身体的自然调节与平衡，还关注了心理和社会环境对健康的影响。中医药作为世界上最古老和最完整的医学体系之一，为中国康养产业提供了独特的理论基础和医疗技术支持。基于中医养生理念，中国康养产业呈现出多样化的发展路径。除了传统的温泉疗养和中草药保健外，还涌现出诸如针灸、推拿、太极等传统养生技法，并结合现代科技推出智能健康管理系统、养生保健器械等创新产品。这些方式和产品不仅满足了消费者对健康管理的需求，也促进了康养产业向多元化和高端化发展。

中医养生文化强调"治未病"的理念，即通过调整生活方式、保持身心和谐，预防疾病的发生。这种理念与现代健康观念契合，推动了健康管理模式从单纯的治疗向健康维护和疾病预防的转变。因此，中国康养产业不仅是为了治病，更是为了提升整体生活质量和健康水平。中医养生传统与现代科技的结合推动了中国康养产业的持续升级和创新。智能健康管理系统、基于中草药的新药研发、虚拟现实技术在养生教育中的应用等，为康养产业注入了新的活力和动力。这些科技创新不仅提升了养生服务的效能和质量，也为消费者提供了更加个性化和精准的健康管理体验。中国的中医养生传统不仅在国内具有广泛影响，也在国际上引起了越来越多的关注和认可，许多外国人士来华学习和体验中医养生文化，促进了中医药在全球范围内的传播与交流。这种国际化的趋势不仅提升了中国康养产业的国际影响力，也促进了中医养生理念在全球范围内的推广和应用。

2. 庞大的市场需求

首先，中国庞大的人口基数和不断增长的老龄人口意味着康养市场具有巨大的潜力和需求。随着中国人口老龄化进程加快，老年人群体增加，健康管理和养生需求日益突出，老年人对于延缓衰老、提升生活质量的需求使得康养产业成为一个重要的市场。

2023 年 12 月，民政部发布《2022 年度国家老龄事业发展公报》。公报显示，截至 2022 年末，全国 60 周岁及以上的老年人口 28004 万，占总人口的 19.8%；全国 65 周岁及以上老年人口 20978 万，占总人口的 14.9%。全国 65 周岁及以上老年人口抚养比 21.8%，这个数据一年上升了一个百分点。此前发布的《2021 年度国家老龄事业发展公报》显示，全国 65 周岁及以上老年人口抚养比为 20.8%。依据联合国确立的老龄化界定准则，当一国年满 60 岁及以上的人口比例超越总人口的 10%，或 65 岁及以上老年人口占比超出 7% 时，即标志着该国迈入轻度老龄化阶段；若 60 岁及以上人口占比超过 20%，或 65 岁及以上人口占比达到并超过 14%，则意味着该国已深入中度老龄化社会；而若 60 岁及以上人口占比突破 30%，或 65 岁及以上年龄段的人口增加至 21% 以上，则该国已步入重度老龄化社会。

此前，2022 年第四季度例行新闻发布会介绍，预计"十四五"时期，我国将进入中度老龄化社会，60 岁及以上老年人口数将达到 3 亿。同时，联合国公布的《世界人口展望 2022》预测，我国到 2050 年将进入重度老龄化社会，60 岁及以上老年人口将超过 5 亿。实际上，从 2021 年开始，全国 65 周岁及以上老年人口已突破 2 亿，达 20056 万人，占总人口的比例为 14.2%。这一比例超过 14%，说明我国已经进入中度老龄化社会。随着老龄化程度加深，老年人对康养服务和产品的需求也越来越多样化。除了基本的医疗保健需求外，老年人对于养生保健、康复护理、精神文化活动等方面的需求也在增加，这为康养产业提供了更广阔的发展空间。

其次，随着社会经济的发展和科技信息的普及，人们对健康的重视程度显著增加。过去，人们更多关注医疗治疗，现在逐渐转向健康管理和预防保健。这种转变不仅体现在对健康问题的关注，还包括对健康生活方式的追求，例如定期体检、健身锻炼、饮食调理等。健康意识的提升促使消费者更愿意投入资金和时间在康养产品和服务上，这包括健身俱乐部、瑜伽馆、健康食品、保健器械等，为康养产业提供了稳定的市场需求。

再次，随着经济水平的提高，人们的生活方式和消费习惯也发生了深刻变化。消费者不再仅满足于基本的生活需求，更加注重生活质量和个性化的消费体验。这种升级体现在对健康产品和服务的需求上，如高品质的养生旅游、专业的健康管理服务、个性化的健身方案等。消费者更倾向于选择能够提升身心健康、改善生活品质的产品和服务，这为康养产业的发展提供了广阔的市场空间和多样化的发展路径。

最后，随着城市化进程的加快，人口聚集、工作生活节奏加快，以及环境污染等问题逐渐凸显，导致了人们生活压力的增加。这种压力不仅影响到身体健康，还涉及心理健康和生活质量的综合问题。因此，城市居民更加需要能够缓解压力、改善生活质量的康养服务和产品。健身运动、瑜伽冥想、SPA 按摩等成为了减压放松的重要选择，而养生食品、保健品则受到追捧以增强身体的抵抗力和健康状况。随着人们生活水平的提高和休闲旅游的普及，越来越多的消费者选择将健康养生融入旅行中。温泉度假、养生旅游、健康农场等也成为了热门选择，这种形式不仅提供了身体健康的保障，同时也满足了休闲和心理放松的需求。

3. 政府政策支持

中国政府高度重视康养产业的发展，出台了一系列支持政策和措施，鼓励企业加大对康养产业的投入，推动康养产业的健康发展。从 2013 年开始，在国家政策层面，完成了对养老服务业、健康服务业、护理服务业、康养旅游、森林康养等产业发展的政策支持。同时，政府加大资金投入，通过设立专项资金、引导社会资本投入等方式，加大对康养产业的资金支持力度，包括资助养老服务机构建设、推进智慧养老示范工程、支持养老服务业转型升级等。实施税收优惠政策，针对康养产业，政府出台了一系列税收优惠政策，包括养老护理机构减免增值税、个人购买养老保险费用税前扣除等，降低了企业和个人的税收负担。规范管理和监督，政府加强对养老服务机构的规范管理和监督，制定相关标准和规范，加强对养老服务质量的监督检查，提高养老服务水平和质量。推动医养结合发展，政府提出推动医养结合发展，加强医疗、养老、康复等相关领域的协同发展，促进健康养老服务体系的建设和完善。鼓励创新发展，政府支持康养产业的创新发展，鼓励企业加大科技研发投入，推动技术创新和产品创新，提高康养服务的水平和效率。

2013 年《关于加快发展养老服务业的若干意见》和《关于促进健康服务业发展的若干意见》将养老服务业和健康服务业推向高速发展轨道。国务院各部委深入贯彻落实这两个文件的精神，纷纷出台产业扶持政策，以养老产业、健康产业等为核心的康养产业也成为发展的重点领域。传统房企转型发展康养地产，以泰康人寿、新华保险等为代表的保险企业也开始竞相拿地，逐鹿康养地产，规划建设各类康养社区与康养小镇。

"十三五"时期，我国康养产业在需求与政策"双轮"驱动之下，实现了从无到有、从少到多、从量到质、从弱到强的历史性、跨越式发展，国家陆续出台政策文件大力鼓励发展康养产业。2016 年《国家康养旅游示范基地)》中康养首次走进国家政策，其以行业标准的形式亮相，根据标准建设康养旅游示范基地，其中贵州赤水、江苏泰州中国医药城、黑龙江五大连池、河北以岭健康城、湖南灰汤温泉为全国首批 5 家国家康养旅游示范基地。2016 年《"健康中国 2030"规划纲要》中到 2030 年具体实现目标有健康产业规模显著扩大。建立起结构优化、体系完整的健康产业体系，建成一批具有较强的创新能力和国际竞争力的大型企业，使之成为国民经济支柱性产业。《国务院办公厅关于全面放开养老服务市场提升养老服务质量的若干意见》中指出要积极应对人口老龄化，培育健康养老意识，加快推进养老服务业供给侧结构性改革，保障基本需求，繁荣养老市场，提升服务质量，让广大老年群体享受优质养老服务，切实增强人民群众获得感。《中共中央 国务院关于深入推进农业供给侧结构性改革加快培育农业农村发展新动能的若干意见》要求充分发挥乡村各类物质与非物质资源富集的独特优势，运用"旅游＋""生态＋"等模式，推动农业、林业与康养、文化、旅游、教育等产业的深度融合，丰富乡村旅游业态与产品，推出各类主题乡村旅游目的地和精品线路，发展富有乡村特色的民宿和养生养老基地，这是中央文件中第一次出现康养产业。

2018 年国家卫健委新设老龄健康司、职业健康司，组织拟订医养结合的政策、标准和规范，建立和完善老年健康服务体系。2018 年，《中共中央 国务院关于实施乡村振兴战略的意见》提出构建农村一二三产业融合发展体系。实施休闲农业和乡村旅游精品工程，建设一批设施完备、功能多样的休闲观光园区、森林人家、康养基地、乡村民宿、特色小镇。积极开发观光农业、游憩休闲、健康养生、生态教育等服务。创建一批特色生态旅游示范村镇和精品线路，打造绿色生态环保的乡村生态旅游产业链。康养基地和健康养生服务走进了中央文件，推动康养产业的发展。2019 年《关于推进养老服务发展的意见》提出 28 条具体举措，推进养老服务发展，完善养老服务体系，优化养老服务供给。2020 年将康养小镇建设上升为国家战略。近年来出台各种优惠补贴、土地政策及支付体系细化专项鼓励政策百余项。

以上相关政策文件及内容见表 2 - 1。

表 2 - 1　　　　　　康养产业发展相关政策（2013～2020 年）

发布时间	文件名称	相关内容
2013 年 9 月	《关于加快发展养老服务业的若干意见》	大力加强养老机构建设，拓展养老服务内容，开发老年产品用品，培育养老产业集群，积极推进医疗卫生与养老服务相结合
2013 年 9 月	《关于促进健康服务业发展的若干意见》	建立覆盖全生命周期、内涵丰富、结构合理的健康服务业体系，打造一批知名品牌和良性循环的健康服务产业集群
2016 年 1 月	《国家康养旅游示范基地》	康养旅游的定义为"指通过养颜健体、营养膳食、修心养性、关爱环境等各种手段，使人在身体、心智和精神上都达到自然和谐的优良状态的各种旅游活动的总和"

发布时间	文件名称	相关内容
2016 年 10 月	《"健康中国 2030"规划纲要》	推进健康中国建设，建立起体系完整、结构优化的健康产业体系，形成一批具有较强创新能力和国际竞争力的大型企业，成为国民经济支柱性产业
2016 年 12 月	《国务院办公厅关于全面放开养老服务市场提升养老服务质量的若干意见》	加快公办养老机构改革，建立医养结合绿色通道。支持养老机构开办老年病院、康复院、医务室等医疗卫生机构
2016 年 12 月	《中共中央　国务院关于深入推进农业供给侧结构性改革加快培育农业农村发展新动能的若干意见》	推进农业、林业与旅游、教育、文化、康养等产业深度融合，大力发展乡村休闲旅游产业。多渠道筹集建设资金，大力改善休闲农业、乡村旅游、森林康养公共服务设施条件
2018 年 1 月	《中共中央　国务院关于实施乡村振兴战略的意见》	加快发展森林草原旅游、河湖湿地观光、冰雪海上运动、野生动物驯养观赏等产业，积极开发观光农业、游憩休闲、健康养生、生态教育等服务。创建一批特色生态旅游示范村镇和精品线路，打造绿色生态环保的乡村生态旅游产业链
2019 年 4 月	《关于推进养老服务发展的意见》	支持养老机构规模化、连锁化发展，拓宽养老服务投融资渠道，促进养老服务高质量发展，促进养老服务基础设施建设
2020 年 12 月	《关于开展医养结合机构服务质量提升行动的通知》	以老年人需求为导向，以提升医养结合服务质量为工作的出发点和落脚点。落实完善医养结合机构服务和管理相关制度和标准

"十四五"以来，康养产业政策体系逐步完善，产业生态体系逐步形成，现阶段，我国呈现"9073"的养老格局，也就是约 90% 的老人居家养老，7% 左右依托社区支持养老，3% 的老人由机构养老。政策支持社会办医养结合机构，为老年人居家养老提供延伸的医养结合服务，养老服务和产品有效供给能力大幅提升、供给结构更加合理，养老服务政策法规体系、行业质量标准体系进一步完善。康养产业向中医药、气候、森林、温泉和特色农业等康养资源依附和聚集，康养产业发展与产业生态体系正逐步形成。国家层面"十四五"康养产业相关政策文件及内容如表 2 - 2 所示。

表 2 - 2   **"十四五"时期康养产业相关政策**

发布时间	文件名称	相关内容
2021 年 3 月	《中华人民共和国国民经济和社会发展第十四个五年规划和 2035 年远景目标纲要》	推动养老事业和养老产业协同发展，健全基本养老服务体系，大力发展普惠型养老服务，支持家庭承担养老功能，构建居家社区机构相协调、医养康养相结合的养老服务体系
2021 年 4 月	《"十四五"文化和旅游发展规划》	发展康养旅游，推动国家康养旅游示范基地建设
2022 年 2 月	《"十四五"国家老龄事业发展和养老服务体系规划》	老龄事业和产业有效协同、高质量发展，居家社区机构相协调、医养康养相结合的养老服务体系和健康支撑体系加快健全。在京津冀、长三角、粤港澳大湾区、成渝等区域，规划布局 10 个左右高水平的银发经济产业园区
2022 年 2 月	《"十四五"健康老龄化规划》	深入推进医养结合发展，发展中医药老年健康服务，加强老年健康服务机构建设，促进健康老龄化的科技和产业发展。推动老年健康与养老、养生、文化、旅游、体育、教育等多业态深度融合发展
2022 年 4 月	《"十四五"国民健康规划》	促进健康与养老，旅游、互联网健身休闲、食品等产业融合发展，壮大健康新业态，新模式。支持智慧健康养老服务。推动健康旅游发展，加快健康旅游基地建设。打造健康产业集群
2022 年 7 月	《关于进一步推进医养结合发展的指导意见》	实施智慧健康养老产业发展行动，发展健康管理类、养老监护类、康复辅助器具类、中医数字化智能产品及家庭服务机器人等产品，满足老年人健康和养老需求
2022 年 11 月	《户外运动产业发展规划（2022 - 2025 年）》	推动户外运动与卫生、健康、养老等融合，开展户外运动健康干预、康复疗养、健康养老等多样化康体服务，发展户外运动康复产业
2023 年 2 月	《质量强国建设纲要》	提升旅游管理和服务水平，规范旅游市场秩序，改善旅游消费体验，打造乡村旅游、康养旅游、红色旅游等精品项目
2023 年 2 月	《关于推动非物质文化遗产与旅游深度融合发展的通知》	依托传统医药类非物质文化遗产发展康养旅游

4. 呈现健康旅游热潮

人们越来越注重旅游目的地的养生特色和康养服务，推动了康养旅游的蓬勃发展，健康旅游成为康养产业的重要发展方向。健康旅游热潮的发展趋势主要体现在养生度假目的地的兴起、健康主题旅游产品的增加、文化与健康相结合的旅游项目、高端健康旅游市场的崛起、智能化健康旅游服务的应用以及跨界合作促进健康旅游发展等方面，将推动康养产业的快速发展和持续繁荣。

一是养生度假目的地的兴起。越来越多的地方将养生度假作为旅游业发展的重点，建设养生度假村、温泉养生地、生态康养园区等，吸引游客前来体验养生度假生活。养生度假村、温泉疗养地和生态康养园区的兴起，反映了人们对身心健康的关注和追求。这些地方不仅提供了独特的自然环境和高品质的住宿设施，还融合了中医养生理念，如草药熏蒸、按摩理疗等，让游客在享受度假的同时，通过自然疗法恢复身体健康，释放压力，重拾活力。

二是健康主题旅游产品的增加。旅行社和景区针对健康意识提升推出了多样化的旅游产品。除了经典的康养旅游线路和疗养体验活动外，还有越来越多结合文化底蕴和地方特色的健康主题产品。例如，一些文化康养项目如太极养生、传统汉方疗法体验等，通过文化体验深化游客对健康管理的认识，使旅行不仅成为休闲放松，更是对健康生活方式的启发和实践。

三是文化与健康相结合的旅游项目。康养产业与文化旅游的结合不断创新，推出了一系列具有深度和内涵的文化康养旅游项目。这些项目不仅让游客享受到传统文化的魅力，还通过文化体验激发健康管理的兴趣和动力。例如，历史名山的养生之旅、文化古镇的康复训练营等，吸引了大量游客积极参与，促进了当地文化和康养产业的双向发展。

四是高端健康旅游市场的崛起。随着消费升级和健康意识的提高，高端健康旅游市场逐渐崛起。高端康养度假村、私人定制健康游等产品，不仅提供了尊贵的服务体验，还满足了高端客户对于个性化健康管理和优质度假的需求。这些产品以其独特的定位和高品质的服务，吸引了国内外高端客户，成为康养产业的重要增长点和市场亮点。

五是智能化健康旅游服务的应用。为了提升旅游体验和服务质量，康养产业积极应用智能化技术开发健康旅游服务系统。这些系统通过智能健康监测、个性化健康管理、定制化旅游路线等功能，为游客提供了全方位的健康管理服务。例如，智能健康手环、健康管理 App 等工具，使游客能够随时随地监测健康状况，并根据个人需求调整旅行计划，从而更好地享受健康旅游带来的益处和乐趣。

2.2.2　中国康养产业的发展趋势

1. 多元化发展趋势

中国康养产业呈现出多元化的发展趋势，包括温泉养生、中医养生、康体健身、养老养生、健康管理等多个领域，满足了人们多样化的健康需求。

（1）多样化的服务类型。康养产业涵盖了多种服务类型，包括养老服务、康复护理、健康管理、精神文化活动等，这些服务类型相互交叉、相互渗透，形成了一个多层次、多样化的康养服务体系。如养老服务提供居家养老、社区养老、机构养老等多种模式，满足老年人的不同需求。康复护理包括术后康复、慢病管理、长期护理等服务，帮助人们恢复健康、提高生活质量。健康管理提供健康体检、慢病管理、健康咨询等服务，康养中的精神文化活动包括组织文化娱乐活动、心理咨询、社交活动等。

（2）丰富的产品种类。康养产业涉及的产品种类丰富多样，包括养生保健品、养生器械、保健食品、康复辅助器具等，这些产品既满足了人们日常生活和养生保健的需求，又推动了康养产业的发展。养生保健品如各类中药材、膳食补充剂、维生素等产品帮助人们保持身体健康。养生器械包括按摩椅、足疗机、健身器材等，帮助人们放松身心、增强体质。特殊膳食食品、有机食品、功能性食品等保健食品，满足人们的营养和保健需求。康复辅助器具包括助行器、轮椅、康复训练设备等，帮助老年人恢复和维持日常生活能力。

（3）形成完整产业链条。康养产业的发展形成了完整的产业链条，涵盖了养老院、康复中心、健康管理机构、养生旅游等多个环节，产业链条的完善促进了康养产业的协同发展和良性循环。如养老院能提供全面的养老服务，包括生活照料、医疗护理、心理支持等；康复中心提供专业的康复治疗、理疗服务，帮助患者恢复健康。健康管理机构提供个性化的健康管理服务，帮助人们预防疾病、保持健康；养生旅游结合旅游与养生，提供健康养生度假服务，满足人们追求健康和放松的需求。

（4）广泛应用技术手段。康养产业积极应用先进的科技手段，包括智能化、信息化、"互联网＋"等技术，推动了康养服务的智能化、个性化发展，提升了服务水平和用户体验。智能化技术包括智能穿戴设备、智能家居系统、智能监控等，提升了生活质量和安全性。康养产业利用大数据、云计算等技术，实现健康数据的采集、存储和分析，为健康管理提供科学依据，通过互联网平台提供线上医疗咨询、健康教育、康养服务预约等，方便人们获取服务。

（5）丰富的文化内涵。康养产业融合了中医养生文化、民族传统文化、现代文化等多种文化内涵，注重弘扬健康文化、传播养生理念，为人们提供了丰富多彩的养生方式和文化体验。康养产业通过中药、针灸、推拿等传统疗法融合中医养生文化帮助人们保持身体健康，融入各民族的养生智慧，如太极、瑜伽等，丰富养生方式，同时引入现代健康理念，如科学饮食、心理健康等，提升人们的健康意识。

（6）市场需求差异化。康养产业面向不同群体和不同需求，市场需求呈现出差异化特点，针对不同群体的需求，产业不断推出个性化、定制化的服务和产品，满足了不同人群的养生需求。康养产业针对老年群体提供专业的养老服务、康复护理、慢病管理等，满足老年人的特殊需求；针对亚健康群体提供健康管理、养生保健品、健康咨询等，帮助亚健康人群恢复健康；对高净值人群提供高端定制化的康养服务，如私人医生、健康管家等，满足高净值人群的个性化需求；对残障人士、长期病患等特殊群体，提供专业化的康复辅助、护理服务。

2. 呈现个性化定制服务

随着人们对健康需求的个性化和定制化要求不断增加，中国康养产业注重提供个性化的养生方案和服务，满足不同人群的需求。

（1）健康评估与定制方案。康养机构通过先进的健康评估系统对用户的身体状况、生活习惯、饮食偏好等进行全面评估。详细的健康评估包括体检报告分析、基因检测、生活方式调查等，全面了解用户的健康状况。根据评估结果，专业团队制订个性化的康养方案，涵盖饮食调理、运动锻炼、心理疏导等内容，确保方案的科学性和可操作性。此外，康养机构定期进行健康评估，实时监测用户的健康变化，动态调整康养方案，确保方案的有效性和持续性。

（2）智能化健康管理。利用智能化技术开发健康管理系统，通过手机App、智能穿戴设备等实现个性化的健康管理服务。健康数据监测是该系统的核心功能之一，智能设备可以实时监测用户的心率、血压、体温等健康指标，并将数据传输到健康管理系统中。基于这些数据，系统可以为用户定制个性化的健康方案，提供科学的饮食建议、运动计划和生活习惯调整。用户还可以通过远程医疗咨询功能，与专业医生进行视频或文字交流，及时获取健康指导和建议。

（3）个性化养生产品。根据用户的需求和健康状况定制个性化的养生产品，包括保健食品、草药配方、保健器械等，以满足用户的个性化养生需求。康养机构根据用户的健康评估结果和个人需求，推荐适合的保健食品，如维生素补充剂、中药膳食等，帮助用户增强体质。对于需要特殊调理的用户，还可以提供定制化的草药配方，进行针对性的养生调理。与此同时，康养机构还会根据用户的实际需求，提供个性化的保健器械，如按摩器、康复训练设备等，确保用户在日常生活中能够得到全面的健康支持。

（4）定制化康复护理。针对不同的康复需求，康养机构提供定制化的康复护理服务，包括康复训练计划、康复理疗方案、康复用具定制等，帮助用户实现个性化的康复目标。康复护理团队首先会根据用户的健康评估和康复需求，制订详细的康复训练计划，指导用户进行科学的康复训练。对于需要理疗的用户，专业理疗师会提供个性化的理疗方案，如物理治疗、针灸、按摩等，帮助用户恢复健康。同时，康养机构还提供康复用具定制服务，为用户量身定制符合其康复需求的辅助器具，如助行器、康复训练设备等，确保用户在康复过程中得到全面的支持和帮助。

（5）个性化精神文化活动。康养机构组织各种个性化的精神文化活动，包括健康讲座、文化艺术表演、兴趣爱好培训等，满足用户的精神文化需求，提升生活品质和幸福感。康养机构会定期邀请健康专家、心理学家等专业人士，为用户开展健康讲座，普及健康知识和心理健康技巧。与此同时，康养机构还会组织丰富多彩的文化艺术活动，如音乐会、戏剧表演、绘画展览等，丰富用户的精神生活。此外，康养机构还会根据用户的兴趣爱好，开展各类兴趣培训课程，如书法、绘画、舞蹈等，帮助用户发展兴趣爱好，增强社交互动，提升生活幸福感。

（6）个性化生活照护服务。根据用户的生活习惯和个人喜好，康养机构提供个性化的生活照护服务，包括饮食营养、个人卫生、居家清洁等，为用户提供贴心周到的照护服务。康养机构的专业护理人员会根据用户的饮食偏好和健康需求，制订科学的饮食计划，确保用户的营养摄入均衡。个人卫生方面，护理人员会提供全面的照护服务，包括洗浴、穿衣、口腔护理等，帮助用户保持良好的个人卫生习惯。居家清洁方面，康养机构会安排专人进行定期的居家清洁和消毒，营造整洁、舒适的居住环境，确保用户的生活质量。

3. 智能化发展趋势

随着科技的不断进步，中国康养产业开始应用智能化、数字化、互联网等技术，提升服务水平和用户体验，如智能健康监测、远程医疗等。康养产业将更加智能化，利用人工智能、大数据、云计算等技术，提升服务质量和效率，如智能健康管理系统、智能康复设备等。

（1）智能健康管理系统。康养产业利用智能化技术开发健康管理系统，通过手机 App、智能穿戴设备等实现个性化的健康管理服务。用户可以通过这些设备进行健康监测、营养指导和运动计划的制定，实时了解自身的健康状况并进行科学管理。智能健康管理系统不仅能够提供实时的健康数据，还可以根据用户的健康状况生成个性化的健康建议，帮助用户更好地维护身体健康。

（2）健康监测设备。引入各类健康监测设备是智能化发展趋势的另一重要方面，包括血压计、血糖仪、心率监测器等在内的健康监测设备，通过传感器技术实现健康数据的采集和监测。这些设备可以为用户提供详细的健康评估和预警提示服务，及时发现潜在的健康问题并给予相应的建议。用户可以通过智能设备随时监测自己的健康指标，了解自己的健康状况，并根据监测结果采取必要的预防措施。

（3）远程医疗服务。结合互联网技术推出的远程医疗服务为用户提供了便捷的医疗服务，特别是对于老年人和慢性病患者来说尤为重要。远程医疗服务包括在线问诊、远程医疗咨询、远程诊断等，用户可以通过互联网平台与医生进行交流，获得专业的医疗建议和诊断。远程医疗服务不仅节省了用户的时间和精力，还减少了他们前往医疗机构的频率，提高了医疗服务的可及性和效率。

（4）虚拟现实技术应用。利用虚拟现实技术开发康复训练、心理疏导等应用程序，帮助老年人进行康复锻炼和心理调适。这些虚拟现实应用程序可以模拟真实的训练场景，提供互动性强、效果显著的康复体验，帮助老年人更好地进行康复训练和心理调适，从而提高治疗效果和康复速度。

（5）大数据分析与预测。大数据技术在康养产业中的应用，主要体现在对用户健康数据的分析和预测上。通过大数据技术对用户健康数据进行深入分析和挖掘，可以建立数据模型，预测慢性疾病风险，并制订个性化的健康管理方案。大数据分析不仅可以帮助用户及早发现潜在的健康问题，还能提供更加精准的健康服务，提升用户的健康管理水平。

（6）生物技术应用。生物技术的应用为康养产业带来了高效、安全的保健品和医疗器械，包括基因检测、干细胞治疗等。通过结合生物技术，康养产业可以为用户提供个性化的健康管理和治疗方案。基因检测可以帮助用户了解自身的遗传风险，采取针对性的预防措施；干细胞治疗则为某些疾病的治疗提供了新的选择，提升了治疗效果和安全性。

（7）云计算和物联网技术。云计算和物联网技术的结合，为康养产业构建了智能化的健康生态系统。通过云计算和物联网技术，实现了设备之间的信息共享和数据互联，提高了养老院、医疗机构的管理效率和服务质量。智能设备可以通过物联网技术实现数据的实时传输和共享，云计算平台则对这些数据进行存储和分析，为管理决策提供依据。这不仅提升了服务效率，还改善了用户的服务体验，推动了康养产业的智能化发展。

4. 跨界融合发展趋势

康养产业呈现了与旅游、文化、科技等行业融合发展趋势，创造更多元化、个性化的康养体验，推动了康养产业的创新发展。

（1）"康养 + 旅游"产业。康养产业与旅游业结合，推出健康旅游产品和服务，例如养生度假村、康养旅游线路等，这些产品和服务结合了养生保健、休闲度假和旅游观光等元素，吸引了更多人群参与。基于地域充裕的旅游资源禀赋，开发融合康养与旅游的新型产品，通过康养活动激发旅游活力，同时利用旅游体验深化康养效果。在旅游景区内巧妙融入康养元素，增设多样化的康养服务项目，构建集特色医疗体验、专业康复治疗与景观游览于一体的综合性健康医疗休闲胜地。此外，依托得天独厚的自然风光，打造以心灵舒缓、疲劳消解及情绪调节为核心价值的生态型康养基地，为游客提供远离尘嚣、回归自然的疗愈空间。为进一步提升康养旅游的品质与多样性，借鉴欧美养生旅游及韩国美容旅游的成功模式，引进并创新高端健康管理与美容美体项目，如定制化康体疗程、先进整形美容服务等，打造具有国际视野的新型美容康养度假目的地。

（2）"康养 + 文化"产业。康养产业与文化产业融合发展，推动康养文化的传播和推广，通过举办健康讲座、养生活动、传统文化体验等活动，将康养理念与传统文化相结合，提升人们的健康意识和文化修养。借助深厚的历史文化底蕴，确立文化养生产业的发展新路径，推动康养产业与文化资源的深度融合，形成资源共融、优势互补、逐步深化的发展态势。深入挖掘非物质文化遗产的潜在价值，强化保护与创新利用，将传统智慧与现代健康生活理念相结合，让体验者在享受休闲康养的同时，沉浸于非遗文化的独特魅力之中。同时，积极开发诗词文化资源，通过举办诗词文化展览、诗词研讨会及书法绘画等艺术活动，搭建起文化交流与体验的平台，吸引更多追求身心和谐与健康生活的群体参与。针对老别墅这一独特文化资源，深入挖掘其作为历史休闲度假胜地的康养底蕴，创新管理维护模式，结合科学规划策略，有效促进康养度假产业的繁荣发展。

（3）"康养＋科技"产业。康养产业与科技产业融合发展，利用先进的科技手段推动康养服务的智能化、数字化转型发展。例如，利用人工智能、大数据等数字技术开发智能健康管理系统、健康监测设备，提升服务水平和用户体验。推出在线健康咨询、健康管理 App 等服务，为用户提供便捷的健康管理和养生服务，特别是老年人和慢性病患者。

（4）"康养＋教育"产业。康养产业与教育产业融合发展，推出健康教育课程、康复培训项目等，提高公众健康意识和自我保健能力，促进健康生活方式的普及。依托康养资源的独特优势及当前研学旅游的蓬勃发展态势，加速康养与教育产业的深度融合，精心构建以"田园康养"为核心吸引力，辅以"教育研学"为坚实支撑的综合性休闲康养研学平台，响应消费者对健康养生多元化、高品质生活的追求。倡导研学机构与营地教育基地围绕特定康养人群的需求，研发设计出多层次、多角度的康养研学课程体系，以增强教育体验的针对性与实效性。鼓励康养机构深化与研学基地的战略合作，打破传统界限，支持康养群体跨越机构限制，积极参与丰富多样的心灵滋养与文化探索研学活动，不仅促进个体身心的全面恢复与提升，更在互动交流中推动康养产业与教育领域的协同创新与发展。

（5）"康养＋农业"产业。基于现有的农业与农产品资源基础，挖掘并赋予其健康养生及文化体验的新价值，构建一种集休闲度假、健康锻炼、果蔬采摘、乡村美食探索及农事活动体验于一体的农康深度融合产业模式。规划"采摘互动＋农耕文化展示"与"旅游休闲＋民俗风情体验"双轨并行的农业康体主题公园，同时配套开发以民宿住宿、养生居住为核心的特色服务项目，打造倡导"慢节奏生活"理念、融合自然与人文的休闲康养胜地，满足现代人追求健康、放松与心灵回归的多元化需求。积极开展"三品"认证和国家地理标志认证，打造一批特色农产品康养小镇和农业康养休闲区和高效绿色林果生产基地。依托丰富的农林资源，建设乡村田园休养公寓，根据不同时节开展时令果蔬培育、种植、采摘以及动物喂养等一系列体验活动。发展产业旅游，逐步形成以旅游开发理念经营现代农业，以现代农业资源开发旅游产业，以旅游产业收益提升现代农业的循环发展模式。

（6）"康养＋体育"产业。聚焦运动康复、运动疗养等特色领域，建设国家级运动康复基地，打造运动康复集聚区。完善健身场馆设施，开展运动医学、康复、中医理疗等服务项目。构建一支跨学科专家团队，汇聚医疗、营养学、运动科学及体能训练等领域的专家，提供全面的体质评估、个性化运动风险评估、慢性病预防管理以及定制化的运动指导方案，推动城乡体质监测网络的均衡布局与常态化管理，确保个人运动计划能依据最新的体检报告实现动态调整与优化。为完善全民健身公共服务体系，促进体育与强身健体、康复疗养的深度融合，倡导健康生活方式。在资金投入上，由传统的以医疗救治为主向预防保健倾斜，鼓励公众提前投资健康，通过体育锻炼减少疾病发生，实现从"治疗疾病"到"预防疾病"的根本性转变。同时，依托丰富的民俗文化体育资源，丰富日常体育休闲活动，鼓励并支持骑行、冬泳等特色运动协会举办赛事，吸引康养群体广泛参与。发展太极养生运动，通过举办国际太极拳养生交流盛会，传承与弘扬太极文化精髓，树立太极养生品牌，扩大其国际影响力。加强对公众运动健身的科学指导，支持健身休闲企业的创新发展，探索将医疗康复、体能训练与健身俱乐部相结合的新模式，实现健康管理与体育产业的深度交融，共同推动健康中国战略的实施。

（7）"康养＋金融"产业。康养产业与金融产业融合发展，推出养老金融产品、健康保险等服务，为用户提供养老理财和健康保障，满足老年人和慢性病患者的多样化需求。发展健康养老金融业，发挥健康养老金融未来重要引擎作用，重点推进健康养老用品和健康养老服务等实体经济发展。拓展健康养老保险服务，抓住全国医保异地结算的重大利好机遇，制定长期护理保险等新型养老金融工具的配套策略。

5. 全产业链整合趋势

康养产业将逐步实现全产业链整合，从康养服务到康养产品，形成完整的产业生态链，提供全方位、一体化的康养服务。

（1）从医疗到健康管理。康养产业从传统的医疗服务向健康管理服务延伸，形成了医疗保健、康复护理、健康管理等全方位的服务体系，涵盖了从疾病治疗到健康促进的全产业链。这种转变不仅包括医院和诊所的医疗服务，还扩展到预防保健、日常健康监测和慢性病管理等方面。例如，康养机构通过定期健康检查、个性化的健康咨询和生活方式指导，帮助用户从源头上预防疾病，提高整体健康水平。同时，康复护理服务也从单纯的疾病恢复延伸到长期的健康维护，确保用户在康复后能保持良好的健康状态。

（2）从产品销售到服务提供。康养产业从单一的产品销售向综合性服务提供转变，不再是局限于单一产品的销售，而是提供养老服务、康复护理、健康管理等多种服务，形成了全产业链的服务体系。过去，康养产业主要依靠销售保健品、药品和医疗器械等产品获利，但随着市场需求的变化，越来越多的企业开始注重综合服务的提供。养老院和康复中心不仅提供住宿和护理服务，还增加了健康管理、心理辅导、社交活动等多种增值服务。这样的转变使康养产业能够更全面地满足用户需求，提升用户的满意度和忠诚度。

（3）从线下到线上融合。康养产业从传统的线下服务向线上服务融合发展，利用互联网技术和智能化手段开展健康管理、远程医疗、在线咨询等服务，实现线上线下融合发展。这种融合不仅提高了服务的便利性和覆盖范围，还使得健康管理更加个性化和精准化。例如，用户可以通过手机 App 进行日常健康数据的记录和分析，随时随地获得健康建议和指导。远程医疗服务使用户能够在家中通过视频咨询医生，获取专业的医疗建议和诊断，尤其对于行动不便的老年人和居住在偏远地区的患者来说，这种服务极大地方便了他们的生活。

（4）从单一业态到多元化发展。康养产业从单一的养老院、康复中心等业态向多元化发展，包括康养旅游、健康养生社区、健康产业园区等多种业态，形成了多层次、多样化的产业链条。康养旅游将康养服务与旅游业结合，为用户提供在优美环境中享受专业康养服务的机会。健康养生社区则在居住环境中融入了健康管理、医疗服务和社交活动，创造了一个全方位支持健康生活的社区环境。健康产业园区汇集了医疗、康复、养生、健身等多种健康服务机构，形成了一个集群效应明显的产业生态。这些多元化的发展模式不仅拓展了康养产业的服务范围，也提升了产业的整体竞争力和可持续发展能力。

（5）从传统到创新发展。康养产业从传统的服务模式向创新发展转变，推动科技创新、服务创新、模式创新等多方面的发展，提高服务水平和用户体验，促进全产业链的整合发展。科技创新方面，人工智能、物联网、大数据等先进技术在健康监测、疾病预防、远程医疗等领域的应用，使康养服务更加智能化和个性化。服务创新方面，康养机构不断探索新的服务形式，如个性化健康管理、定制化康复护理、全程健康监护等，满足用户多样化的需求。模式创新方面，康养产业积极探索新型商业模式，如会员制服务、联合运营模式等，提升服务的灵活性和经济性。

（6）从供给侧到需求侧转变。康养产业从供给侧驱动向需求侧驱动转变，更加关注用户需求和健康需求，以用户为中心，提供个性化、定制化的服务，推动全产业链的整合发展。这种转变要求康养机构深入了解用户的健康状况、生活习惯和个性化需求，提供精准的健康服务和产品。例如，利用大数据分析技术，对用户的健康数据进行深度挖掘和分析，预测用户的健康风险，并提供相应的预防和干预措施。定制化服务模式根据用户的具体需求，量身定制健康管理方案、饮食计划和康复训练方案，确保每个用户都能获得最适合自己的健康服务。

6. 国际化发展

中国康养产业逐渐呈现出国际化的发展趋势，更加重视国际化发展，吸引更多国外游客和投资者，积极参与全球康养产业的竞争和合作，推动中国康养产业走向国际舞台，推动中国康养产业与国际市场的深度融合和共同发展。

（1）吸引外国游客参与康养旅游。中国康养产业通过推出具有吸引力的康养旅游产品和服务，吸引了越来越多的外国游客前来参与康养旅游，促进了康养产业的国际化发展。例如，中国利用其丰富的自然资源和传统中医药优势，设计了许多特色康养旅游项目，如中医药养生游、温泉疗养游、自然生态游等。这些项目不仅提供了优质的康养服务，还让外国游客体验到了中国独特的文化和自然美景。开展国际康养旅游不仅会增加康养产业的收入来源，还促进了中国康养品牌在国际上的知名度和认可度。

（2）开展国际合作与交流。中国康养产业积极开展与国际相关机构、企业的合作与交流，加强国际康养产业的合作与互动，促进经验共享、资源整合，推动康养产业的国际化合作。例如，中国康养企业与欧美、日本等发达国家的康养机构合作，引进先进的康养技术和管理经验，同时也输出中国的康养模式和服务。开展双向交流与合作，不仅能提升中国康养产业的整体水平，也促进了国际康养产业的共同进步。

（3）参与国际康养产业展会与论坛。中国康养产业积极参与国际康养产业展会、论坛等活动，展示中国康养产业的发展成果和优势，拓展国际市场，提升中国康养产业在国际上的影响力和竞争力。例如，中国康养企业定期参加在德国、美国、日本等地举办的国际康养展览和健康论坛，展示最新的康养产品和服务，并通过这些平台与国际同行交流合作。这不仅有助于推广中国康养品牌，还能吸引更多的国际投资和合作机会，进一步推动中国康养产业的国际化发展。

（4）输出中国康养品牌和服务。中国康养产业通过输出中国康养品牌和服务，开设海外康养中心、康养酒店等，将中国的康养理念和技术带到国际市场，促进中国康养产业的国际化发展。例如，一些中国康养企业在东南亚、欧洲和北美等地设立了康养中心和养生酒店，提供中医药疗法、针灸、推拿等特色康养服务，这会为当地居民提供了新的健康选择，也进一步扩大了中国康养品牌的国际影响力。

（5）积极参与国际标准制定。中国康养产业积极参与国际标准的制定和推广，提高中国康养产业的国际竞争力和市场认可度，推动中国康养产业的国际化发展。如中国康养企业和研究机构参与了 ISO、WHO 等国际标准化组织的康养标准制定工作，通过贡献技术标准和实践经验，提升中国在国际康养产业中的话语权，有助于规范和提升全球康养服务水平，也确保了中国康养产品和服务在国际市场的认可度和竞争力。

（6）借助"一带一路"倡议推动国际合作。中国康养产业借助"一带一路"倡议，加强与共建国家的康养产业合作与交流，推动中国康养产业向"一带一路"共建国家输出，促进国际合作与共赢发展。如中国通过与"一带一路"共建国家签署合作协议，共同建设康养产业园区和医疗服务中心，开展中医药培训和技术合作，不仅能促进共建国家的健康产业发展，也为中国康养产业开拓了广阔的国际市场，推动了双赢局面的形成。

总之，我国康养产业已基本形成覆盖全生命周期的人口服务体系，康养产业的主体布局也在调整，医疗康养赛道迎来新的增长点。当前康养产业的发展，是以加速医疗与养老、养生、旅游的融合为主导。康养产业主要分布于沿海地区，东部高端医疗服务及科学健康管理优势突出，西南主要以其生态、气候资源发展健康养生养老。具体来看，以北京为中心的环渤海地区，聚集全国最雄厚的人才科研力量，政产学研发结合发展，在生态农业、高端健康食品、生物科技方面引领发展。以上海为中心的长三角地区，通过整合全球资源，积极引进国际先进医疗机构、技术及品牌，带动江苏、浙江以生物医药、高端医疗健康服务形成优势发展。以广州、深圳为中心的珠三角地区，依托广州、深圳创新力量，研发生物科技、生命科学等技术并实现成果转化，发展生物医药；迎合高端人群需求发展高端医疗、健康管理等健康服务。以贵州、云南为代表的西南地区，以特色民族医药医疗及生态旅游资源为突破口，开发健康养生旅游，是康养产业的重要发展方向。

2.3　国外康养产业发展分析

2.3.1　日本康养产业

1. 日本康养产业发展历史与现状

日本拥有丰富的温泉资源，因此温泉疗养在日本有着悠久的历史。自古以来，人们就将温泉视为治疗各种疾病和促进健康的有效手段。因此，温泉疗养场所一直是日本康养产业的主要组成部分。随着日本社会的老龄化趋势加剧，养老服务需求逐渐增加 20 世纪以来，随着经济的发展和人口老龄化的加深，日本的康养产业迅速壮大。特别是在第二次世界大战后的经济高速增长时期，康养服务需求与日俱增，促使康养产业形成了初步的雏形。20 世纪 80 ~ 90 年代，日本开始建立养老服务体系，涌现出大量的养老院、长期护理设施和老年社区。日本传统文化中融合了诸多康养理念，如温泉疗养、禅修养生等，这些传统实践在近代得到了发扬光大。私人医疗机构和健康管理公司逐渐兴起，为人们提供更为专业和高效的医疗保健服务。健身俱乐部、健康管理咨询机构、体检中心等开始兴起，为人们提供健康管理服务和生活方式指导。在健康保健领域，日本的保健意识普遍较高，人们对健康管理的需求不断增加。健康体检、营养保健品、健身俱乐部等项目日益受到关注，为人们提供了更多的健康管理选择。在养老服务领域，日本的长寿社会促进了养老产业的发展。养老院、老年社区、日间照料中心等形式多样的服务机构应运而生，为老年人提供了居家养老、社区养老等多样化的选择。此外，日本的温泉疗养文化也是康养产业的重要组成部分，吸引了大量国内外游客。

日本也是第一个采纳森林康养概念的亚洲国家，不仅如此，它还在全球范围内率先构建了森林康养基地的认证体系。自 1982 年日本采纳并推广森林康养理念以来，政府部门即着手强化林业经营，优化林业产业结构，对自然林与人工林实施科学有序的开发利用策略，为后续依托林地资源构建森林康养基地奠定了坚实基础。同时，借助公园、名胜地等区域优质的森林生态与完备的基础设施，逐步增加了旨在提升综合吸引力、拓宽客源结构的基地构建模式。日本在森林康养基地的营造过程中，以森林资源为核心竞争力，强调原生环境的保护与激活，有效利用既有条件，整合区域优势资源，形成了涵盖名胜地、公园及林地等多维度的构建策略与模式，其差异性的基底特征直接引导了多样化的营造路径。此外，该国的森林康养基地营造还充分发挥了政府政策引领与资金扶持的优势，结合行业协会与团体的运营推广力量，并广泛吸纳民间资本参与，构建了一个由政府主导，行业协会、民间企业等多方参与、协同合作的可持续发展框架。

目前，日本的康养产业已经形成了完整的产业链，包括健康保健、医疗保健、养老服务、休闲旅游等多个领域。其中，养老服务和健康保健产业占据主导地位。

2. 日本康养产业的特点

（1）技术先进。日本在康养服务中的技术应用处于全球领先地位。该国在医疗科技和养老设施方面拥有先进技术和设备，特别是在机器人护理和智能医疗设备领域，这些技术的运用显著提高了康养服务的质量和效率。例如，日本的机器人技术在康养领域得到广泛应用，开发了能够提供护理服务的护理机器人。这些机器人不仅能够协助老年人日常生活中的搬运工作，还能监测他们的健康状况，为养老服务提供了全新的解决方案。这种技术的应用不仅提升了服务效率，还改善了老年人的生活质量，为康养产业注入了科技创新的活力。

（2）文化传统。日本的文化传统中注重和谐、平衡、自我修养，这种传统价值观影响了康养产业的发展方向，推动了诸如温泉疗养、禅修养生等传统康养方式的复兴。日本以其丰富的温泉资源闻名于世，温泉被视为自然的恩赐和健康的泉源。这种文化传统促使日本将温泉疗养与养生健康相结合，形成了独特的温泉养生旅游业。无论是北海道的大自然风光还是九州的温泉胜地，都吸引着国内外游客前来体验。人们可以享受温泉的温暖和舒适，同时参与各种养生活动，如温泉瑜伽、禅修冥想等，不仅有助于身体的放松和健康恢复，还深受文化传统的影响，强调了身心灵平衡和内在修养的重要性。禅修养生作为一种深受传统文化影响的康养方式，在现代得到了新的发展，日本的许多禅寺和禅修中心为寻求内心平静和身体健康的人提供了理想的康养场所，这些地方结合了禅宗哲理和冥想练习，通过定期禅修、静坐和自然散步等活动，帮助人们摆脱现代生活的压力，追求心灵的平静和自我成长。

（3）跨界融合与创新。日本康养产业与其他行业的跨界融合和创新推动了康养服务的多样化和普及化，为人们提供了丰富的康养体验选择。首先，日本的康养产业不仅局限于传统的健康管理和养老服务，还将康养服务与旅游、文化和科技等领域紧密结合，创造了更多元化的服务体验。例如，健康俱乐部作为一种新兴形式，不仅提供健身锻炼和营养咨询，还整合了高科技的健康监测设备和个性化的健康管理方案。这些俱乐部不仅是健身中心，更是为会员提供全面健康管理的综合服务平台，帮助人们在忙碌的生活中保持健康和活力。其次，日本的康养产业涵盖了医疗保健、康复护理、养老服务和健康旅游等多个领域。在医疗保健领域，专业的医疗团队和先进的治疗设备为需要治疗的人群提供了高质量的医疗服务。同时，日本的养老服务领域也日益完善，社区养老服务中心为老年人提供包括健康监测、康复护理和社交活动等在内的全方位服务，提升了老年生活的质量和幸福感。

3. 日本康养产业范例——阿苏农场①

阿苏农场全称为阿苏温泉农场，在日本西部九州岛地区熊本县阿苏村，阿苏九重国家公园内。日本西部九州岛地区的阿苏农场所处的熊本县位于火

---

① 日本国家旅游局官方网站（https：//www.japan-travel.cn/spot/646/）。

山地带，拥有众多温泉资源，同时森林覆盖率高达63%，成为日本著名的温泉休闲中心之一。阿苏农场于1995年建成，充分利用了阿苏火山的自然地理环境，将农场融入其中，以"人—自然—活力"为主题，集住宿、运动、娱乐、观赏、餐饮、购物等多功能为一体。阿苏农场海拔550米，占地100万平方米，在这样的广阔空间内，阿苏农场与自然融为一体，旨在帮助参与者找到改善健康的方法，了解健康重要性，也便于参与者在日常生活中的应用。

早期的阿苏农场，在熊本县政府和日本厚生劳动省的批准下，由健康专家组成的学术委员会进行全面监督，以"动（健康运动）、愈（身心疗愈）、食（三餐药食）、娱（体验学习）、买（特色购物）、泊（圆顶住宿）"六大支柱来满足客户需求。但随着农场日益发展和日本社会结构的不断变化，阿苏农场在原有基础之上，同日本健康促进学术机构（民间协会组织）合作，开创了"大自然阿苏健康之森计划"，农场实现转型升级，形成健康之森与元气之森两大区域。

在健康之森区域内，除了日本健康促进学术机构专业人员为每位游客量身定制健康促进菜单外，农场还建立不同类型的主题商店，将这些健康食品、特色商品、纪念品等，让游客们用得好，带得走，既巧妙实现一二三产业融合，又成功实现了品牌营销推广。健康之森拥有300多个不同类型、不同主题的圆顶建筑（馒头屋），10多种可精确检查身体各项机能的先进设备，13种健康热温泉、2种圆顶还原浴、3类餐厅、1个氧气圆顶等，让游客们一边欣赏周围自然风光，一边释放平日压力，逐渐得到疗愈。

元气之森区域在约49.58亩的天然森林和山谷地带，沿着陡峭斜坡、树木，设计了超过70多种户外休闲运动体验设施，广泛覆盖了儿童至老年各个年龄段，确保每位参与者都能找到贴合自身需求的锻炼方式。从强化腿部力量、塑造背部及手臂肌肉，到提升平衡能力与身体柔韧性，一系列多元化的身体训练项目应有尽有。更进一步地，活动还巧妙融入了对大脑功能的锻炼，如记忆力增强、判断力提升及思维灵活性训练，全面促进身心健康。无论游客处于何种年龄阶段，拥有何种体能基础，即便是平时较少参与运动的群体，也能在这片户外运动的天地中找到乐趣与成就感，共享运动健身带来的愉悦体验与积极改变。

日本阿苏农场构建了一套全面的康养体系，涵盖身体评估（身体测量）、活力运动（健康运动）、康体修复（健康疗愈）及膳食居所（餐饮住宿）等多维度，有效实现了以促进健康为核心的养生理念。此外，农场巧妙地将蔬菜培育温室、蘑菇种植园、迷你动物园及手工艺体验工坊等农业与旅游项目围绕康养主题进行深度融合与串联，不仅丰富了游客体验，更在农旅融合的过程中，持续凸显了农场的独特魅力与核心价值，实现了农旅互促共生的良好局面。在康养理念的发展理念下，阿苏农场内除了"元气之森"的运动项目之外，更有适合全家人共同参与，增进亲子关系，激发孩子潜力的元气挑战馆、幼儿挑战馆等。

以运动为核心特色。从儿童到青少年、青年、大学生等不同阶段，农场内都有相应的运动设施项目，对于现代都市人的快节奏压力、亚健康状况，农场不仅能让参与者进行准确测量，还能帮助大家进行针对性的营养分析、运动指导，实现健康导航。

以住宿为核心优势。相比其他康养型农场，阿苏农场以其独特的地理优势、资源优势、建筑优势，形成了颇具主题色彩的康养住宿农场。农场根据阿苏山九重国家公园的地形特色，在森林与溪流之间，打造出让游客们在室外尽享山谷美景。农场根据不同客群需求，将整个住宿区域划分为乡村住宿区、皇家住宿区、梦幻住宿区。

农场不仅以阿苏火山周围地质，形成13种热水浴温泉、一个大型火山温泉浴场，同时还建立了基于抗氧化剂理论而研发的圆顶还原浴（陶瓷板浴、宝石浴），针对女性研发的岩浆黏土水疗中心和让高压人士得到充分放松休息的氧气圆顶等，真正深度挖掘不同客户需求。阿苏农场内除了观赏、体验、餐饮、住宿、户外运动场所等为游客们带来愉快之外，农场内部建立的全天开放的室内健康促进设施馆，通过15种不同的项目，让游客们在玩耍运动中得到体育锻炼和健康指导。

2.3.2　德国康养产业

1. 德国康养产业发展历史与现状

德国的康养产业源远流长，可以追溯到 19 世纪，19 世纪初至 20 世纪初为德国康养产业发展的初始阶段。德国拥有丰富的温泉资源，温泉疗养在此阶段占据主导地位。德国在威利斯赫思镇设立了全球第一个森林康养基地。早期德国的温泉疗养成为欧洲贵族和富人的时尚选择，如巴登—巴登、巴德恩、巴德黑尔斯费尔德等温泉疗养地成为知名的康养胜地，这进一步带动了森林康养服务的发展。德国在自然疗法和医学方面有着悠久的传统，如水疗、气疗、土疗等。这些传统治疗方法与温泉疗养相结合，成为康养产业的重要组成部分。

随着德国社会老龄化趋势的加剧，对养老服务的需求日益增加。20 世纪 50 ~ 70 年代，德国政府开始建立养老服务体系，推动养老院、长期护理设施等养老服务机构的发展。80 年代，森林康养作为基本国策，被纳入德国的医疗保障体系。他们强制性要求公务员进行森林康养，随后发现公费医疗费用下降 30%，每年节约数百亿欧元的费用。这一数据得到德国政府的高度认可，森林康养因而受到政府的大力支持。德国提出森林向全民开放，规定所有的国有林、集体林以及私有林都向游客开放。90 年代，德国将森林康养——气候性地形疗法纳入医保体系，需要进行康复或治疗的病人，经过医生开具处方，到医疗机构指定的疗养地疗养可获得医保报销，4 年可申请一次。20 世纪以来，随着人口老龄化程度的加深，德国康养产业经历了快速发展，形成了完整的康养服务体系，包括医疗保健、养老服务、康复护理等多个领域。

德国的康养产业已经成为国民经济的重要组成部分，其康养服务水平和质量享誉全球。德国康养产业已经从传统的温泉疗养、养老服务扩展到健康管理、医疗保健、老年社区、养老院等多个领域，私人医疗机构、温泉度假村、养老社区、健康管理公司等各种类型的康养服务提供商层出不穷。德国的医疗体系、长期护理保险制度等为康养产业的健康发展提供了良好的保障。德国作为医疗旅游的热门目的地，吸引了大量国际患者前来就医。例如，德国的慕尼黑、柏林等城市拥有世界一流的医疗设施和医疗专家，吸引了许多来自欧洲和其他国家的患者前来就医。德国的康复护理服务覆盖了康复医院、康复中心等多个环节，为需要康复护理的患者提供了全方位的服务。例如，德国的康复中心提供了包括物理治疗、职业治疗、心理治疗等在内的综合康复服务，帮助患者尽快恢复健康。

2. 德国康养产业的特点

（1）高质量的医疗保健服务。德国的医疗体系一直以来都以高质量、高效率而闻名，为国内外患者提供了优质的医疗服务。德国在医疗技术和设施方面处于国际领先水平，拥有先进的医疗设备和设施，如高级医疗影像设备、手术室、康复设施等，这些设施提供了高质量的医疗保健服务。德国康养产业的医疗团队包括医生、护士、康复师、营养师等专业人员，他们经过专业培训和丰富经验的积累，能够为患者提供全面、高效的医疗服务。

（2）完善的长期护理保险制度。德国实行了完善的长期护理保险制度，为需要长期护理的人群提供了经济支持和服务保障。德国的长期护理保险制度覆盖范围广泛，几乎所有的居民都可以参与，无论其财务状况如何，这使得康养服务更具普惠性，能够为需要长期护理的人提供财政上的保障。长期护理保险制度采用社会化共担的原则，即由工薪阶层和雇主等共同缴纳保险费，政府对经济困难人群提供资助，这种模式既保证了康养服务的普及，又避免了个人负担过重的情况。长期护理保险制度覆盖了包括住院护理、家庭护理、日间护理等多种形式的康养服务，为不同护理需求的人提供了全面的护理服务，这一制度的建立为德国的养老服务提供了可持续发展的基础，也为康养产业的健康发展提供了保障。

（3）智能化发展。德国在医疗技术、信息技术等方面拥有雄厚的实力，未来康养产业将更加智能化，如智能康复设备、远程医疗服务等将成为发展的重点。德国康养产业越来越注重信息化和数字化，采用远程医疗、健康管理 App 等技术手段，提高服务的效率和便利性。德国的一些康养机构和养老院开始引入智能护理机器人，这些机器人可以协助护理人员完成一些日常护理工作，如搬运、喂药、测量生命体征等，提高护理效率和质量。一些养老院和护理机构开始建设智能化的养老设施，包括智能化的房屋设施、智能化的生活辅助设备、智能化的安全监控系统等，为老年人提供更加便捷、舒适和安全的居住环境。德国的康养产业引入智能化的康复设备和康复训练系统，如智能康复器械、虚拟现实康复训练系统等，帮助患者进行康复训练和康复治疗，提高康复效果和速度。

3. 德国康养产业范例——黑森林康养基地①

德国西南隅坐落着广袤无垠的黑森林，占地面积约达 11400 平方公里，作为德国境内最为辽阔的山系，其郁郁葱葱的林海在远观之下，因密集而深邃的绿意给人以"黑森林"之名。此区域不仅坐拥茂密的林木，更镶嵌着如滴滴湖般璀璨的湖泊景观、蕴藏天然温泉的疗养胜地，以及享誉全球的葡萄酒酿造区，构成了一幅自然与人文交相辉映的画卷。黑森林的地域特色鲜明，北部区域以浩瀚的原始森林为主，主要由挺拔的松树与杉树交织而成，林木葱郁，叶片色泽深沉，远望之下，一片浓墨重彩的绿意在眼前铺展；中部地带则展现出浓郁的德国南部风情，众多传统木质农舍点缀其间，成为一道独特的风景线；南部黑森林，因毗邻瑞士，地貌渐趋变化，林间空地与草地逐渐增多，昔日连绵的树林间，已开辟出广袤的草地牧场，展现出另一番自然生态的和谐之美。

黑森林因其独特的地理优势和丰富的自然景观，又被开发为德国著名的旅游景区。德国结合区域自然资源特征，进行合理的景区规划。黑森林占地面积较大，因地理差异，从南至北树林的浓密程度不同，北部主要为由松树和杉树组成的原始森林，南部多为山间草地。基地根据地形特色、景观资源对各区域进行了多样化的规划，包含具有疗养功能的康养、森林、多样化的

---

① 巴登巴登小镇官方网站（https：//www.baden-baden.com/）。

休闲村庄、多功能水疗中心和葡萄酒庄园等。黑森林康养基地产品形态丰富，且促进了康养产业与当地其他的产业融合。

黑森林地区有着深厚的历史积淀，如黑森林布谷钟从 1880 年传承至今，已成为黑森林地区的特色产物，为游客来黑森林必须体验的手工艺品。此外，黑森林西部和南部都有德国顶尖的葡萄酒产区，最著名的是莱茵河下游的巴登产区。这里葡萄种植历史悠久，土壤富含许多矿物质的火山灰，特别适合黑皮诺、灰皮诺的生长。品味美酒也是游客来到黑森林必须拥有的美好体验。迎合不同消费需求的产品分级。在德国，森林康养几乎全面普及。面向大众消费者，德国黑森林康养基地针对不同消费层级的人群设计不同的森林康养项目。如住宿上除乡村民宿酒店、公寓、林间小屋和私家农舍之外，还设有高标准的酒店，设有高尔夫、骑马、山地车等项目，游客可根据喜好和消费水平选择。餐饮除了设有特色餐馆，还引进世界知名的甜品、餐饮品牌，有米其林星级的顶尖餐厅、音乐餐厅或家族餐馆等。

黑森林旁还有一座历史悠久的温泉小镇巴登巴登，现已发展成了森林康养胜地。巴登巴登位于德国巴登－符腾堡州（Baden-Württemberg），黑森林国家公园的西北角，距离德国与法国边界的莱茵河仅 7.5 千米，交通十分便利。巴登巴登是一个约 5.5 万人的小镇，面积为 140.18 平方千米，拥有 420 公顷（相当于 4.2 平方千米）的森林，约占小镇总面积的 3%，小镇沿着山谷蜿蜒伸展，背靠青山，面临秀水，景色妩媚多姿。巴登巴登的温泉资源十分丰富，每天涌出的温泉水量达 80 余万升，这些泉水都来自 2000 米深的地下，水温平均达到 68 摄氏度。温泉水中富含氯化物、氟化物、锂、钠、硅酸、硼等矿物元素，对风湿病、妇科病、哮喘鼻炎、心脏动脉病等疾病有很好的保健和理疗效果，深受游客喜欢。当地还根据游客的体质特征，开发了许多特色洗浴方式，如高温蒸汽浴、潜泳浴、瀑布流水浴、泉泥浴和碳酸浴等供游客选择，游客可在遍布城市的 12 眼温泉中尽情享受自己喜欢的温泉。其中，现代化的卡拉卡拉浴场和历史悠久的弗里德里希浴场是最受游客欢迎的浴场。巴登巴登的歌剧院、音乐厅、美术馆、博物馆等文艺设施众多，许多在欧洲都赫赫有名：坐落于利希腾塔尔林荫大道上的还有值得一看的弗里德·布尔达博物馆，是世界上现代艺术品收藏最齐全的展览馆之一；巴登巴登歌剧院是德国最大的歌剧院，有 2500 个座位，经常举办世界一流的音乐会，还时时举办一年一度圣灵降临艺术节的最佳舞台。

巴登巴登小镇有多达 23 条户外徒步线路。一是环景步道，这是环绕小镇的精选线路，共分为四段，难度中等。二是带儿童徒步路线，共有 2 条线路，一条线路上可以看到羊群，另一条线路则是"猞猁"主题。每条线路长度 4 公里左右，高度差不超过 100 米，难度小、有趣味，适合儿童。三是黑森林徒步，共有 12 条难度不一的线路，基本都属于专业运动级别的线路。四是轻松徒步，主要是小镇内部的徒步参观。需要说明的是，巴登巴登小镇官网上对徒步线路有详细的介绍，还有导航文件可供下载，沿途服务设施都有介绍，非常的周到细致。

巴登巴登小镇注重塑造小镇的文化形象与多元化产品的融合。通过各类文化场馆建设、举办文化活动等措施，进一步强化和提升小镇的文艺属性，不仅为游客提供多元化的需要，也满足了休闲度假、康养、艺术爱好者等多元化客群的需求，极大地提高了小镇的吸引力，实现了与其他小镇的差异化竞争。悠久的历史、独一无二的温泉资源、优越的区位以及完善的休闲娱乐服务体系共同作用，是巴登巴登康养小镇成功的基础。

2.3.3　美国康养产业

1. 美国康养产业发展历史与现状

美国的康养产业发展可以追溯到 19 世纪末和 20 世纪初。当时，由于工业化进程和城市化加速，人们对于健康和生活质量的关注逐渐增加。早期的康养产业主要以温泉疗养、自然疗法和养生为主，吸引了大量民众前来求医养生。20 世纪 20～30 年代，美国进入经济繁荣时期，康养产业迎来了黄金时代。许多著名的康养度假村和温泉疗养地如绿湖度假村、白石温泉度假村、棕榈泉度假村等相继兴起。50～70 年代，随着现代医学和健康科学的进步，康养产业开始注重医疗保健和健康管理，出现了许多专业的康养医疗机构和康复中心。80～90年代，随着人们对健康和生活品质的重视日益增强，健身俱乐部、健身度假村和综合性健康中心等开始兴起，强调健身运动和生活方式改变。

21世纪以来随着老龄化社会的到来和健康意识的不断提高，美国康养产业进入了多元化和创新发展阶段。涌现出了以健康管理、康复护理、养老服务为主的新型康养机构和社区，同时也出现了一些注重精神健康、心理康复和生活幸福感的康养项目和服务。美国康养产业的服务提供商已经从传统的度假村、疗养院扩展到健康管理公司、医疗保健机构、健身俱乐部、综合性健康中心、社区康养项目等多种形式，提供了丰富多样的服务项目，满足了不同人群的需求。美国的健身产业发达，健身俱乐部、健身教练、健身活动等形式多样，涵盖了从普通健身人群到专业运动员的各个层次，为人们提供了多样化的健康管理选择。美国作为医疗旅游的热门目的地，吸引了大量国际患者前来就医。美国拥有世界一流的医疗设施和医疗专家，为患者提供高水平的医疗服务和关怀。

2. 美国康养产业的特点

（1）市场化和商业化。美国的康养产业以市场为导向，商业化程度较高，大量私营企业参与其中，推动了产业的快速发展。美国康养产业呈现市场化和商业化的特点是由于市场竞争激烈、商业运营模式普遍、投资和并购活动频繁等因素共同作用的结果。在美国，康养服务由各种各样的提供者提供，包括私营企业、非营利组织、医疗保健机构以及个人服务提供者等。这种多元化的服务提供者构成了一个竞争激烈的市场，推动了康养产业的市场化发展。

（2）个性化服务。美国康养产业注重个性化服务，通过量身定制的健康管理计划、个性化营养咨询等方式，满足了消费者多样化的健康需求。康养服务提供者会根据客户的个体需求和健康状况提供定制化的康养方案，这些方案可能涵盖健康评估、营养咨询、体育锻炼、康复治疗等多个方面。会根据客户的健康状况、生活习惯和偏好，为他们提供个性化的护理服务，这可能包括个人护理、医疗监测、药物管理等，以确保每位客户得到最合适的护理。一些康养服务提供者利用远程监测技术和智能设备，为客户提供个性化的医疗和健康管理服务，这些技术可以实时监测客户的健康状况，提供定制化的健康建议和管理方案。

（3）技术创新。美国在医疗技术、信息技术等方面拥有领先优势，康养产业广泛应用先进技术，如远程医疗、智能健康监测等，提升了服务水平和效率。康养产业利用人工智能和大数据分析技术，对康养数据进行深入挖掘和分析，以发现潜在的健康风险和提供个性化的康养建议。康养服务提供者越来越多地采用远程医疗技术，包括视频会诊、远程监测设备等，为客户提供便捷的医疗服务。同时，电子健康记录系统的使用也在康养产业中得到广泛应用，以提高医疗信息的共享和利用效率。虚拟现实和增强现实技术被应用于康养产业中，用于提供沉浸式的康复治疗和认知训练。美国康养产业通过远程医疗、智能设备、人工智能、虚拟现实等技术创新，不断提升康养服务的质量和效率。例如，Alignment Healthcare 是美国成立于 2013 年，专注于为美国 65 岁及以上老人提供依托联邦医疗保险的商业险的健康险公司，其自 2014 年起就致力于开发建设一个基于大数据、云计算和人工智能为基础的统一底层技术平台—AVA，并以 AVA 为公司内部运营和外部业务对接的核心。Alignment 在底层 IT 架构设计时采用了微软云（云计算和云存储）、人工智能与机器学习等近十年发展起来的信息技术手段。这些新技术的使用，让 Alignment 的服务平台从技术角度可接触和掌控更多更全面的会员信息、大家共享信息，从而可更好协同各相关服务方、帮助对会员作出更个性化的服务方案，甚至千人千面，让每个会员有更好的个性化服务体验和效果。

3. 美国康养产业范例——图森峡谷牧场度假村①

1979 年建成的图森峡谷牧场度假村，总占地 837 公顷，被称为美国首个

---

① 美国国家旅游局．放慢脚步，去美国最有特色的疗养度假村静修吧［EB/OL］．（2023 - 06 - 29）．https：//mp. weixin. qq. com/s?_biz = MzU2MTA5NjY5MQ = = &mid = 2247492917&idx = 1&sn = 7f6f7ef2df589e02c8a67237ea671080&chksm = fc7f57a9cb08debf3f8926a15d216bcaf7461b6ff8961ce559033edf8e3471b865a78de8c5dc&scene = 27.

纯粹的度假和健身胜地，由房地产开发商梅尔·扎克尔曼和他喜欢运动的妻子艾妮德在图森的一个老农场上开发而成。图森峡谷牧场是一个以健康管理功能中心＋度假养生别墅为特色的健康管理小镇，将温泉疗养、传统和新型医疗、行为疗法、精神疗法、健身、营养以及美容、户外运动集成在一起。作为的美国第一养生基地，它不仅是世界上受尊重的健康度假品牌之一，同时以改善人们的健康为宗旨，开创了健康的新生活方式，核心的、特色的健康管理运营服务体系是康养小镇成功的重要因素。

图森峡谷牧场度假胜地，巧妙融合自然生态，精心规划养生设施布局，以其独特的地理位置，成为连接南北住区的健康绿洲。其东侧紧邻壮观的峡谷风光，与周遭的广袤荒漠形成鲜明对比，犹如荒漠之心的一片翠绿净土。整个度假村采取"一轴四区"的空间布局策略，一条主干道贯穿南北，巧妙地串联起四大功能区，区域内错落有致地分布着八大核心功能设施与度假别墅群。度假村致力于服务广大亚健康人群，同时特别关注慢性病患者群体，提供全方位、定制化的度假养生体验。服务范畴广泛涵盖温泉康复、传统与现代医疗技术结合、行为健康干预、精神慰藉疗法、体能训练、营养膳食管理及美容保养等多个领域。通过养生环境、养生项目、养生服务、养生居住四大体系打造顶级健康养生度假区。拥有美式健康医学体系和上百种健康管理项目。拥有特色养生技术，整合各国传统养生疗法、西方健康科学技术、进行持续的产品研发。建立顶级专家团队，打造定制化的专属健康服务，目前全峡谷农场有2200名医生和健康专业人员，医疗团队形成了以健康医疗领军人为核心、三个梯度的医疗人才结构。除了自身的专家团队外，峡谷牧场还通过与各大高校持证医学教授和讲师深入合作，实现共赢。

从主要特点与服务内容来看，图森峡谷牧场度假村一是提供全面的健康评估和个性化的健康管理计划。这些计划由专业的健康管理团队制定，结合先进的医疗技术和综合的健康评估，旨在帮助客人提高身体健康水平和生活质量。二是提供多元化的康养活动。度假村内设有多个康养中心，涵盖了瑜伽、普拉提、水疗、营养咨询等多种康养活动。这些活动不仅注重身体的锻炼和修复，还强调心理健康的调理和社交互动的重要性。三是具备豪华的住宿和环境。客人可以选择各种类型的住宿，包括私人别墅、豪华客房和套房，以及配备高端设施的独立生活空间。四是具备专业的健康团队和服务人员。度假村拥有一支由医生、护理人员、康复治疗师、心理健康专家和营养师组成的专业团队。他们为客人提供个性化的服务和关怀，确保每位客人能够获得最佳的康复和健康管理效果。五是综合的健康教育和培训。图森峡谷牧场度假村注重健康教育和培训，定期举办各类健康讲座、研讨会和工作坊，为客人提供健康管理的最新知识和实用技能，帮助他们在度假期间和之后持续改善生活方式。

2.4　环京地区医养结合的康养产业概况

2.4.1　环京地区康养产业相关政策

2016 年，京津冀三地民政部门共同签署《京津冀养老工作协同发展合作协议（2016 – 2020 年）》，聚焦京津冀地区养老服务协同发展，坚持"同质同标"原则，建立完善养老服务协同工作机制，加速京津冀三地养老项目的联动推进、政策体系的无缝对接、人才资源的共享流动、医养融合的深度发展，以及区域间与行业内的全面协同，积极促进老年人享受高品质养老生活。明确规划指出，京津冀三地将携手并进，共同促进养老服务业的深度融合与创新发展，精心打造环绕京津的康养产业集群。依托石家庄构建高端医疗保健养老中心，利用张家口、承德的自然优势设立候鸟式养老特色服务区，在唐山与秦皇岛区域，侧重于整合休闲、养生、娱乐与旅游等多元素，打造全方位一体化的养老服务片区。2016 年 9 月，京津冀联合印发了《京津冀养老服务协同发展试点方案》，以三河燕达国际健康城、高碑店嘉乐汇养生苑和天津武清区养老护理中心作为试点，推动北京市养老政策外延。2017 年 9 月，试点机构由 3 家扩展到 9 家，其中 8 家在河北。试点机构接收京、津籍老人入驻，可以叠加享受京津两地针对户籍老年人的床位运营补贴政策。

河北省出台的《河北省"大健康、新医疗"产业发展规划（2016－2020年)》提出，河北省将重点布局环京健康养老产业圈，着力打造面向京津的养老产业基地。2017年底，京津冀三地民政部门发布《京津冀区域养老工作协同发展实施方案》以后，协同发展区域所有养老机构接收区域内老人异地养老，都将叠加享受老人户籍所在地的养老优惠政策。2018年，河北省政府办公厅印发《关于大力推进康养产业发展的意见》，指出要不断提升康养产品质量和水平，加快建设康养产业体系，满足人们多层次的健康服务需求，促进康养产业与相关产业的融合发展，提出打造环京康养产业平台，为康养产业的高质量发展提供有力支撑。

2021年11月河北省发展改革委、卫生健康委、民政厅等七部门联合印发《河北省康养产业发展"十四五"规划》。"十四五"时期，着力打造"一环引领、两极带动、三带集聚、多点支撑"的康养产业空间发展格局。到2025年，全省康养产业体系基本健全，产业规模不断扩大，服务能力显著提高，产业竞争力明显增强，产业品牌不断涌现，形成较为完整的康养产业链，打造一批功能齐全、设施完善的康养园区、基地和小镇，形成若干千亿、百亿级康养产业集群。

河北省聚焦于康养服务业与康养制造业的双轮驱动，致力于深化康养产业各业态的融合发展，部署八大核心任务，全面响应并超越公众对康养服务多层次、差异化的需求。为拓宽健康养老合作领域，河北省积极促进环京津地区的养老一体化试验，推动京津地区的优质养老服务资源向邻近区县辐射，特别是在京畿周边县市精心规划高端护理专科医院及医养融合机构，构建集医疗服务、康复保健、教育研究于一体的综合性健康养老生态圈。河北省积极打造具有鲜明特色的康养小镇，如崇礼太子城冰雪康养小镇、北戴河阿卡高端康养社区、涞源白石山温泉疗愈小镇、三河燕达国际健康颐养城以及塞罕坝森林生态康养小镇等。同时，河北省还加快布局一批康养产业基地，如安国中医药综合发展区、邯郸生物健康原料基地、仙台山森林生态康养基地及固安智能健康养老创新示范区等，以这些基地为引擎，推动康养产业的高质量、可持续发展。

2023 年，建立京津冀养老协同专题工作组，健全养老服务协同工作机制，印发工作组运行规则及办公室组建方案。2023 年 3 月，河北省印发了《加快建设京畿福地、老有颐养的乐享河北行动方案（2023 – 2027 年)》，以环京地区为重点，谋划建设一批旅居项目、文旅康养特色小镇项目、医养项目和培训疗养机构转型项目，构建"一区、一圈、三带"的康养产业发展格局。

2024 年 3 月 13 日，由北京市民政局、天津市民政局、河北省民政厅共同印发《关于进一步深化京津冀养老服务协同发展的实施方案》，共分为机制、项目、政策、人才、医养、区域、行业协同 7 个部分，进一步深化京津冀地区养老服务协同发展，推动北京养老项目向河北省等环京周边地区延伸布局。建立与环京周边地区结对共建机制，朝阳区、海淀区、丰台区、石景山区、房山区分别与承德市、张家口市、唐山市、秦皇岛市、保定市民政部门签订养老服务战略合作协议，推动北京优质养老服务资源向合作共建地区延伸。2024 年 4 月 3 日，北京市民政局发布印发《关于推进京津冀养老政策协同的若干措施》的通知，加快推进三地养老政策协同共享，提出三部分举措：建立京津冀养老机构等级评定结果互认机制、建立京津冀老年人能力评估结果互认机制、强化京津冀养老服务质量协同监管机制。

2.4.2　环京地区康养产业发展布局

在相关政策的指导下，环京地区按照京津冀及河北省有关部署，积极规划、发展康养产业。利用承德、张家口、唐山、廊坊、保定、沧州等环京津地区的独特地理优势，汇集京津地区的科技、医疗与人才等高端要素，构建一个康养产业创新发展的前沿阵地，培育并推广康养产业的新模式与新业态，引领并驱动全省康养产业实现创新跨越，打造出在国内具有卓越影响力和蓬勃生命力的康养产业发展新标杆。基于重点区域及城市的独特资源禀赋与现有的康养产业基础，布局一系列具有显著辐射效应的关键支撑点，培育出更多康养产业的新兴高地。特别是依托张家口、承德等位于燕山、坝上区域的丰富森林资源、广袤草地以及得天独厚的气候条件，打造集休闲养生、体育健身、文化旅游等功能于一体的生态康养产业带，为公众提供全方位、高品质的康养体验。

石家庄发挥太行山和滹沱河山水生态资源优势，推进康养与文化旅游、体育健身、农业观光等产业融合创新发展，构建融合健康、养老、休闲等多功能于一体的康养小镇与健康养老综合体，促进滹沱河流域康养休闲产业的集聚发展。统筹规划沿河生态绿廊与乡村农业的协同发展，采取簇团式布局策略，精心部署健康养老、休闲体育、医疗保健等多元化项目。辛集市凭借其独特的种植与养殖特色，依托中心城区、辛集经济开发区、农业科技园区及特色乡镇的优势资源，着力打造一系列田园综合体与文化旅游康养项目，推动休闲度假、乡村体验、健康养老及健康食品等康养业态的蓬勃发展。赵县充分利用其深厚的文化资源优势与坚实的产业发展基础，致力于生物医药产业的壮大升级，将自身打造"华北生物发酵和生物制药基地"，重点组织实施一批文化旅游项目，打造"京津冀休闲旅游度假目的地"。

张家口以承办冬奥会为契机，围绕"大生态、大旅游、大健康、大冰雪"四大核心主题，聚焦于京张体育文化旅游带的构建，力促冰雪运动、休闲旅游与健康养老三大领域的协同并进。积极培育旅居养老、候鸟式养老等新型养老模式，打造国际知名的冰雪运动与休闲旅游胜地，并确立其作为京张健康养老合作示范的标杆地位。

承德依托其深厚的文化底蕴、丰富的旅游资源与卓越的生态环境，聚焦长城、森林、草原及明清历史文化等独特资源，全力发展以休闲健康养生与文化体验旅游为鲜明特色的康养产业新形态。承德正稳步迈向国际生态旅游城市的行列，并致力于构建成为京津冀地区首屈一指的文化旅游康养目的地及康养产业示范区。

保定市依托其得天独厚的生态、医疗与中医药资源，加速推进国际医疗基地、涿州生物医药产业园区及京西百渡休闲度假区的建设进程，促进医疗、中医药、体育、养老、养生与旅游等多领域的深度融合，塑造成为京津冀地区知名的休闲旅游胜地与健康养老协同发展典范。安国市深耕中医药文化底蕴，积极拓展生物医药、中医药康养及文化旅游等新兴产业，全力推动中药材产业园区、安国数字中医药都、河北中医药大学安国校区等关键项目的实施，致力于构建国家级的中医药产业传承与创新示范区，并打造成为健康养生的理想之地，重振安国"千年药都"的历史辉煌。定州市依托其独特的定州古城旅游开发项目与丰富的文化遗产资源，精心打造一批蕴含汉风宋韵特色的风情街区，以此为契机，促进文化产业、旅游业与康养产业的深度融合与协同发展，开辟文旅康养与农业休闲康养的新篇章。

邯郸市依托良好的自然生态、文化旅游、体育健身、生物提取等资源，高标准高质量建设太行红河谷文化旅游经济带，打造国家红色研学旅游示范区、太行山绿色产业示范区，培育壮大赵文化、磁州窑、太极拳、成语典故、红色旅游、女娲神话六大文化旅游产业集群。推进国家级安宁疗护试点市建设，支持健康养老与相关行业融合发展。提升生物产业能级，打造生物提取物成果产业化基地。

秦皇岛市依托其得天独厚的自然、生态、旅游与休疗资源，加速推进北戴河生命健康产业创新示范区的蓬勃发展。通过举办中国康复辅助器具创新盛会、生命科学高峰论坛及康养产业前沿论坛等一系列高端会展活动，不仅提升了行业影响力，还积极推动了北戴河生命科学园、秦皇岛中秦兴龙康复辅具产业园、医疗器械产业港、中关村生命园昌黎科技创新基地及北戴河数据产业园等一系列重大项目的建设进程。构建集医疗、医药、养生、健康、旅游于一体的全方位生命健康产业集群，打造国际知名的滨海休闲度假胜地、生态医疗养护的典范区域以及康复辅助器具的研发与生产中心。秦皇岛市还大力实施城企联动普惠养老专项计划，推动北戴河地区党政机关与国有企事业单位原有的培训疗养机构向健康养老领域转型升级。

雄安新区积极稳妥、高效有序地推进北京非首都功能的承接与疏解工作，目光聚焦于现代生命科学与生物技术的尖端领域，积极筹划并力争构建一批具备国际影响力和强大竞争力的尖端平台，专注于高端生物医药与高性能医疗器械产业的孵化与培育，打造全球领先的现代生命科学与生物技术创新发展中心与产业高地。雄安新区还致力于吸引京津地区的优质教育资源、医疗服务与体育设施等，通过创新公共服务供给模式，构建京津冀地区的公共服务新高地。同时加强白洋淀的综合治理力度，重点推进"千年秀林"生态项目、雄安北部郊野公园等标志性工程的建设，规划布局一系列休闲街区、特色村镇与旅游度假区，实现经济、社会与环境的和谐共生与可持续发展。

廊坊市凭借其紧邻京津及雄安新区的独特区位优势，积极构建高端医疗、健康养老、健康管理、医疗装备及生物医药等多领域融合发展的新型产业生态体系，强化医养结合模式，壮大健康养老市场，成为京津冀协同发展的先锋区域、北京非首都功能疏解的关键承载地，以及高质量养老服务的示范产业基地。

衡水市依托农业资源、湿地生态及康复辅具制造等优势，加速推进衡水湖健康休闲养生产业园与冀深智能康辅产业合作示范区的建设，同时，深耕农业观光、健康饮品、医疗应急产品、康复辅具及体育健身等领域，打造功能食品产业的集聚地、康复辅助器具产业的核心基地，以及京南地区知名的医疗康养服务中心。冀州聚焦于冀州高新区的发展平台，围绕智能养老监护系统、残疾人辅助器具、自助式健康监测设备等前沿领域，推动医疗器械与康复辅具产业发展，打造国内具有显著影响力的智能康复辅助器械产业集群。

邢台市凭借其丰富的森林资源、深厚的中医药文化底蕴以及优质的健康农产品资源，加速推进九龙峡—前南峪森林康养基地、扁鹊中医药文化产业园及邢东新区医药健康基地的建设步伐。邢台致力于构建涵盖健康养老、旅游休闲、中医药产业、生态农业、健康食品及体育健身等多维度的康养产业体系，将自身打造成为中医药康养的重要基地与健康食品的生产中心。巨鹿县充分利用其金银花、枸杞、葡萄等特色农产品的种植优势，积极推动中成药的研发与生产，大力发展特色饮品、富硒功能产品等健康食品产业，力求将巨鹿打造成为具有鲜明特色的中医药种植基地与京津冀地区的康养中心。内丘县紧紧依托扁鹊中医药文化的深厚底蕴，全方位发展中医药旅游、中药材种植、中医药产业及健康食品等多个领域，构建集文化体验、健康养生于一体的中医药康养基地，为区域康养产业的发展注入新的活力。

第 3 章

环京地区康养产业发展现状与问题识别

3.1 环京地区康养产业发展优势与发展机遇

3.1.1 自然资源①

环京区域坐落于华北腹地，北倚巍峨燕山，南眺滔滔黄河，西依雄浑太行，东临广袤平原，内嵌京津双城，外绕浩瀚渤海，地理位置得天独厚。河北省以其地形地貌的多样性著称，是全国范围内唯一汇聚平原之广、海洋之阔、盆地之深、湖泊之秀、山地之峻、丘陵之柔、高原之雄等自然景观于一体的省份。这片土地孕育了繁茂的林海、汩汩涌动的温泉、如诗如画的田园景致、丰富多彩的旅游文化以及源远流长的传统中医康养资源。河北省内，燕山、滨海、太行山与坝上四大避暑胜地交相辉映，不仅承载着丰富的历史文化底蕴，还保留着众多历史遗迹与重大历史事件的发生地，既展现了皇家风范的深厚文化底蕴，又见证了红色革命的光辉历程。全省范围内，森林覆盖率广泛，面积达 8700 余万亩，草原辽阔无垠，约有 4266 万亩之广。此外，还坐拥 101 处森林公园、50 处湿地公园以及超过 300 处的温泉资源，为

---

① 根据河北省自然资源厅（海洋局）网站相关资料整理。

康养旅游提供了得天独厚的条件。海岸线绵长，全长约487千米，管辖海域面积更是达到了7200多平方千米，点缀其间的14个海岛，更为这片土地增添了无限魅力与探索的空间。

环京地区属温带大陆性季风气候，大部分地区四季分明。春日气候回暖迅速，和风拂面，万物复苏，为康养活动提供了绝佳时机。此时，徒步于春日胜景中踏青，攀登翠绿山峦，参与农产品种植体验，沉浸于自然生态的怀抱，或于户外悠然练习瑜伽，享受山地度假的静谧与惬意，皆为理想的康养之选。盛夏天气炎热且多雨，平原区域尤为明显，而山区则以其凉爽著称，七月平均气温维持在宜人的22℃，成为逃离酷暑的理想避暑胜地。人们既可前往"凉城"寻觅清凉，也可投身于涉水旅游，尽享夏日清凉之乐。秋季气温逐步回落，带来凉爽宜人的气候，同时这也是收获的季节，果实累累，满目金黄。秋季的康养活动更加丰富多彩，如果蔬采摘体验、农业观光之旅、野外生存探险、山地赛车竞速、攀岩挑战自我，以及深度文化旅游等，每一项活动都让人在享受自然之美的同时，促进身心的和谐与健康。冬季有雪，适宜的康养活动有山地滑雪、医疗养生、温泉旅游等。以崇礼、赤城为代表的坝上与坝下过渡地带，年降雪量达1米以上，存雪期长达150多天，冬季平均气温为－12℃，是华北地区最大的天然滑雪场，被誉为东方"中国雪都""达沃斯"。河北省地形呈现自西北向东南逐渐降低的态势，展现出一种由高到低的自然倾斜。其地貌特征纷繁复杂，可主要划分为坝上高原、燕山—太行山山地以及河北平原这三大显著的地貌单元。坝上高原，作为内蒙古高原向南延伸的一部分，其地形特征表现为南高北低的独特走势。燕山与太行山山地区域，地貌类型更为丰富多样，涵盖了中山、低山、丘陵以及山间盆地四种不同的自然景观，为区域生态多样性奠定了坚实基础。而河北平原，作为华北大平原不可或缺的一部分，其地貌成因复杂，可细分为山前冲洪积平原、中部湖积平原以及滨海平原三大区域，各具特色，共同构成了平原地区的多样面貌。这些多样化的地貌与气候条件，为河北省发展健康养生产业提供了得天独厚的自然优势与资源基础。

环京地区拥有丰富的植物资源。河北省植物种类总共有204科、940属、

2800 多种，其中蕨类植物 21 科，占全国的 40.4%；裸子植物 7 科，占全国的 70%；被子植物 144 科，占全国的 49.5%。其中国家重点保护植物有野大豆、水曲柳、黄檗、紫椴、珊瑚菜等。河北省森林覆盖率 34%，主要分布于冀北山地，其中燕山地区林地面积占全省 60% 以上，冀西北盆地、太行山和坝上地区林地面积占全省 23%，主要树种有油松、华北落叶松、山杨、白桦、柞栎。环京地区如保定市，有平原、湖泊、湿地、丘陵、山地及亚高山草甸，其中国家 5A 级景区有白洋淀、野三坡、清西陵，国家地质公园有涞源白石山、阜平天生桥、涞水野三坡，国家森林公园有野三坡、千佛山等，这些地方以其茂密的植被覆盖、清澈的山水风光及卓越的生态环境而闻名遐迩，它们不仅是自然界赋予的宝贵财富，也成为了现代人逃离喧嚣、释放压力、清心养性、追求健康生活的理想之所。

多样化的地形地貌与温和适中的气候条件，共同塑造了环京区域独树一帜的自然景观。以北戴河海滨为例，其环境幽雅，风光旖旎，冬季温暖无严寒侵扰，夏日凉爽无酷暑之苦，尤其暑期平均气温稳定在宜人的 24.5℃，使之成为享誉国内外的避暑旅游胜地。嶂石岩以层峦叠翠、峰峦峻峭之姿，傲立于太行山脉之中，展现出最为壮观与灵动的自然风貌，囊括了丹霞赤壁、碧绿山岭、奇异峰丛及幽深峡谷等别具一格的山地景观。天桂山以雄浑、险峻、奇特、秀美四绝闻名遐迩，山峰挺拔险要，奇石嶙峋，洞穴深邃幽静，泉水丰沛，林木葱郁，云雾缭绕其间，宛如仙境。山中古迹原为明末崇祯皇帝拟归隐之所，后转而为青龙观道院，被称为"北武当"，更添一份历史与文化的深厚底蕴。

环京地区旅游资源丰富，河北省内有 11 家 5A 级景区、10 处国家级风景名胜、28 座国家级森林公园、1 家国家级旅游度假区，并坐拥 3 处国家级自然保护区、5 座历史文化名城及 3 处国家级地质公园。在中药材领域，拥有多达 1716 种中药材资源，其中超过 60 种被纳入国家保护名录，黄芩、黄芪、知母、柴胡、连翘等品种产量在全国名列前茅。中医药文化在此地根深叶茂，构建了一个以扁鹊文化为精髓，兼容并蓄燕赵地区各医家流派文化特色的中医药文化体系。同时，武术文化作为另一大亮点，源远流长，众多武术拳种发源于此，沧州、邯郸永年等七地更被官方认定为全国武术之乡，彰显了其武术文化的深厚底蕴与广泛影响力。环京地区凭借其卓越的生态环境、广泛的运动设施基础、充足的阳光资源、茂密的森林覆盖、独特的温泉资源、迷人的乡村山水田园风光，以及丰富的红色文化与深厚的传统中医文化底蕴，为康养旅游及健康养老产业的蓬勃发展奠定了坚实基础。这些优质资源促进了生态康养、阳光康养、森林康养、温泉康养、乡村康养、文化康养等多维度、特色化的康养模式形成，为区域旅游与健康产业的转型升级注入了强大动力。

3.1.2　区位优势[①]

环京地区地处京津冀协同发展区，河北省是"三北"地区重要的出海通道，成为连接北京与全国各地的交通枢纽。当前河北省已形成了较为成熟的海、陆、空综合交通运输网。河北省横跨华北、东北两大地区，环抱北京、天津，与京津经济、文化、科技发展联系紧密，形成京津冀经济圈。东南部、南部衔山东、河南两省，西倚太行山与山西省为邻，西北部、北部与内蒙古自治区交界，东北部与辽宁省接壤，成为华东、华南和西南等区域连接"三北"（东北、西北、华北）地区的枢纽地带，也成为"三北"地区的重要物流中转站和出海通道。河北省是全国 12 个沿海省市之一，坐拥长达 487 公里的海岸线，在东部沿海地带，秦皇岛、唐山与沧州三座城市紧邻渤海湾，是河北的海上门户。

陆地交通方面，铁路资源丰富，主要有以北京为中心向四面放射的京哈、京沪、京兰、京广通道，京通、京承和京原主干线，有东西方向分布以运煤为主的石太、石德、邯济、邯长、朔黄和大秦线。公路交通发达，通过河北省境内的高速公路主要有京沪高速、京台高速、京昆高速、京港澳高速、京藏高速、京新高速以及以石家庄为中心，西到太原，东到黄骅的石

---

① 根据河北省人民政府网站相关资料整理。

太、黄石高速。通过河北省的国道 17 条，位于全国前列。海洋港口方面，河北省有秦皇岛港、京唐港、黄骅港等较大出海口岸。具有百多年历史的秦皇岛港拥有生产泊位 29 个，年吞吐量在亿吨以上，是我国第五大亿吨港口和第一个亿吨煤炭输出港。航空交通方面，河北省有石家庄、邯郸、秦皇岛三处机场。

环京区域在承接来自北京、天津的绿色生态农业、健康养老及康养旅游等功能方面，展现出显著的地理优势与战略地位。随着京津冀一体化进程中交通、生态及医疗等领域协同发展的不断深化，环京地区正积极利用京津地区丰富的人才资源、先进的医疗服务及尖端技术，进一步提升本区域康养产业的综合竞争力，优化服务品质，实现更高水平的产业协同发展。

3.1.3　产业基础[①]

环京区域构建了完善的医疗卫生体系，以医院为核心，辅以基层医疗卫生机构与专业公共卫生机构，共同构筑起坚实的健康保障网络。在科研与制药领域，河北省汇聚了诸如河北医科大学、河北中医药大学等院校，以及河北省医学科学研究所等科研机构，并与华北制药、神威制药、石药集团、以岭药业等国内乃至国际领先的制药企业并肩前行，共同推动医药科技的进步与产业的繁荣。

依托多样化的地形与经济区域划分，环京地区在特色农业上亦取得了显著成就，初步构建起涵盖优质牧草、地道中药材、沿海休闲渔业、环城休闲农业等在内的 27 条特色产业带，并成功打造了 12 个国家级及 95 个省级特色农产品优势区。在养老服务领域，环京地区持续探索多层次、多元化的服务模式，医养结合、智慧养老等新兴业态蓬勃发展，促进了老龄事业与产业的和谐共生。同时，养老机构与医疗服务的深度融合，确保了老年人能够享受到便捷、专业的健康照护。

---

① 根据河北省人民政府网站相关资料整理。

医药产业作为环京地区的支柱产业之一，展现出强劲的发展势头。生物制药、化学制药与中药三大领域齐头并进，品种丰富，基础坚实。在旅游业与体育产业方面，环京地区同样充满活力，旅游业发展动力十足，体育产业则步入快速增长轨道。此外，食品工业门类齐全，主要产品产量在全国名列前茅，特别是乳制品产量稳居全国首位，并孕育出了"君乐宝""承德露露""养元六个核桃""今麦郎"等众多知名品牌，彰显了环京地区在食品工业领域的卓越实力与品牌影响力。

河北省在推动中药材产业转型升级方面取得了显著成效，建设了涉县、隆化等四处"原产地仓储中心"，并对安国的"销售地仓储"进行了优化升级，同时创新性地引入了"数字化仓储管理系统"，加速了中药材的初加工与精深加工进程，有效促进了中药材种植与康养旅游产业的深度融合，构建了一个集种植、加工、仓储、物流于一体的中药材全产业链发展新格局，充分展现了产业集群的强大优势。当前，河北省中药材种植面积已扩大至173万亩，其中四个以中药为鲜明特色的区域更是成功入选国家特色农产品优势区，黄芩、黄芪等中药材的产量持续领跑全国。在生物医药工业领域，规模以上企业数量已增长至324家，彰显了该产业的蓬勃生机与广阔前景。与此同时，健康旅游产业的发展也呈现出稳步向好的态势。河北省已成功建立了一个国家级的中医药健康旅游示范区，并培育了三处示范基地，此外，还有六个特色小镇被纳入国家体育总局首批运动休闲特色小镇试点名单。

3.1.4　中医药资源①

中医康养作为一种社会养老的创新模式，将养老与医疗两者有效融合，有力化解供需矛盾。《"健康中国2030"规划纲要》将健康融入政策中，充分发挥中医药的独特优势，将其与健康管理结合，从而发挥出巨大的价值。中医是中华民族的宝贵财富，具有广泛的群众基础和认同度，中医康养慢慢

---

① 根据河北中医药网站相关资料整理。

被人们所重视，中医康养成为人们应对疾病与保健的有效工具。

河北省中医药文化源远流长，名医辈出，从扁鹊、金元中医流派到近代的"燕赵医学"以及现代的中医药大家，在全国中医药领域具有重要的位置。河北省丰富的地形地貌，独特的资源禀赋，让这里成为中药材绝佳生长地。2021 年，国家正式立项支持建设燕山太行山道地中药材优势特色产业集群，河北省中药材产业乘势而上，步入高质量发展的快车道。种植基地迅速向燕山、太行山中药材产业带和冀中平原、冀南平原和坝上高原中药材产区集中，倾力打造燕山太行山道地中药材优势特色产业集群。河北省中药材播种面积持续增长，逐步形成燕山、太行山中药材产业带和冀中平原、冀南平原、坝上高原中药材产区"两带三区"产业格局。2023 年，全省中药材种植规模增加到 235 万亩，良种覆盖率提升到 70%，标准化生产率达到 70%，种植和初加工产值达到 300 亿元，全省中药材全产业链大数据监管与服务平台全面应用。截至目前，河北省共有中药材资源 1716 种，常年种植 120 种，其中道地药材 30 余种，主要有安国"八大祁药"、金银花、酸枣仁、北苍术、柴胡、黄芩等，连翘等 9 大品种在全国拥有绝对产销量优势。河北省巨鹿、内丘、平泉、围场和安国成为全国最大的酸枣仁、金银花、杏仁、桔梗单品生产集散地。

安国市作为我国悠久中药文化的重要发源地之一，其药业经济规模宏大，横跨第一、第二及第三产业，构筑了涵盖种植、科研、加工、制造、销售及终端应用的全链条产业体系。安国常年维持约 15 万亩的中药材种植面积，涵盖超过 300 个品种，其卓越品质已荣获中国特色农产品优势区的权威认证。作为京津冀协同发展战略的示范先锋，安国市积极响应区域协同与省部共建中药都的号召，创新性地构建了安国数字中药都平台，引领中药材交易市场从传统模式向现代化、智能化方向转型升级，不仅提升了行业效率，更推动了"医疗、药物、康复、养生、健康"五位一体的中医药文化康养旅游基地的兴起，使安国市成功跻身国家中医药健康旅游示范区的行列。安国市充分利用中医药在预防与治疗结合、慢性病及未病管理方面的独特优势，展现出建设中医药康养高地的天然禀赋与强大潜力。

此外，河北省在中药材产业领域积极进行了数字化转型，构建了综合性的中药材大数据平台。该平台在供给端广泛覆盖，联结了 22 个重点中药材生产县、2375 个种植基地，涉及 204 种中药材品种；在需求端，则高效对接了 244 家制药及饮片加工企业，形成了一个紧密协作的产业网络。同时，平台还汇聚了 29 家农资供应、质量检测、金融服务等支持性机构，为产业链各环节提供全方位服务。通过该平台，数据监控、市场趋势分析、生产与销售的精准对接、农资与金融服务的线上化、以及专业的技术指导等功能均实现了即时在线服务，极大地提升了产业运行效率与透明度。特别是其线上撮合交易功能，已促成交易额达 2.9 亿元，充分展示了"数字中药"模式在促进产业融合、优化资源配置、激发市场活力方面的巨大优势与潜力。

近年来，河北省涌现出一批优秀的中成药加工企业，比如石家庄以岭药业、神威药业、承德中药集团等一些中药企业越来越具有竞争优势。完成多县（市）的中药资源普查，开始建设全国中药材种子种苗繁育基地。目前中国保健食品协会指定的大型保健品场所安国保健品批发交易中心已经建成。2023 年，全省规模以上中成药生产企业 55 家，营业收入超过 225 亿元，中药饮片加工企业 107 家，营业收入超过 181 亿元。

环京地区中医药健康产业正在初始起步，中医的相关医疗资源增长迅速，中医药的服务能力增强。截至 2023 年，河北省有中医类医院 358 家，国医堂 2297 个，乡镇卫生院和社区卫生服务机构、80% 的村卫生室能够提供中医药服务。

3.1.5 　人文资源[①]

河北省以其丰富的文物古迹积淀了深厚的文化底蕴，并孕育了别具一格的文物旅游资源。清代皇陵的重要组成部分——清西陵，囊括了十四座帝王陵寝，其景致旖旎，环境静谧雅致，规模壮阔且布局完善，是清代建筑艺术

---

① 　根据河北省人民政府网站整理。

的杰出代表，展现了典型的皇家陵园风貌。明代的金山岭长城，则以其险峻的地势、开阔的视野、严密的防御体系及雄伟的建筑风格著称，堪称万里长城中璀璨夺目的瑰宝。它不仅被国务院列为第三批全国重点文物保护单位，更被赋予了国家级风景名胜区的荣誉，同时也是国家认定的一级旅游胜地，吸引着无数游客前来领略其独特魅力。满城汉墓的出土，揭示了西汉时期王室生活的繁华，赵州桥的发现，则展现了古代建筑的鬼斧神工。作为中国的象征之一，长城在河北省境内的一段是最具代表性的，从山海关到张家口，河北段的长城蜿蜒曲折，沿途风光秀丽，是徒步和摄影的绝佳之地。承德避暑山庄是清代皇家避暑胜地，也是中国现存最大的皇家园林。园内重峦叠嶂，湖泊遍布，建筑风格独特，是了解中国古代皇家生活和园林艺术的绝佳之地。崆峒山位于邯郸市以西，是道教的发源地之一，山势险峻，峰峦叠嶂，有"天下第一奇峰"之称，崆峒山的自然风光和丰富的文化底蕴吸引了众多游客前来观光和朝拜。

河北省是中华民族的发源地之一，被称为燕赵大地，并形成独特的燕赵文化。燕赵文化形成于波澜壮阔的战国时期，在战国中期开始形成，到战国后期成熟和定型。从地理环境和生产方式上看，燕赵文化是一种平原文化、农业文化、旱地农耕文化，从民族特色上看，它是一种以汉民族为主体的文化。河北省文化具有多样性，北至内蒙古，东至辽西，南部跨过黄河，西达山西北部，为名副其实的大省，各种文化不断碰撞、融合，例如东北部属东北文化圈，张家口属于草原文化圈。

在中国北方陶瓷艺术的发展历程中，定窑、邢窑、磁州窑及唐山陶瓷无疑占据了举足轻重的地位，它们各自以其独特的工艺和风格，成为了陶瓷艺术的典范。河北省还以一系列精湛的手工艺品闻名遐迩，如蔚县剪纸之精巧、廊坊景泰蓝之华丽、曲阳石雕之雄浑、衡水内画鼻烟壶之细腻、易水古砚之古朴、武强年画之生动、丰宁布糊画之创意、白洋淀苇编之自然、辛集皮革之精良以及安国药材之珍贵，这些无一不彰显了河北省民间艺术的深厚底蕴与卓越成就。在戏曲与表演艺术领域，河北省同样展现出独特的魅力，河北梆子的高亢激越、老调的古朴深沉、皮影的灵动神秘、丝弦的悠扬婉转，均为中华戏曲宝库增添了亮丽的色彩。而沧州武术的刚劲有力、吴桥杂技的惊险奇绝、永年太极的内外兼修、保定康长寿之道的独特养生智慧，更是让河北省的传统文化在国际舞台上独树一帜，展现了其独有的文化魅力与生命力。

石家庄作为河北省省会，有被人熟知的"新中国从这里走来"的西柏坡、赵州桥和柏林禅寺，还有已有 1600 多年建城史的正定古城，反映了河北悠久的历史和文化，是了解河北人文风貌的绝佳之地。保定市是中国历史文化名城之一，有许多历史遗迹和文化景点。其中最著名的是直隶总督署和清西陵等。这些景点见证了河北省的历史变迁和文化的传承。古城邯郸作为赵国首都，是战国时期的工商业中心之一，是很多才子向往的"宝藏城市"。这里还是成语典故之都，上千条成语与邯郸有关：邯郸学步、鹬蚌相争、负荆请罪、纸上谈兵、南辕北辙、破釜沉舟、围魏救赵。邢台曾是商代的国都，公元 25 年，光武帝刘秀在此称帝，项羽在这里破釜沉舟，一战成名，它拥有 3500 余年建城史，是华北历史上第一座城市，被誉为"燕赵第一城"。燕下都古城（今河北省易县）是战国最大的都城遗址，被评为"中国 20 世纪 100 项考古大发现之一"，燕下都作为燕国都城长达 300 余年，遗址内还出土了我国最大的战国时期铜铺首——透雕龙凤纹铜铺环。

3.1.6　京津冀协同发展

京津冀协同发展是在 2014 年政府工作报告指出的方案，目的是加强环渤海及京津冀地区经济协作。2014 年 2 月 26 日，习近平总书记在听取京津冀协同发展工作汇报时指出，实现京津冀协同发展是一个重大国家战略，要坚持优势互补、互利共赢、扎实推进，加快走出一条科学持续的协同发展路子①。

---

① 习近平主持召开座谈会听取京津冀协同发展工作汇报［EB/OL］．（2014 - 02 - 27）．https：// www. gov. cn/guowuyuan/2014 - 02/27/content_2624908. htm.

　　河北省将以环京 14 个县（市、区）为重点，深化与北京三甲医院合作，启动一批协同养老示范项目。到 2027 年，环京协同养老示范带形成规模效应，随着康养产业实现集聚化、规模化、品牌化发展，力争打造一批百亿级产业集群。京津冀一体化发展要求全方位对接支持河北雄安新区规划建设，建立便捷高效的交通联系，支持中关村科技创新资源有序转移、共享聚集，推动部分优质公共服务资源合作。聚焦重点领域，优化区域交通体系，推进交通互联互通，疏解过境交通；建设好北京新机场，打造区域世界级机场群；深化联防联控机制，加大区域环境治理力度；加强产业协作和转移，构建区域协同创新共同体。加强与天津、河北交界地区统一规划、统一政策、统一管控，严控人口规模和城镇开发强度，防止城镇贴边连片发展。

　　京津冀协同发展包括京津冀交通一体化，其核心是打造"轨道上的京津冀"。以北京为中心，50 到 70 千米半径范围内将形成 1 小时交通圈。未来，国家干线铁路、城际铁路、市郊铁路、城市地铁，将构成京津冀之间的四层轨道交通网络。2021 年 12 月发布《京津冀交通一体化发展白皮书（2014 - 2020 年）》。白皮书指出，七年来京津冀三省市牢牢抓住疏解北京非首都功能这个"牛鼻子"，推动京津冀交通一体化从"蓝图"到"现实"，顺利完成了规划要求的各项任务，区域安全、便捷、高效、绿色、经济的综合交通运输体系建设已经取得显著成效。2024 年 2 月 22 日，京津冀联合办举行新闻发布会，介绍协同发展 10 年成果。京津冀地区"1 小时交通圈"初具规模，下一步将加快雄商、雄忻、津潍高铁、京滨城际（南段）建设。截至 2024 年 2 月，随着京津城际延长线、京雄城际、京唐（含京滨）城际以及津兴城际等高速铁路项目的相继投入运营，以北京、天津为中心节点，辐射河北省内各地市的全国性高速铁路网络已趋于完善。这一网络极大地扩展了京津冀区域的高铁里程，从 2013 年的 1284 千米显著增长至 2624 千米，还实现了对区域内所有地级市的无缝连接，初步构建起"1 小时交通圈"，并基本确立了主要城市间 2 小时的快速通达体系，标志着"轨道上的京津冀"核心框架的基本确立。京津城际铁路通过增开重联列车与长编组列车，并缩短至最短 3 分钟的发车间隔，为京津双城间的紧密联动提供了强有力的交通支撑。至 2024 年 2 月，京台、京雄、京昆、津石等多条重要高速公路相继竣工通车，进一步强化了以北京为核心，辐射四周的国家高速公路网络体系。该体系由 7 条首都放射线、2 条纵向通道及 3 条横向通道共同编织而成，形成了高效便捷的区域交通大动脉。京津冀三地高速公路总里程已跃升至 10990 千米（北京市占 1211 千米，天津市占 1358 千米，河北省占 8421 千米），相较于 2014 年的 7983 千米，实现了 37.7% 的显著增长。高速公路密度更是达到了 5.06 千米/百平方千米，是全国平均水平的 2.7 倍，彰显了京津冀区域交通基础设施建设的卓越成就与高效能联通水平。

为了深化京津冀区域社会基本公共服务的协同一体化进程，提升该区域基本公共服务均等化水平，根据既定规划，京津冀三地将携手构建区域性的公共服务信息平台，促进人才资质跨区域互认，并加速就业服务的深度融合；同时，优化社会保险关系转移接续的信息系统与业务流程，确保跨地区流动就业人员的养老保险、医疗保险及失业保险权益得以顺畅转移与有效保障。在教育领域，规划支持建立京津冀高等教育及职业教育联盟，鼓励跨区域合作办学模式，促进教育资源的高效整合与共享；在医疗卫生方面，倡导在京医院通过构建京津冀医疗联合体、整院托管等创新机制，深化区域医疗合作，并强化重大公共卫生事件的联防联控机制建设。此外，规划鼓励在京企业或社会组织在津冀区域投资建设养老机构及养老社区，并探索跨地区购买养老服务的可行性政策，以丰富养老服务供给。针对产业转移对接平台，进一步完善基本公共服务配套措施，增强对疏解转移企业及员工的吸引力，促进区域经济的协调发展。

为了优化京津地区养老资源向河北省转移的政策配套体系，河北省卫生健康委员会协同相关部门，从八个维度策划了支持策略，包括鼓励"养老＋医疗"模式创新、促进"医疗＋养老"融合发展、标准化医养结合服务协议、深化京津冀区域协同合作、强化社区医养结合服务、加大医养结合人才培养力度、加速政策有效落地实施以及加强组织领导和协调机制。截至 2023年，河北省环绕京津地区的所有二级及以上公立医疗机构均已实现与养老机构的全面签约合作，确保了环京津区域的 397 家养老机构均具备医疗服务能力，同时，环京地区的 19 家医养结合机构也已顺利接入北京医养结合远程协同服务平台，实现了医疗资源的跨区域共享。在医疗保障方面，河北省于 2023 年进一步扩大了医保覆盖范围，将环京津区域内符合条件的医疗机构及养老机构内设医疗机构全部纳入医保定点单位，并全面开通异地就医直接结算服务，极大地便利了跨地区养老人员的就医报销流程，提升了区域医疗服务的便捷性和可及性。

在京津冀协同发展战略的蓝图中，养老服务协同作为关键民生服务领域之一，得到了高度重视与推动。《关于进一步深化京津冀养老服务协同发展的行动方案》《关于推进京津冀养老政策协同的若干措施》等系列政策文件的出台，为跨区域的养老服务模式注入了强劲动力，显著增强了京津冀地区异地养老服务的吸引力与可行性。众多老年群体逐渐接纳并拥抱跨城养老这一新兴生活方式，跨越城市界限，京津户籍，冀地颐养，这不仅源于异地养老在成本效益上的显著优势，更在于区域一体化进程的加速，使得跨城生活变得前所未有的便捷与舒适。老年人能够在享受更低生活成本的同时，依旧保持与京津两地紧密的联系，充分体验到了区域协同带来的生活品质提升。

在京津冀协同发展战略的深化推进与雄安新区规划建设的全面展开下，京津地区的产业外溢效应日益显著，促使诸多高端医疗资源、健康保健资源以及先进的康养设备加速向环绕京津的区域汇聚。社会资本纷纷向环京地区的康养产业注入活力，推动了该领域的快速发展与繁荣，不仅丰富了环京地区的健康服务供给，也进一步促进了区域间资源的优化配置与协同发展。总之，京津冀协同发展给环京地区康养产业发展带来新的机遇。

3.2 环京地区康养产业发展现状

1. 环京康养产业园建设迅速

环京地区立足京津巨大的高端康养消费潜力，着力建设一批高端康养基地、高品质体育健身和旅游休闲基地，引领河北省康养产业向高端化、智慧化、品牌化发展。石家庄荣膺全国首批生物医药产业集群17强，北戴河生命健康产业创新示范区获得国家级认可，成为生命健康产业园区的重要一员。安国中药都的建设步伐显著加快，沧州渤海新区生物制药园区等产业高地迅速崛起，共同构筑了我省作为全国高端生物医药产业核心基地的地位。在康养领域，小镇建设步伐加速，北戴河阿卡康养小镇与白石山温泉康养小镇均脱颖而出，荣登中国康养小镇标杆项目TOP10榜单。健康旅游领域也展现出蓬勃生机，成功打造出一系列国家级示范基地，包括1个健康旅游示范基地、1个中医药健康旅游示范区、3个国家级中医药健康旅游示范点及2个国家森林康养基地，引领健康旅游新风尚。此外，康养产业的新业态与新模式层出不穷，国家智慧健康养老示范体系逐步完善，涵盖3家示范企业、4个示范街道（乡镇）及1个国家级示范基地，推动养老服务的智能化升级。依托廊坊北三县的地域优势，聚焦生物医药、医疗健康、文化旅游及健康养老等关键领域，积极承接北京外溢的优质公共服务资源，深度融入北京城市副中心的发展链条，涵盖产业链、创新链与供应链，通过政策协同、资质互认与标准对接，引领京津冀康养产业迈向更高水平的协同发展新阶段。

2. 康养休闲养生旅游蓬勃发展

环京地区依托燕山—太行山、草原天路和国家1号风景大道沿线、渤海海滨等度假资源密集区域建设旅游度假区，打造燕山—太行山、坝上高原、渤海海滨等休闲度假高地。培育精品民宿、休闲农庄、创意田园小镇等乡村休闲度假产品，发展精品民宿、乡村度假酒店等新业态产品。促进医疗美容、健康管理等非基本医疗服务市场发展，推动健康旅游全产业链发展。以温泉资源开发为重点，积极引入新型温泉休疗、养生方式，建设一批特色突出的健康旅游示范基地。深度挖掘河北省中医药文化、养生保健、中草药种植、中药生产等中医药旅游资源，推进中医药和旅游深度融合，支持安国、内丘、巨鹿、滦平、馆陶等地建设高水平的中医药健康旅游基地。以张家口北部的冰雪旅游为核心，以京张体育文化旅游带建设为重点，大力提升冰雪旅游、体育旅游品质，强化冰雪产业优势聚集，打造京津张、承秦唐、太行山脉三条冰雪旅游带，发展冰雪观光、冰雪度假、冰雪运动、冰雪文化、冰雪商贸、冰雪节庆等休闲度假产品。依托崇礼打造世界级冰雪旅游目的地。加强冬奥会场馆及配套设施赛后综合利用，积极引入国内外知名企业，开展冰雪旅游休闲、文艺演出、体育比赛和大型会展等活动。以"红色西柏坡·多彩石家庄"为统领，充分利用太行山脉与滹沱河得天独厚的山水生态资源，积极推动康养产业与文化旅游、体育健身、农业观光等多元业态的深度融合与创新升级，构建集健康维护、养老颐养、休闲度假等多重功能于一体的康养小镇群落及健康养老综合服务平台。着力培育滹沱河沿岸的康养休闲产业集聚带，统筹规划沿河生态绿廊与乡村农业发展的和谐共生，采用簇团式布局策略，部署健康养老社区、休闲运动设施、高端医疗保健等项目。

3. 健康养老多元发展

环京地区不断规划、建设和改造医养结合机构，加强老年（病）医院、护理院、康复医院、安宁疗护机构和综合性医院老年医学科建设，支持改造一批基层医疗卫生机构。鼓励养老机构与周边的医疗机构开展多种形式的签约合作，支持养老机构与协议合作的医疗机构开通绿色通道，养老机构可通过服务外包、委托经营等方式，由医疗卫生机构为入住老年人提供医疗卫生服务。支持社会力量建设专业化、规模化、医养结合能力突出的养老机构。

环京地区不断优化健康养老服务供给。引导社会力量发展重点面向中低收入群体、适度面向中高收入群体，重点接受失能失智、高龄老年人的照护型养老机构，大力推进新建居住（小）区按标准配套建设社区养老服务设施。不断丰富健康养老服务业态，鼓励养老服务企业连锁化经营、集团化发展，培育龙头企业。促进养老服务业与教育培训、健康、体育、文化、旅游、家政等幸福产业融合发展，丰富养老服务产业新模式、新业态。

4. 环京区域多点发展

环京地区依托各自资源禀赋、产业基础、城镇格局等均衡发展，促进康养业态深度融合，着力构建集医疗服务、健康养老、中医药养生、健康管理、健康旅游、体育健身、医药与健康食品、医疗器械与康复辅具于一体的康养产业体系。

廊坊市紧紧抓住京津冀协同发展机遇，加速康养产业布局，着力构建居家社区机构相协调、医养康养相结合、高中低档相互补的医养康养综合服务体系。在医养结合机构健康有序发展的同时，重点打造社区（乡镇）医养结合服务中心模式，深入推进社区和居家养老服务，满足老年人不同养老服务需求。利用三河市燕郊镇等地的养老资源打造养老产业，积极承接北京养老功能疏解，着力构建居家社区机构相协调、医养康养相结合、不同消费等级相互补的医养康养服务体系，推进医养康养产业高质量发展。燕达金色年华健康养护中心作为三河市的五星级养老机构，是京津冀养老试点单位和北京市养老外延试点之一，其积极借助紧邻河北燕达医院（三甲医院）的优势，为老年人提供来自北京顶级医疗专家的全天候医疗健康服务和急危重症救治，并可实时进行北京、河北医保结算，接收的北京老人养老比例高达97.7%。通过积极培树、帮扶，着力打造专业化、规范化、优质化医养结合机构，不断拓展医养结合机构集群，擦亮三河"京东医养基地"名片。

保定市作为京津冀区域的重要中心城市，战略位置显著，坐落于京津与石家庄构成的黄金三角地带，且深嵌雄安新区这一国家战略的腹地之中，现已深度融入京津冀区域"一小时交通圈"与"半小时生活圈"。保定市致力于塑造高品质生活典范城市，加速构建国际化医疗服务高地，大力实施适应老龄化的城市环境改造计划，以促进生命健康产业与文化旅游产业的深度融合与协同发展。依托京雄保"一号旅游风景道"和"保定小院"，以康养赋能旅游，用旅游带动康养，打造"京津雄旅游康养首选目的地"。打造环京县（涞水、涿州、易县和莲池区）医康养服务圈，全力构建医养结合服务体系，全面提升保定市医养结合服务水平。保定高铁东站片区，30平方千米的国际医疗基地的首批开工项目包括北京大学肿瘤医院、首都医科大学附属北京儿童医院、中国中医科学院广安门医院等多家医院，同步创建国家中医区域医疗中心。国际医疗基地建成后，将构建辐射京津冀乃至我国北方地区的生命健康"微中心",让在保养老群体足不出户就能享受京津高水平医疗服务。易县杏林医院集"养老、医疗、护理、康复、精神关怀以及安宁疗护"等服务为一体,以"医养康一体化运行"为特色。同时,涿州码头国际健康产业园、高碑店市嘉乐汇养生苑等项目也在建设。保定市在推进环京区域协同养老发展方面,已规划并实施共计 50 个重点项目,累计投资总额达到 493.7 亿元人民币。2023 年度新启动了 14 个养老项目,总投资额为 114.2 亿元,保定市全域范围内,跨越 22 个县(市、区),已动态储备并启动了共计 136 个养老产业相关项目,有力推动了京津冀区域养老服务的协同发展。

雄安新区 2022 年发布《河北雄安新区构建现代化养老服务体系三年行动计划》,打造有核心竞争力的康养产业"硅谷"。雄安新区加快推进新区养老服务改革创新和高质量发展,建立健全新区现代化养老服务体系,推动形成居家、社区、机构相协调,多层次养老服务相配套,医、养、康、护功能齐全,公办、社会投资兴办、合作经营等多种形式并行的养老服务发展格局,共同打造"老有所养、老有所乐、老有所为、老有所安"的示范之城。通过实施"1+3+6"行动计划,打造 1 个养老服务品牌"雄安颐(E)养";积极构建以片区(县)养老指导中心为中枢,街道(乡镇)区域性养老服务中心为支撑、社区居家养老服务设施(农村互助养老设施)为基础的片区(县)、街道(乡镇)、社区(村)三级养老服务网络,形成定位精准、功能互补的机构、社区、居家三级养老服务体系,实现"15 分钟养老服务圈",满足多层次、多样化养老服务需求;开展养老服务"6 大行动",让养老服务更加精准、更具品质、更有温度。医康养深入融合发展,合理统筹养老和医疗资源,支持各类医疗卫生机构与养老服务机构以多种形式开展合作,促进养老、医疗、康复等服务全面衔接。

石家庄市积极发挥太行山和滹沱河山水生态资源优势,集中布局健康养老服务项目。确定以长安区沿滹沱河一线和鹿泉区沿山前一线为主要发展带,依托山林水草等优势生态资源,重点布局康养和医养型养老服务项目,形成省会东北和西南两大康养片区,集聚发展一批康养产业。石家庄市共布局了 10 多个重点项目,投资规模超过 30 亿元,其中鹿泉区爱心海悦养老项目、森泰乐龄养老项目、问道自然城养老项目，长安区宏寿康臣养老项目、裕华区天利合养老项目、高新区汇宝利鑫养老项目、市老年养护院二期养老项目等均进入实质推进阶段。石家庄市在推动康养产业迈向高质量发展新阶段的过程中，鹿泉区与正定县被列为环京协同养老的关键区域，为石家庄市康养产业的蓬勃发展注入了新的活力与机遇。依托四通八达的交通网络体系及得天独厚的区位优势，石家庄市正加速推进一系列环京协同养老项目的落地实施，其中包括正定县的塔元庄同福乡村振兴特色小镇项目，以及鹿泉区的问道颐养城等在内的共计 5 大标志性项目。

张家口市把 2023 年被设定为加速环京区域养老产业"重点项目建设年"。张家口市与北京市民政局签订《推进两地养老服务战略合作框架协议》，全市范围内围绕环京协同发展的养老产业项目共计三十项，累计投资规模达到 369.10 亿元人民币，目前已完成投资额度为 114.82 亿元，其中规模过亿元的项目共计 19 个，投资额超过 10 亿元的大型项目达到了 8 个。项目类型涵盖了康养舒适型居住社区、综合性养老服务平台、休闲度假与旅游产业融合项目，以及养老服务品质提升工程等多个方面。张家口积极推动人工智能与医疗康养融合发展，以医学影像设备、植入性医疗器械、医疗设备、智能康电子产品、康复辅助器具等为重点，培育智能医疗器械制造业，医疗康养平台建设已具雏形。中药材种植初具规模，主要以黄芩、黄芪、枸杞等为主，已建成沽源、尚义、康保、万全、怀安、蔚县、赤城七大中草药种植示范区。健康食品产业发展基础良好，现有宣化牛奶葡萄、蔚州贡米、阳原驴、石洞彩苹果、崇礼蚕豆、沙城长城葡萄酒等国家级地标产品。规划到 2030 年，康养产业体系更加完善，康养服务业质量和水平不断提高，张家口康养品牌影响力实现跃升，康养产业繁荣发展，主营业务收入达到 60 亿元，真正成为促进经济社会发展的绿色主导产业，"康养之城"初步形成。

承德市着重从医药康养、温泉康养、生态康养、运动康养、农业康养、气候康养等六个方向着手，打造具有承德特色、与国际接轨的文化旅游康养融合发展业态体系，构筑可持续的产业生态环境。推进康养及养老产业项目建设，截至 2023 年储备库内项目总数达 120 项，累计规划投资总额 1450.68

亿元人民币。在已竣工的项目范畴中，滦平县的阿那亚项目成果斐然，已成功建成住宅单元共计 1785 套，其中与北京籍老年人签订的购房协议达 188 份，另有 264 套住房已获初步购买意向的确认；与此同时，兴隆县的想乐时光国际健康养老中心项目也取得显著进展，其备案床位数量达到 140 张，已有 86 位北京籍老人表达入住意愿并完成签约，签约比例高达 61%。精心打造休闲旅游康养基地，兴隆县将军国际健康城、隆化国际温泉休闲养生产业园、丰宁怀特生态观光养老养生产业园、山庄老酒养生产业园、承德县旅游文化养生中心等一批健康养老项目正在积极推进，部分主体工程已完成。规划到 2025 年底，基本形成产业发展集聚化、竞争力高端化、布局合理化、资源环境友好、可供推广示范的产业集聚、要素集约、技术集成、服务集中的融合发展产业体系，文化旅游康养产业综合收入达到 2000 亿元人民币，成为全市战略新兴支柱产业。到 2035 年，建成国内一流的智慧型文化旅游康养示范城市，产业体系更加完善、发展趋势更加向好、服务体系更加系统，"康养承德"品牌成为承德城市发展的重要标志，文化旅游康养产业成为承德市现代产业体系的重要组成部分，对全面建成以首都为核心的京津冀世界级城市群节点城市和国际生态旅游城市的贡献更加突出，对京津冀水源涵养功能区、生态环境支撑区建设的服务能力不断加大。

唐山市顺应多元化养老需求，打造协同养老示范区。明确推进旅居项目建设，推进文旅康养项目建设，推进医养项目建设等，推动形成唐山市康养产业发展格局，打造京唐养老福地。培育上下游产业链条，创新养老产业驱动，提出培育养老产业龙头企业，增加高品质老年用品供给，互联网与养老服务深度融合。助力高质量老有颐养，构建老年宜居环境，明确持续发展老年教育，丰富老年人日常生活，推进社会环境适老化改造。在曹妃甸区与滦南县分别规划建设乐家老年公寓与京东养老集团旗下的朝阳老年养老公寓等项目，面向京津冀地区的老年群体，提供集医疗与养老为一体的、高标准的服务方案有效吸引了众多来自北京与天津的老年人前来入住。

秦皇岛市有效整合空间资源，推进建设生命健康产业园区、基地和特色小镇，引导企业聚集，优化产业布局，实现生命健康产业项目集聚发展，北戴河生命健康产业创新示范区正在抓紧建设。强化产业分工，推动企业协作，形成协同发展、创新高效、竞争力强的产业集群。连续承办中国康养产业论坛、生命科学峰会、秦皇岛北戴河新区侨商产业发展大会、中国康复辅助器具产业创新大会以及国际康复辅助器具产业与服务博览会暨国际福祉博览会等高端会议和展览会，吸引北医三院秦皇岛医院、秦皇燕达国际健康城、泰盛健瑞仕国际康复中心、嘉弘科技等一批高端项目落地。截至 2023 年，秦皇岛的 43 个项目被纳入省环京协同养老项目清单，总投资达 114.23 亿元。其中，中国康养恒颐汇（燕山院）等 11 个项目已完工试运行，增加休闲养老床位 3028 张。根据示范区发展总体规划，"十四五"时期示范区将由快速启动发展阶段转向全面建设阶段，生物科学园、医疗器械港等载体将全面投入使用，将启动康养生活、综合医疗等板块建设，最终完成示范区核心区建设。将加快教育、科研、商业等功能建设，核心区各个功能组团初步成型；将有一批重大项目和领军企业落户示范区，建成"医、药、养、健、游"五位一体的康养产业集群。

3.3 环京地区康养产业存在的问题与挑战

1. 产业层次不高，融合发展欠缺

环京地区高端康养产品和服务项目供给不足，康养旅游整体还处于起步阶段。从区域发展、供需匹配、产品结构来看，康养机构小而分散，专业化程度较低，产业集中度不够，尚未形成一个完整、健康并且效益好的康养产业体系，低端、传统的无效供给较多，欠缺创新型、中高端的有效供给，康养需求的多样性尚未实现。产品单一，没有其他特色鲜明、品牌形象突出的康养产品，区域内缺乏具有核心竞争力的康养项目和产品，竞争力弱，吸引力差，消费水平较低。康养产业经营企业和从事康养产业人数少、素质较

低、分布不均，尚未形成知名品牌，缺少具有市场影响力的龙头企业，没有形成联动产业链条。

产品融合不足，尚未形成能够针对各个年龄层次、不同健康状况的群体提供全面康养服务的企业矩阵，与医疗、体育、农业、文旅、制造等产业的融合不充分，与"互联网＋"、大数据技术联系不紧密，康养产业体系尚未形成。服务水平不高，康养产业的拳头产品、主打精品少而弱，缺乏独特文化内涵、缺少地域文化特色。

2. 基础设施薄弱，管理运作模式不优

缺乏康养产业设计、人才、金融等服务平台，产业发展配套服务能力较弱。基础设施建设滞后，娱乐康体设施数量不足、品质不高，难以适应当下康养机构及配套服务对基础设施的需求。公共运动设施场所数量、医疗健康设施、旅游集散中心等公共服务设施规模有限，康养产业发展理念尚未从根本上融入公共基础设施建设。

体制机制满足不了发展需求，产业发展政策红利未能得到有效释放，现有体制、机制、开发运行模式与产业发展需要存在较大差距。康养相关政策具体到操作上来还有一些困难，政策落地难，难以调动各方积极性。土地、税收等优惠政策自身缺乏可操作性，落实主体执行较差或因难以界定而不执行，配套实施机制缺乏。康养产业管理体制不顺，资源和行业管理分属不同的行政部门，存在多头管理现象，没有成立区级层面的组织协调机构，缺乏科学全面的顶层设计和有力的推进措施，工作统筹安排不够，部门相互配合有待加强。产业融合发展涉及发改、旅游、建设、规划、卫生、文化、教育、体育、民政等多个职能部门，在目前的体制下要完成有效协调还具有一定的难度，运作模式落后。康养产业仍处于探索市场化运作机制阶段，康养产业开发和运作仍以政府为主导，拥有康养产业资源的市场主体没很好地发挥市场作用，导致资源没有转化为资本、资本没有转化为资金，康养产业项目开发总体上投资实力不强、力度不大、创新不够、速度不快，效益不高，康养旅游产品的开发运作动作迟缓。

3. "医养 + 康养"结合不够深入

"医养 + 康养"的关键在于医疗服务和养老服务的有机结合。然而,环京地区的医养康养资源往比较分散,医疗机构和养老机构各自为政,缺乏有效的整合机制。医疗机构提供专业的医疗服务,但缺乏养老服务的经验和设施;养老机构则擅长生活照护,但在医疗服务方面存在短板。这种资源分散的局面导致老年人在接受服务时,无法获得连续性和一体化的照护。虽然一些康养机构尝试引入医疗服务,但由于医疗资源的制约,这种结合多停留在表面,未能深入融合。康养机构难以为入住老人提供全面的医疗服务,老年人一旦患病往往需要前往外部医院就诊,增加了不便和风险。环京地区医养结合和康养服务模式较为单一,多停留在传统的"养老 + 医疗"的简单叠加,缺乏创新和多样化的服务模式。许多机构在开展医养结合服务时,主要依赖于现有的医疗资源和养老设施,未能充分利用现代科技手段和管理模式,难以提供个性化、定制化的康养服务。医养和康养相结合需要大量的专业人才,包括医生、护士、康复治疗师、健康管理师等,河北省在这方面的人才供给严重不足,现有的医疗和养老从业人员多为传统医疗或护理专业,缺乏医养结合的专业培训和实践经验。

现代康养产业强调全生命周期的健康管理服务,包括预防保健、康复护理、慢病管理等。然而,医养康养结合的不足导致康养机构难以提供系统性和连续性的健康管理服务,无法有效预防疾病和管理慢性病,降低了康养服务的整体效果。区域医疗资源分布不均衡也影响康养产业布局。环京地区城乡医疗资源差距大,优质医疗资源主要集中在省会石家庄及其他大城市,偏远地区医疗资源相对匮乏,使得康养产业在布局时面临挑战,无法在农村和偏远地区建立高质量的康养机构,限制了产业的覆盖面和服务范围。区域间康养产业的发展不平衡,导致整体产业发展不协调,不利于全省康养产业的全面提升。

4. 融资渠道狭窄

康养产业是集医疗、养生、旅游、体育,文化、科技等产业于一体的复合业态范围，具有运营成本高、投资回报期长、不确定性较多等特点，部分投资者对康养产业项目主要采取观望态度。环京地区康养产业发展企业发展水平不齐，市场化水平偏低，融资体系建设也处于初始阶段，融资渠道相对单一，康养产业基金使用度不高。康养产业成长资本匮乏，其中融资困境尤为严峻，削弱了社会资本的投资动力与参与积极性，限制了康养产业获取外部资金支持的能力，阻碍了该产业实现稳健、快速的可持续发展。

银行贷款是许多企业传统的融资方式，但康养产业由于其特殊的性质和较长的投资回报周期，使得银行在放贷时非常谨慎。银行通常要求企业提供详细的财务报表、抵押物和担保，审批流程复杂且严格，即使符合条件，贷款利率和成本也较高，给企业带来较大的财务压力。虽然政府出台了一些支持康养产业发展的政策，但在实际执行过程中，企业能够获得的补贴和支持有限。资金的发放周期长，申请程序复杂，覆盖面不足，导致许多企业无法及时获得政府的财政支持。环京地区康养产业在资本市场的融资渠道较为匮乏。虽然新三板和创业板为中小企业提供了上市融资的机会，但康养企业由于缺乏足够的盈利记录和市场认可度，上市难度较大。此外，债券市场也对康养企业设有较高的门槛，融资成本高，企业难以承担。康养产业的投资回报周期较长，短期内难以看到显著收益，这使得风险投资和私募基金对其关注度不高，投资者通常更倾向于选择回报周期较短且风险较低的项目。康养产业需要大量的社会资本投入，但由于产业发展初期的不确定性和高风险性，社会资本的参与度较低，许多投资者对康养产业的前景和回报预期不明确，缺乏投资信心。保险资金在环京康养产业中的参与度较低，主要原因是康养产业的收益稳定性不高，难以吸引保险资金的投资。

5. 科技创新能力不足，人才短缺

环京地区康养产业的科技研发投入相对较低，企业缺乏足够的资金进行技术研发和创新。科研资金的不足使得企业在引进先进技术、开发新产品、新服务方面受到限制，难以实现技术突破和创新升级。康养产业中，智能化、信息化技术应用水平较低，虽然一些企业引入了智能设备和信息系统，

但整体普及率和应用效果不佳。技术水平低下导致康养服务的智能化、个性化程度不高，难以满足现代老年人对高品质康养服务的需求。康养信息服务市场发育不健全，康养大数据缺乏整合共享。缺乏专门针对康养产业的科技创新平台和研究机构，使得企业在技术研发、产品创新等方面缺少合作和资源共享的机会，制约了整体技术水平的提升。

环京地区康养产业各领域专业人才匮乏，现有康养产业从业人员素质偏低，经营管理、专业技术等高层次人才较少，专家级医疗专家、创新团队人才匮乏，服务人员多数为临时性、兼职性。康养产业需要大量专业人才，包括医生、护士、康复师、健康管理师等。然而，环京地区康养产业专业人才供给严重不足，难以满足市场需求，尤其是具备丰富经验和高水平技能的专业人才更为稀缺，直接影响了康养服务的质量。高等教育机构开设的康养相关专业较少，教育培训体系不健全，无法为康养产业提供充足的专业人才，现有的培训内容和模式无法完全适应市场需求和产业发展的需要。许多康养机构难以提供有竞争力的薪酬和职业发展机会，吸引力不足，致使专业人才流向待遇更好、发展前景更广阔的行业或地区。

| 第4章 |

环京地区康养产业发展指数构建与评价

4.1 环京地区康养产业发展指数

本书使用文本挖掘数据分析法构建环京地区康养产业发展指数。文本挖掘是一种从大量文本数据中提取有用信息的方法，广泛应用于数据分析、情感分析、趋势预测等领域。文本挖掘是一种基于自然语言处理和机器学习的技术，通过对非结构化文本数据进行处理和分析，从中提取出有价值的信息和模式。

4.1.1 确定原始词库

通过查询《智慧健康养老产业发展行动计划》《"健康中国2030"规划纲要》《关于推进养老服务发展的意见》《关于开展医养结合机构服务质量提升行动的通知》《河北省人民政府办公厅关于大力推进康养产业发展的意见》《河北省"大健康、新医疗"产业发展规划》《河北省康养产业发展"十四五"规划》等康养产业相关文件，构建包含30个关键词的原始词库。康养产业发展指数的原始词库具体如表4-1所示。

表 4 - 1 环京地区康养产业发展指数原始词库

维度	关键词
康养产业发展	康养产业，康养旅游，运动康养，智慧康养，中医康养，康养服务，养老机构，医养结合，养老服务业，文化康养，森林康养，食疗康养，生态农业康养，康养医疗，康养制造，健康养老，中医药养生，健康管理，医疗器械与康复，康养企业，生命健康产业园，康养小镇，康养产业园，康养基地，康复辅助器具产业，康养产业品牌，康养消费，康养大数据，康养机构，康养信息平台

4.1.2 量化原始词库

计算环京各地区年度关键词词频，将原始词库中各关键词与城市进行匹配。从百度资讯检索特定关键词组合（如"廊坊＋智慧康养""张家口＋中医康养"等），并过滤掉无关链接和重复新闻，整理出各城市 2014～2023 年的新闻检索结果，共计 210585 条数据。百度资讯搜索结果往往反映了各城市在康养产业领域内的具体业务活动和产业披露情况，这些数据对于评估和比较各地区康养产业的发展程度具有重要意义。通过分析词频和年度趋势，可以揭示每个城市在康养产业方面的重点关注领域、发展态势以及可能存在的发展差距和潜力。

4.1.3 构建康养产业发展指数

借助因子分析法，构建各城市 2014～2023 年度的康养产业发展指数。因子分析是一种多变量统计分析方法，主要用于数据降维和探测变量之间潜在的关系。通过因子分析，可以将大量的变量归纳为几个基本因子，这些因子能够解释原始数据中的大部分变异性，从而简化数据的结构和提高数据的解释力。假设自变量 X 背后存在影响其变化的因子 Z，可得：

$$\begin{bmatrix} x_1 \\ \vdots \\ x_m \end{bmatrix} = \begin{bmatrix} \rho_1 \\ \vdots \\ \rho_m \end{bmatrix} + \begin{bmatrix} \alpha_{11} & \cdots & \alpha_{1n} \\ \vdots & \ddots & \vdots \\ \alpha_{m1} & \cdots & \alpha_{mn} \end{bmatrix} \begin{bmatrix} z_1 \\ \vdots \\ z_n \end{bmatrix} + \begin{bmatrix} \varepsilon_1 \\ \vdots \\ \varepsilon_m \end{bmatrix}$$

为简化分析，将方程写成矩阵代数的形式：

$$X = \rho + AZ + \varepsilon$$

其中，m 表示自变量的个数，n 表示影响自变量变化的因子的个数。$X = (x_1, x_2, \cdots, x_m)^T$ 表示可观测变量，$E(X) = \rho$，$Z = (z_1, z_2, \cdots, z_n)^T$ 为公因子，$E(Z) = 0$，$D(Z) = 1$，系数 A 为载荷因子，$\varepsilon = (\varepsilon_1, \varepsilon_2, \cdots, \varepsilon_m)^T$ 为无法被 n 个公因子观测的特殊因子。

为求解载荷因子矩阵 A，假定公因子与特殊因子是不相关的，即 $cov(Z, \varepsilon) = 0$。并且，各个公共因子不相关且方差为 1，各个特殊因子不相关，方差不要求相等。

将数据进行中心化处理之后，方程可转化为：$X = AZ + \varepsilon$。

进一步得到：

$$X^T = (AZ + \varepsilon)^T$$

$$XX^T = (AZ + \varepsilon)(AZ + \varepsilon)^T = AZZ^TA + \varepsilon Z^TA^T + AZ\varepsilon^T + \varepsilon\varepsilon^T$$

对方程的两边同时取期望可得：

$$E(XX^T) = E(AZZ^TA + \varepsilon Z^TA^T + AZ\varepsilon^T + \varepsilon\varepsilon^T) = AE(ZZ^T)A + E(\varepsilon\varepsilon^T)$$

因各个公共因子不相关且方差为 1，可得：

$$\sum X = AA^T + \sum \varepsilon$$

因此，可通过计算载荷矩阵 A，计算公共因子 Z，其中 $Z = A^T \sum X^{-1} X$。

通过上述步骤确定及量化康养产业发展指数的原始词库，并依据 Python 数据获取技术得到各城市分年度的关键词词频，接下来进行因子分析。

首先，对关键词数据进行 KMO 检验和 Bartlett 球形检验。通过检验得到 KMO 值为 0.938，大于 0.9，Bartlett 检验显著性水平为 0.000，小于 0.001，这说明构建的康养产业发展指数各原始关键词之间存在共享因素，适合进行因子分析。

其次，基于主成分分析法提取特征值大于 1 的公因子，并计算因子得分，依据方差最大化原则对载荷矩阵进行正交旋转，利用回归分析法估计因子的得分系数矩阵，具体如表 4 - 2 所示。

表 4 - 2   成分得分系数矩阵

关键词	U1	U2	U3
康养产业	0.11	0.19	0.14
康养旅游	0.15	0.04	0.18
运动康养	0.14	0.08	-0.17
智慧康养	0.14	0.10	-0.08
中医康养	0.15	0.11	0.05
康养服务	0.14	0.11	0.17
养老机构	0.11	-0.10	0.10
医养结合	0.15	0.07	-0.07
养老服务业	0.08	0.07	0.40
文化康养	0.13	0.12	0.10
森林康养	0.12	-0.15	0.15
食疗康养	0.15	0.07	-0.17
生态农业康养	0.14	0.15	-0.12
康养医疗	0.10	0.24	0.18
康养制造	0.09	-0.08	0.01
健康养老	0.14	-0.08	0.19
中医药养生	0.15	0.10	-0.17
健康管理	0.14	0.10	-0.05
医疗器械与康复	0.14	0.19	-0.15
康养企业	0.13	-0.20	0.01
生命健康产业园	0.12	-0.10	-0.11
康养小镇	0.15	0.02	-0.17
康养产业园	0.14	-0.04	-0.14
康养基地	0.08	0.16	0.07
康复辅助器具产业	0.14	0.15	-0.17
康养产业品牌	0.14	0.19	-0.10
康养消费	0.14	0.05	0.02
康养大数据	0.11	-0.20	-0.02
康养机构	0.13	-0.01	0.25
康养信息平台	0.13	0.23	-0.03

最后，以因子得分为权重将公因子表示为原始变量的线性组合。为确保指数为正值，采用最大值最小值方法对原始指数进行标准化处理，将原始指

数标准化处理至 0 ~ 1 之间并乘以 100，从而得到环京地区各个城市 2014 ~ 2023 年各年度的康养产业发展指数。再根据单个城市各年度的康养产业发展指数加总的平均值，得到环京地区康养产业发展总指数。

由计算的环京地区康养产业发展总指数可以得到环京地区康养产业发展趋势图，如图 4 - 1 所示。

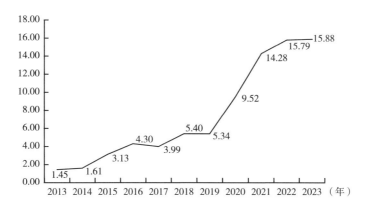

图 4 - 1　环京地区康养产业发展趋势

从图 4 - 1 中可以看出，2013 ~ 2023 年，环京地区康养产业发展总指数总体向右上方倾斜，表明环京地区康养正处于蓬勃发展中，尤其从 2019 年开始，康养产业发展呈现快速发展的趋势。通过文本挖掘、Python 数据获取技术、因子分析等方法所构建的康养产业发展指数所呈现的发展趋势与上章环京地区康养产业发展的现实分析相吻合。

4.2　环京地区康养产业发展评价

4.2.1　指标体系设计依据与构建原则

环京地区康养产业发展评价指标体系的构建依据包括多个方面的理论和实践基础，这些依据确保了指标体系的科学性、实用性和可操作性。以下是具体的构建依据。

1. 政策依据

（1）国家和地方政策。国家及环京地区地方政府发布的关于健康养老、康养产业发展的政策文件和指导意见，明确了康养产业的发展方向和具体要求，为评价体系提供了政策框架和内容。如《"健康中国 2030"规划纲要》《关于推进养老服务发展的意见》《关于开展医养结合机构服务质量提升行动的通知》《河北省人民政府办公厅关于大力推进康养产业发展的意见》《河北省"大健康、新医疗"产业发展规划》《河北省康养产业发展"十四五"规划》《加快建设京畿福地、老有颐养的乐享河北行动方案（2023 – 2027 年)》等。

（2）政策目标。根据国家和地方的康养产业发展目标，确定评价体系的重点和方向，帮助促进政策实施效果的评估和反馈。通过政策目标的引导，评价体系可以更好地反映出政策执行的效果和存在的问题，为政策调整和优化提供依据。

2. 理论依据

（1）健康老龄化理论。健康老龄化理论是该体系的重要理论基础之一。该理论由世界卫生组织提出，强调老年人应在健康状态下延长寿命，并保持良好的生活质量和社会参与度。健康老龄化理论涵盖预防与健康促进、功能维护、社会参与和生活质量等方面，旨在通过健康教育、预防保健和早期干预等手段，减少老年疾病的发生，提高老年人的健康水平。同时，重视老年人在身体、心理和社会功能方面的维护和提升，促进其独立生活能力；鼓励老年人积极参与社会活动，维持社会联系和互动，防止孤独和社会隔离；关注老年人生活质量的提升，包括身体健康、心理健康、经济保障和社会支持等方面。参考健康老龄化理论，可以确保康养产业发展评价体系符合老龄化社会的需求，促进老年人健康、独立和社会参与，从而实现健康老龄化的目标。

（2）可持续发展理论。可持续发展理论为康养产业的发展提供了宏观指导。该理论强调在满足当前需求的同时，不损害后代满足其需求的能力，注重经济、社会和环境的协调发展。可持续发展理论涵盖经济可持续性、社会可持续性和环境可持续性等方面，强调在康养产业发展中，实现经济效益的同时，避免资源的过度消耗和浪费，促进经济的可持续增长；关注社会公平、包容和参与，确保康养服务能够惠及所有老年人，特别是弱势群体，提升社会的整体福祉；强调在康养产业发展中，重视环境保护和生态平衡，减少环境污染和生态破坏，推动绿色康养。基于可持续发展理论，康养产业发展评价体系关注康养产业在环境保护、资源利用和社会公平等方面的综合发展，确保产业发展的长期稳定和可持续性。

（3）服务质量管理理论。服务质量管理理论为评价体系的构建提供了具体的操作框架和方法。该理论强调以顾客为中心，通过系统的管理方法提高服务质量，满足顾客的需求和期望。服务质量管理理论涵盖顾客满意度、服务过程控制和持续改进等方面，重视顾客的需求和期望，通过不断改进服务质量，提高顾客满意度；强调服务过程的标准化和规范化管理，确保服务的稳定性和一致性；并通过 PDCA（计划—执行—检查—处理）循环，不断改进服务质量，提升服务水平。借鉴服务质量管理理论，可以构建康养服务质量的评价指标，以确保康养服务的高效和满意度。这不仅有助于提升康养服务的竞争力，还能提高老年人的生活质量和幸福感。

3. 实践依据

（1）国内外康养产业发展经验。参考国内外康养产业发展的成功案例和实践经验，可以提炼出适合环京地区的评价指标体系。从发达国家和地区的实践中学习，吸收其先进的管理理念和运营模式，有助于优化康养产业在环京地区的发展策略。例如，借鉴日本和欧美国家在老龄化社会应对、健康管理、社区护理等方面的成功经验，结合环京地区的实际情况进行适度调整和创新。

（2）行业标准和规范。依据康养产业的行业标准和规范，如医疗服务标准、养老服务规范等，构建相应的评价指标体系。这些标准和规范不仅提供了服务质量和安全的基准，还有助于规范康养产业的运营行为和服务水平。通过遵循行业标准，可以确保康养服务的可持续性和客户满意度，进一步推动环京地区康养产业的健康发展。

（3）专家意见和调研数据。通过专家访谈、问卷调查等方式，获取行业专家和从业人员的意见和建议，是构建评价指标体系的重要依据。专家意见和调研数据不仅能够揭示康养产业现状和发展趋势，还可以为评价指标的科学性和操作性提供实质性支持。这些数据和意见的综合分析，有助于从实践角度深入理解康养产业的需求和挑战，为制定有效的发展战略提供参考依据。

4. 数据依据

（1）统计数据和研究报告。利用国家和地方统计部门发布的相关数据，以及学术界和研究机构的研究报告，为评价指标体系的建设提供坚实的数据基础。统计数据和研究报告能够为康养产业发展的宏观背景、行业趋势、市场需求等方面提供量化支持，有助于分析环京地区康养产业的现状与发展潜力。

（2）信息化数据。基于环京地区的信息化建设成果，如电子健康档案、远程医疗服务数据等，构建信息化水平的评价指标。信息化数据反映了康养产业与现代信息技术的结合程度，通过分析信息化数据，可以评估康养服务的便捷程度、技术应用水平以及数据安全性等方面的情况。这些评价指标不仅可以帮助衡量康养产业信息化建设的成效，还有助于优化信息技术在康养服务中的应用策略，推动产业向智能化、数字化方向发展。

5. 区域特点

（1）环京地区的地理和人口特征。考虑环京地区的地理位置、人口结构、经济发展水平等区域特点，确保指标体系的适用性和针对性。环京地区地理位置优越，位于首都圈核心，具备显著的区位优势和交通便利性。其人口结构多元化，包括高素质的知识型人才和老龄化人口，人口规模庞大且结构复杂，为康养产业提供了广泛的市场需求和服务对象基础。经济发展水平较高，消费能力强，社会对高品质康养服务的需求不断增长，这些特征共同为康养产业的多元化发展提供了有力支持。

（2）区域经济和社会发展情况。依据环京地区经济和社会发展的现状和趋势，构建经济发展水平和社会认同与参与的评价指标。区域经济和社会发展情况直接影响康养产业的需求和供给，反映区域特有的发展需求和潜力，是评价产业发展水平的重要依据。

6. 中医药康养特色

环京地区拥有丰富的中医药资源和服务优势，构建中医药康养的评价指标，充分发挥区域特色，推动中医药康养产业的发展。中医药作为中国传统医学的重要组成部分，在环京地区具有深厚的基础和广泛的应用，是康养产业的重要特色和亮点。评价指标体系的设计应重点关注中医药在康养服务中的应用效果、服务覆盖率及用户满意度等关键指标，以推动中医药康养产业的深度融合和发展。

7. 科技和数智化发展

依据环京地区数智化建设和应用的现状，构建数智化水平的评价指标，促进康养产业与信息技术的深度融合。数智化发展能够提升康养服务的效率和质量，增强服务的可及性和便捷性，是现代康养产业发展的重要方向。评价指标体系应反映信息技术在康养服务中的应用程度、服务效能和数据安全性，信息技术与康养服务的融合等。

8. 国际标准和趋势

参考国际康养产业发展的标准和趋势，确保评价体系具有国际视野和先进性。国际标准和趋势不仅体现了全球范围内康养产业的最佳实践和前沿理念，还为环京地区康养产业的国际化发展提供了战略引导和参考依据。评价指标体系的设计应结合国际经验，不断优化和提升，以适应全球化背景下康养产业发展的需求和挑战。

环京地区康养产业发展指标体系构建原则包括：

1. 综合性和全面性

综合性和全面性是构建环京地区康养产业发展指标体系的核心原则之

一。在评价指标体系的设计中，综合性体现在涵盖了康养产业发展的多个方面，从环境与政策支持、医疗资源与服务、康养服务与设施、信息化水平，到经济发展水平、社会认同与参与以及中医药康养等各个方面。这些方面共同构成了康养产业的整体结构，为评估提供了全面的视角和深入的分析基础。每个方面的内容相互关联、相辅相成，形成了一个完整的评价框架，能够有效反映出康养产业发展的真实面貌和多维度特征。

全面性体现在每个一级指标下细分为多个二级、三级和四级指标，这种详细的分级设计确保了每个指标都能够深入到具体的政策支持、资源配置、服务质量和技术应用等多个具体方面。例如，在医疗资源与服务一级指标下，可以包括二级指标如医疗设施覆盖率、医疗人员配备情况，再细化为三级指标如设施设备现代化程度、医疗服务的专业性和全面性等。这样的层级结构不仅使评价体系更加丰富和详尽，还能够避免因单一指标评估而带来的片面性和偏差，确保评估结果的全面性和准确性。

2. 科学性和可量化性

科学性体现在每个指标和子指标的选择都基于大量的现实数据、专家意见和相关研究。指标的设定不仅依据于国家统计数据和行业报告，还考虑了学术研究成果和实地调研的结果，以确保评价体系的科学性和客观性。如针对医疗资源与服务的指标，通过分析医疗设施的数量、服务覆盖范围、医疗人员的专业水平等数据来量化和评估，这些数据来源于权威的统计机构和行业研究机构发布的数据报告，具有较高的可信度和参考价值。

可量化性体现在每个指标都设计了具体的数据收集方法和评分标准。这些方法和标准能够确保评价过程中能够量化不同地区康养产业发展水平的差异和进步情况。如在信息化水平的评估中，通过统计数字化健康档案的普及率、远程医疗服务的应用程度等指标来量化不同城市的信息化水平，从而客观地反映出各地在信息技术应用上的实际情况。

3. 操作性和可行性

操作性体现在指标体系设计了清晰的层级结构，从一级指标到四级指标的逐层细化。这种层级结构不仅使评价体系逻辑清晰，还有助于评价者系统性地分析和评估不同地区的康养产业发展情况。如针对一级指标康养服务与设施的评估，二级指标包括设施数量和种类，三级指标则具体划分为设施覆盖范围、设施利用率等，四级指标则进一步细化为各类康养设施的服务质量和用户满意度等具体指标。这种分级设计有助于评价者在实地调研和数据收集时有条不紊地进行，确保评价的全面性和系统性。

可行性体现在每个指标设计时充分考虑了数据的可获得性和统计方法的可操作性。评价体系的指标应当依赖于能够获取到的实际数据，如国家统计数据、行业报告、企业年报等，同时还应考虑到数据收集的便捷性和成本效益。例如，在统计经济发展水平时，利用已公布的地方财政收入、人均 GDP等数据作为基础，而在评估社会认同与参与时，则通过问卷调查、专家访谈等方式获取相关数据。这样的设计保证了评价体系在实际操作中的顺利实施，使其具备良好的实用价值和应用前景。

4. 可比性和适应性

可比性和适应性是构建环京地区康养产业发展指标体系的重要原则，它们旨在确保评价体系在不同地区间具备比较性和适应性，从而有效促进康养产业的整体提升和区域内的均衡发展。可比性体现在指标体系的标准化设计上。通过统一的指标框架和评估方法，不同城市或地区在康养产业发展方面的数据可以进行直接比较和评估。如对于康养服务与设施的评估，采用统一的服务覆盖率、服务质量评分等指标，这些标准化的指标有助于消除因为数据来源或评估方法不同而带来的比较误差，确保评价的客观性和公正性。通过比较分析，可以识别出各地区康养产业的优势和不足，促进经验交流和最佳实践的分享，进而推动整体康养产业水平的提升。

适应性体现在指标体系的灵活性和可调整性上。考虑到环京地区各城市在地理位置、经济发展阶段、文化背景等方面存在差异，评价体系应能够根据不同地区的特殊情况进行调整和适应。如针对经济发展水平较高的城市，可以加大对高端康养服务设施和技术创新的评估权重；而对于人口老龄化较为严重的城市，则侧重于社会认同与参与的评估指标。这种灵活性的设计使得评价体系能够更精确地反映各地区的实际发展水平和特殊需求，保证评价的实际应用效果和准确性。

5. 前瞻性和可持续性

前瞻性和可持续性是构建环京地区康养产业发展指标体系的重要原则，旨在确保评价体系能够有效地引领康养产业朝向未来的发展方向，同时保障其长期的可持续性和竞争力。前瞻性体现在指标体系对新兴领域的关注和包容性上。随着信息技术的迅速发展，数智化水平已成为提升康养服务效率和质量的重要手段。因此，评价体系中应包括衡量康养服务信息化程度、智能化设施应用等指标，以反映现代技术对康养产业的深远影响。同时，中医药康养作为传统优势，其在调理和预防疾病、提升生活质量方面的应用也应纳入评估范围。这些新兴领域的纳入，有助于指导政策制定和资源配置，推动康养产业的科技创新和发展，确保其在未来市场竞争中保持领先地位。

可持续性体现在评价体系对环境、社会和经济三大方面的综合考量上。康养产业的健康发展不仅需要关注当前的经济效益和服务质量，更需考虑其对生态环境的影响和社会效益的回报。因此，评价体系应包括衡量康养产业对环境保护的贡献、社区居民的认同度以及其对当地经济的带动作用等多维度指标。通过全面考虑生态环境的可持续性、社会认同的持续性和经济效益的长期性，评价体系能够有效引导康养产业在发展过程中实现经济效益与社会效益的双赢，确保其长期发展的可持续性。

4.2.2　评价指标体系构建

综上所述，本书构建起涵盖环境与政策支持、医疗资源与服务、康养服务与设施、数字化康养、中医药康养、经济发展水平、社会认同与参与 7 个一级指标、20 个二级指标、60 个三级指标和 125 个四级指标的环京地区康养产业发展评价指标体系（见表 4 – 3）。

表 4－3　　　　　　　　环京地区康养产业发展评价指标体系

目标层	一级指标	二级指标	三级指标	四级指标
康养产业发展水平	A1 环境与政策支持	A11 政策支持力度 A12 环境保护 A13 交通便利性	A111 政策数量 A112 政策覆盖面 A113 政策落实情况 A121 环境质量 A122 生态保护措施 A123 环境管理水平 A131 公共交通覆盖率 A132 道路通达性 A133 交通设施完善度	A1111 政策发布频率 A1112 政策实施情况 A1121 相关部门参与度 A1131 政策监督机制 A1211 空气质量指数 A1212 水质监测指标 A1221 绿地覆盖率 A1222 生态保护项目数量 A1231 环保专项资金投入 A1311 公交线路数 A1312 公交站点密度 A1321 道路里程 A1322 高速公路通达性 A1331 交通设施现代化程度
	A2 医疗资源与服务	A21 医疗资源配置 A22 医疗服务水平 A23 医疗资源利用率 A24 医养结合水平	A211 医疗机构数量 A212 医疗床位数 A213 医疗设备水平 A221 医疗技术水平 A222 医疗服务质量 A223 医患比 A231 医疗机构使用率 A232 诊疗人次 A233 床位使用率 A241 医养结合机构数量 A242 医养结合服务覆盖率 A243 医养结合服务满意度	A2111 公立医院数量 A2112 私立医院数量 A2121 每千人医疗床位数 A2122 专科病床数 A2131 医疗设备更新率 A2132 医疗设备种类 A2211 高级职称医生比例 A2212 医疗技术创新 A2221 患者满意度 A2222 医疗事故率 A2231 每千人医生数量 A2232 每千人护士数量 A2311 门诊量 A2312 住院率 A2321 每千人诊疗人次 A2322 专科门诊人次 A2331 医院床位周转率 A2332 床位平均住院天数 A2411 医养结合机构数量 A2412 医养结合床位数量 A2421 医养结合服务覆盖率 A2422 医养结合服务种类 A2431 医养结合服务满意度 A2432 医养结合服务反馈

目标层	一级指标	二级指标	三级指标	四级指标
康养产业发展水平	A3 康养服务与设施	A31 康养机构数量与分布 A32 康养服务种类与质量 A33 康养设施先进性	A311 康养机构总数 A312 康养机构区域分布 A313 康养机构种类 A321 服务种类丰富度 A322 服务质量评价 A323 服务满意度 A331 设施现代化程度 A332 设施维护状况 A333 新技术应用	A3111 公立康养机构数 A3112 私立康养机构数 A3121 城市康养机构分布 A3122 农村康养机构分布 A3131 综合性康养机构数量 A3132 专科康养机构数量 A3211 基础康养服务种类 A3212 高端康养服务种类 A3221 康养服务评分 A3222 用户复购率 A3231 服务满意度指数 A3232 投诉处理率 A3311 新型康养设备数量 A3312 智能康养设备数量 A3321 定期维护记录 A3322 设施故障率 A3331 新技术应用次数 A3332 技术创新奖项数量
	A4 数智化康养	A41 信息基础设施建设 A42 信息化服务能力 A43 智能康养产品应用	A411 基础网络覆盖率 A412 无线网络普及率 A413 信息服务平台数量 A421 电子健康档案覆盖率 A422 远程医疗服务能力 A423 信息化培训频次 A431 智能健康监测设备普及率 A432 智能家居产品应用率 A433 智能养老产品使用率	A4111 光纤网络普及率 A41124G/5G 网络覆盖率 A4121 公共 Wi-Fi 覆盖率 A4122 医疗机构无线网络覆盖率 A4131 康养信息平台数量 A4132 信息平台用户数 A4211 电子健康档案使用率 A4212 电子健康档案更新频率 A4221 远程诊疗服务数量 A4222 在线咨询服务数量 A4231 医务人员信息化培训率 A4232 信息化技能考核通过率 A4311 健康监测设备覆盖率 A4312 健康监测数据应用率 A4321 智能家居普及率 A4322 智能家居满意度 A4331 智能养老设备使用率 A4332 智能养老设备故障率

续表

目标层	一级指标	二级指标	三级指标	四级指标
康养产业发展水平	A5 中医药康养	A51 中医药资源配置 A52 中医药服务水平 A53 中医药康养服务利用率	A511 中医药机构数量 A512 中医药从业人员数量 A513 中医药设备水平 A521 中医药技术水平 A522 中医药服务质量 A523 中医药服务种类 A531 中医药机构使用率 A532 中医药服务人次 A533 中医药治疗效果	A5111 中医药医院数量 A5112 中医药门诊数量 A5113 中医药资源丰富度 A5121 中医师资力量 A5122 中医药从业人员培训 A5123 中医药人员待遇 A5131 中医药设备现代化程度 A5132 中医药设备维护情况 A5133 中医药设备更新率 A5211 中医药治疗技术水平 A5212 中医药康养疗法种类 A5213 中医药康养疗法效果 A5221 中医药服务满意度 A5222 中医药服务价格 A5223 中医药服务普及率 A5231 中医药保健服务种类 A5232 中医药康养套餐 A5233 中医药保健产品应用 A5311 中医药机构就诊率 A5312 中医药康养服务人次 A5313 中医药服务频次 A5321 中医药服务回访率 A5322 中医药治疗依从率 A5323 中医药康养服务复购率 A5331 中医药治疗效果评估 A5332 中医药康养疗效反馈 A5333 中医药服务质量改进
	A6 经济发展水平	A61 地区经济发展 A62 康养产业经济贡献	A611 GDP 增长率 A612 人均收入水平 A613 产业结构优化 A621 康养产业产值 A622 康养产业就业人数 A623 康养产业投资额	A6111 地区生产总值 A6112 经济增长速度 A6121 城镇居民人均可支配收入 A6122 农村居民人均可支配收入 A6131 第三产业比重 A6132 新兴产业增加值 A6211 康养产业总收入 A6212 康养产业增速 A6221 康养从业人员总数 A6222 康养专业技术人员比例 A6231 康养项目投资总额 A6232 政府专项资金投入

续表

目标层	一级指标	二级指标	三级指标	四级指标
康养产业发展水平	A7 社会认同与参与	A71 社会参与度 A72 社会满意度	A711 社区参与活动频次 A712 志愿者参与率 A713 社区组织数量 A721 服务满意度调查 A722 社会认可度 A723 投诉处理效率	A7111 社区康养活动数量 A7112 社区康养活动参与人数 A7121 康养志愿者总数 A7122 志愿者服务时长 A7131 康养社区组织数量 A7132 康养社区组织活动频率 A7211 社会满意度调查覆盖率 A7212 满意度调查结果 A7221 社会认知度调研 A7222 康养服务知晓率 A7231 投诉处理速度 A7232 投诉处理满意度

4.2.3　评价方法

现有关于康养评价大多利用层次分析法打分赋权，此种方法主观性较强。为减少主观判断的影响，避免专家通过经验赋权，对照环京地区康养产业发展评价指标体系进而采用定量和定性相结合的评价方法，以求评价结果更加的客观。从多个渠道收集环京地区对应 125 个四级指标的相关事实数据，综合采用定性与定量评价手段，对环京地区的康养产业环境与政策支持、医疗资源与服务、康养服务与设施、信息化水平、经济发展水平、社会认同与参与、中医药康养以及康养产业整体水平进行比较评价，具体过程如下。

1. 定量评价手段

定量评价是通过数据和数学模型来进行分析，本书使用熵权 – TOPSIS法，这种方法结合了熵权法和 TOPSIS 法的优点，是一种多准则决策分析方法，用于多指标综合评价中，评估多个备选方案或对象在多个准则下的综合表现，并确定最优选择。熵权法用于计算每个准则（或指标）的权重，基于信息熵的概念。信息熵用来衡量数据集合中信息的不确定性或混乱程度，越高的熵表示数据集中信息越分散，权重分配越均匀。在熵权法中，通过计算每个准则的熵值来确定其权重，即准则在决策中的重要性程度。TOPSIS 法用于评估备选方案在各个准则下与理想解决方案的接近程度，从而确定最佳选择。它通过计算每个备选方案与"理想解决方案"（最大值或最小值）的距离来排序，距离最短者被视为最优解决方案。

（1）数据收集与处理。以环京各地区实际数据作为定量指标的评判指标，收集各指标的实际数据，如政策数量、医院数量、服务满意度等，并进行数据标准化。为了消除不同指标的量纲影响，对原始数据进行标准化处理。常用的标准化方法包括极小化标准化、极大化标准化和标准分数法。假设原始数据矩阵为 $X = (x_{ij})$，标准化后的数据矩阵为 $R = (r_{ij})$。标准化公式如下：

极小化指标：

$$r_{ij} = \frac{x_{ij} - \min(x_{ij})}{\max(x_{ij}) - \min(x_{ij})}$$

极大化指标：

$$r_{ij} = \frac{\max(x_{ij}) - x_{ij}}{\max(x_{ij}) - \min(x_{ij})}$$

（2）计算指标的熵值。熵值是衡量不确定性的一个指标，用来反映信息的分散程度。计算熵值的步骤如下：

计算比重 p_{ij}：

$$p_{ij} = \frac{r_{ij}}{\sum_{i=1}^{n} r_{ij}}$$

计算熵值 e_j：

$$e_j = -\frac{1}{\ln(n)} \sum_{i=1}^{n} p_{ij} \ln(p_{ij})$$

其中，n 是评价对象的个数。

（3）计算指标的权重。指标权重 w_j 反映了各指标的重要性，计算公式如下：

$$w_j = \frac{1 - e_j}{\sum_{j=1}^{m} (1 - e_j)}$$

其中，m 是指标的个数。

（4）构建加权标准化决策矩阵。将标准化后的数据矩阵 R 按照权重 w_j 进行加权，得到加权标准化决策矩阵 $V = (v_{ij})$，$v_{ij} = w_j \times r_{ij}$。

（5）确定理想解和负理想解。理想解 A^+ 和负理想解 A^- 分别表示最优和最劣的参考对象，其计算公式如下：

$$A^+ = \left(\max(v_{ij}) \,\middle|\, j \in J, \min(v_{ij}) \,\middle|\, j \in J' \right)$$

$$A^- = \left(\min(v_{ij}) \,\middle|\, j \in J, \max(v_{ij}) \,\middle|\, j \in J' \right)$$

其中，J 是极大化指标集合，J' 是极小化指标集合。

（6）计算各评价对象与理想解和负理想解的距离。分别计算各评价对象与理想解和负理想解的欧氏距离，公式如下：

$$D_i^+ = \sqrt{\sum_{j=1}^{m} (v_{ij} - v_j^+)^2}$$

$$D_i^- = \sqrt{\sum_{j=1}^{m} (v_{ij} - v_j^-)^2}$$

（7）计算综合得分并排序。通过综合得分 C_i 来进行排序，综合得分的计算公式如下：

$$C_i = \frac{D_i^-}{D_i^+ + D_i^-}$$

得分 C_i 越大，说明评价对象越接近理想解，其综合评价水平就越高。

2. 定性评价手段

（1）专家评估。专家评估是一种重要的定性评价手段，主要通过组建由政策制定者、行业专家、学者组成的评估小组，对各指标进行评分和评价。专家评估的优势在于，专家们具备丰富的知识和经验，能够综合考虑各种因素，对评价结果进行深入分析和解释。选择在康养产业领域具有丰富经验的专家，包括政策制定者、康养产业相关学者、康养产业从业人员、医务工作者等共计 10 人，确保评估小组的多样性和权威性。根据评价指标体系，制定详细的评分标准和评价指南，确保专家评估的科学性和一致性。各位专家按照评价体系及评分标准对各项指标进行独立评分，确保评估结果的客观性和可靠性。

（2）问卷调查。问卷调查是一种广泛使用的定性评价手段，能够广泛获取各方观点和反馈，为评价体系提供丰富的数据支持。设计针对不同群体包括居民、康养服务提供者、政府官员等的问卷，收集对康养产业发展的意见和满意度。首先，根据评价指标体系，设计结构合理、问题明确的问卷，涵盖康养产业发展的各个方面。其次，选择具有代表性的调查对象，包括居民、康养服务提供者、政府官员等，确保调查结果的广泛性和代表性。最后，问卷通过电子邮件和网址链接两种形式发送，收集数据后进行统计分析，本次发放问卷共计 200 份，回收有效问卷共计 183 份。

（3）焦点小组讨论。焦点小组讨论是一种深入的定性评价手段，通过组织讨论会，深入探讨环京地区康养产业发展的现状、问题和改进建议。焦点小组讨论能够捕捉到参与者的深层次观点和情感，为评价体系提供更全面的视角。选择在康养产业发展中具有代表性和影响力的参与者，包括政策制定者、相关学者、康养行业从业人员、居民代表等。通过面对面和线上方式组织讨论会，根据评价指标体系，制定明确的讨论议题，围绕康养产业发展的关键问题进行讨论，提炼出关键观点和建议，为评价体系提供参考。

3. 综合评价

将定量和定性评价结果进行整合，确保评价结果的全面性和科学性。

（1）权重整合。将定量评价的权重（熵权 - TOPSIS 法）与定性评价的权重（专家打分、问卷调查结果）进行整合，形成综合权重。首先，通过熵权法计算各项指标的定量权重，反映指标的重要性和影响力。其次，根据专家评估、问卷调查等定性评价结果，确定各项指标的定性权重。最后，将定量和定性权重进行加权平均或其他合适的方法进行整合，形成最终的综合权重。权重整合的目标是确保各项指标的权重分配更加科学合理，反映各项指标的重要性和实际影响。

（2）得分计算。将各指标的数据按照综合权重进行加权求和，得到各级指标的得分。首先，对各项指标的数据进行标准化处理，确保数据的可比性。其次，按照综合权重对各项指标的数据进行加权求和，计算出各级指标的得分。得分计算的目标是量化各项指标的评价结果，为综合得分提供基础。

（3）综合得分。将各级指标的得分按照综合权重进行加权求和，计算出总体得分，得出各个地区康养产业发展的评价结果及环京地区整体康养产业发展评价结果。

4.2.4 环京地区康养产业发展评价结果

参照环京地区康养产业发展评价指标体系，综合考察指标体系中各个维度及指标的现实表现，从环京地区选取了 11 个市级行政区作为主要研究对象，具体包括石家庄、唐山、秦皇岛、邯郸、邢台、保定、张家口、承德、沧州、廊坊、衡水。对照环京地区康养产业发展评价指标体系，从多个渠道收集上述 11 个市级行政区对应 125 个四级指标的相关事实数据，综合采用定性与定量评价手段，对 11 个地级行政区的环境与政策支持、医疗资源与服务、康养服务与设施、数字化康养、中医药康养、经济发展水平、社会认同与参与以及康养产业整体水平进行比较评价，对该城市康养产业总体发展水平进行星级分档，由高到低分为五星级、四星级、三星级、二星级和一星级，结果如表 4 - 4 所示。

表 4 - 4　　　　　　　　康养产业发展评价星级分档结果

星级	市级行政区
五星级	秦皇岛
四星级	石家庄、承德、张家口、廊坊、保定
三星级	唐山、衡水
二星级	沧州、邢台
一星级	邯郸

（1）五星级。秦皇岛市在康养产业的各个方面均表现突出，是环京地区康养产业的标杆城市。在环境与政策支持方面，秦皇岛市政府积极出台和落实支持康养产业发展的政策，营造了良好的发展环境。医疗资源与服务方面，秦皇岛市拥有丰富的医疗资源和优质的服务水平，拥有多家三级甲等医院和专业康复机构，能够满足不同层次的康养需求。康养服务与设施的建设也非常完善，从高端康养社区到普惠性养老院应有尽有。数字化康养方面，秦皇岛市大力推进信息化建设，利用大数据和人工智能技术提升康养服务的效率和质量。中医药康养方面，秦皇岛市充分发挥中医药资源优势，提供丰富的中医药康养服务，如中医理疗、养生保健等。经济发展水平和社会认同与参与度也都居于领先地位，市民对康养产业的接受度和参与度高，整体环境适宜康养产业的发展。

（2）四星级。石家庄市、承德市、张家口市、廊坊市、保定市这五个城市在多个指标上表现良好，具有较强的竞争力。

作为河北省省会，石家庄市在医疗资源与服务和经济发展水平方面具备显著优势，医疗设施和康养服务资源丰富。拥有多家三级甲等医院和专业康养机构，数字化康养方面也有较大进展，信息化建设较为完善。政府政策支持力度大，社会认同与参与度高。

承德市在康养资源和设施方面具备一定优势，特别是在生态康养方面，拥有丰富的自然资源，如森林、温泉等，非常适合发展生态康养。政府支持力度较大，但在社会认同与参与度方面有待加强，市民的参与度和接受度较高。

张家口市在康养服务设施和环境与政策支持方面表现尤为突出，特别是在冬季运动康养和生态康养方面具有独特优势。得益于2022年冬奥会的举办，张家口市在冰雪运动康养方面形成了特色。政府大力支持康养产业的发展，出台了多项支持政策，医疗资源和服务水平较高。

廊坊市紧邻北京，借助京津冀协同发展的有利条件，在数字化康养和中医药康养方面取得了显著进展。廊坊市在康养服务设施和环境与政策支持方面表现良好，医疗资源丰富，康养服务水平较高。政府积极推动康养产业的发展，社会认同与参与度也较高。

保定市在社会认同与参与度和康养服务与设施方面表现良好，拥有丰富的康养资源和多样化的服务设施。中医药康养方面也有较强的优势，市内有多家知名中医院。政府大力支持康养产业的发展，经济发展水平较高，市民对康养产业的接受度和参与度高。

（3）三星级。唐山市、衡水市这两个城市在康养产业发展上具备一定优势，但在某些方面仍有提升空间。

唐山市在经济发展水平和医疗资源与服务方面表现较好，拥有较多的医疗资源和专业康养机构。但在数字化康养和康养服务设施的普及方面需要进一步努力。政府支持力度大，但社会认同与参与度有待提升。

衡水市在康养服务与设施方面有一定基础，拥有多家康养机构和丰富的康养资源，但在环境与政策支持和信息化水平方面还需进一步提升。政府支持力度一般，社会认同与参与度较低，市民对康养产业的接受度和参与度有待提高。

（4）二星级。沧州市、邢台市这两个城市在康养产业发展部分指标上存在不足，特别是在环境与政策支持、经济发展水平等方面需要大力改进和提升。

沧州市在医疗资源与服务和经济发展水平方面存在不足，需要加强康养政策的支持和实施力度。康养服务设施较少，信息化水平较低。政府支持力度较小，社会认同与参与度较低，市民对康养产业的接受度和参与度较低。

邢台市在康养服务与设施和信息化水平方面较为薄弱，需要加强数字化建设和康养服务的普及。医疗资源与服务水平一般，经济发展水平较低。政府支持力度较小，社会认同与参与度较低，市民对康养产业的接受度和参与度较低。

（5）一星级。邯郸市康养产业发展整体表现较为落后，尤其是在医疗资源与服务、信息化水平等方面亟须改善。康养服务设施较少，信息化水平较低。政府支持力度较小，社会认同与参与度较低，市民对康养产业的接受度和参与度较低。需要加大政策支持和资源投入力度，提升康养产业的整体发展水平。

　　通过对 11 个城市进行综合评价，系统地了解了环京地区各市级行政区康养产业的发展水平和特点。这一评价结果为各地政府和相关部门提供了科学的决策依据，有助于发现各地区在康养产业发展中的优势和不足，促进资源优化配置和政策改进，推动环京地区康养产业的可持续发展。各市级行政区可以根据评价结果，针对自身的短板和优势，制定和调整康养产业的发展策略，实现整体水平的提升。

| 第 5 章 |

金融支持康养产业发展

5.1 金融支持康养产业发展的现实意义

2023 年中央金融工作会议提出，要加快"金融强国"建设，立足实际，切实做好科技金融、绿色金融、普惠金融、养老金融、数字金融五篇大文章，为经济社会发展提供高质量金融服务。养老金融首次被列入中央文件，2024 年政府工作报告再次提到"大力发展养老金融"，标志着养老金融将进入新的发展阶段。大力发展养老金融是康养产业高质量发展的重要举措，也是推动经济社会发展的必要工作。养老金融的发展对于提供健康养老保障、促进经济发展和维护社会稳定具有重要意义。随着人口老龄化的加剧，康养产业作为一个新兴的朝阳产业，正日益受到关注。金融作为经济的血脉，在康养产业的发展中扮演着不可或缺的角色，通过金融手段支持康养产业发展，不仅有助于提高老年人的生活质量，也对经济和社会的可持续发展具有重要意义。金融积极参与康养产业的发展，对于提升老年人生活质量、推动技术创新、优化资源配置、增强企业竞争力和促进区域经济发展具有重要的现实意义。

1. 促进康养产业资金供给

康养产业的发展需要大量的资金支持。建设康养设施、购买医疗设备、培训专业人员、开展健康管理服务等都需要充足的资金投入。金融通过提供多样化的融资渠道,如银行贷款、信托、保险、债券、私募股权等,可以有效解决康养产业资金短缺的问题。特别是长期资金的供给,能够为康养产业的可持续发展提供有力保障。银行贷款是康养产业获取资金的重要渠道之一。商业银行可以根据康养企业的资金需求和信用状况,提供短期、中期和长期贷款,帮助企业解决建设和运营过程中所需的资金问题。银行贷款利率相对较低,能够减轻企业的融资成本。信托和基金作为重要的金融工具,可以为康养产业提供稳定的资金来源。金融机构可以设立专门的康养产业信托和基金,吸引社会资本的参与,为康养企业提供长期、稳定的资金支持。债券融资是康养产业获取资金的重要手段之一,康养企业可以通过发行企业债、项目债、产业债等方式,募集社会资金,用于项目建设和运营,债券融资期限较长,利率固定,有助于企业进行长期规划和资金管理。股权融资是康养企业获取资金的重要途径之一,通过引入战略投资者、风险投资、私募股权等方式,康养企业可以获得大量资金支持,同时引入先进的管理理念和行业资源,提升企业的竞争力和发展潜力。保险公司作为重要的机构投资者,具有资金规模大、投资期限长的特点,保险资金的进入可以为康养产业提供长期、稳定的资金支持,保险公司可以通过直接投资、设立保险资管计划等方式,参与康养产业的发展。政府引导基金作为政策性资金,可以发挥杠杆作用,带动社会资本进入康养产业,通过设立政府引导基金,政府可以引导和吸引社会资本投资康养项目,缓解企业的资金压力,促进康养产业的发展。互联网金融作为新兴的金融模式,可以为康养产业提供多样化的融资渠道。同时,互联网金融平台可以提供便捷的融资服务,降低企业的融资门槛和成本。

2. 优化资源配置

金融支持可以优化康养产业的资源配置,通过金融市场的引导功能,将社会闲散资金引导到康养产业中去,促进资源的有效配置。金融机构通过贷款、信托、基金等多种金融工具,为康养产业提供资金支持。金融机构在提供资金时，通常会进行严格的风险评估和尽职调查，选择资质良好、发展潜力大的企业进行投资。这种筛选机制有助于将资金配置到最需要的地方，提升资金使用效率。金融支持能够促进康养产业链上下游的协调发展，通过金融工具的介入，不仅可以支持康养机构的建设和运营，还可以带动相关配套产业的发展，如医疗设备制造、康复护理服务、养老地产等，形成完整的产业链，优化资源配置。如康养产业投资基金不仅投资于康养社区的建设，还投资于医疗设备制造公司和康复护理服务提供商，促进了整个产业链的协调发展，提升了资源配置的整体效率。

3. 推动技术创新

金融支持能够为康养产业的技术创新提供资金保障。康养产业的升级离不开技术的进步，如智能医疗设备、远程医疗服务、健康管理平台等的开发和应用，都需要大量的研发投入。金融机构通过设立专项基金、提供创新型融资产品等方式，支持康养产业的技术创新，提升产业的核心竞争力。风险投资和股权融资是支持技术创新的重要方式。风险投资公司和私募股权基金通常关注具有高增长潜力的初创企业，尤其是在技术创新领域，通过提供资金支持，风险投资机构能够帮助康养企业进行研发和技术创新，同时提供管理咨询和战略支持。金融机构和政府可以设立专项科技创新基金，专门用于支持康养产业的技术研发和创新项目。这类基金可以通过股权投资、债权投资等方式，为康养企业提供长期、稳定的资金支持，降低其研发风险。商业银行可以通过发放研发贷款，为康养企业提供研发资金支持，研发贷款通常具有优惠利率和灵活的还款期限，有助于企业降低研发成本，集中精力进行技术创新。金融机构可以与政府合作，通过提供研发补贴和税收优惠等方式，激励康养企业进行技术创新，研发补贴和税收优惠可以显著降低企业的研发成本，增加其创新动力。金融机构可以通过设立技术转化基金，支持康养企业将科研成果转化为实际产品和服务，技术转化基金可以为技术成果的市场推广、生产和商业化提供资金支持，促进技术创新的实际应用。金融机构可以为康养企业提供多样化的金融服务，如融资租赁、保理、信用保险等，帮助企业解决技术创新过程中的资金问题和风险管理问题，提升企业的资金使用效率和创新能力。金融机构可以通过设立产学研合作基金，支持康养企业与高校、科研机构的合作，推动技术研发和创新成果的转化，产学研合作基金可以为合作项目提供资金支持，促进产学研结合，提升技术创新能力。

4. 增强企业竞争力

金融支持不仅可以为康养产业提供资金支持，还可以为企业提供一系列的金融服务，如财务管理、风险控制、投融资咨询等，帮助企业优化管理，提高经营效率，增强市场竞争力。金融机构通过贷款、股权投资、债券发行等方式，为康养企业提供充足的资本支持，帮助企业解决资金短缺问题，确保其正常运营和扩展，通过金融手段，康养企业可以更好地进行资源整合、市场开拓和品牌建设，提升自身的竞争力。金融支持能够为康养企业的技术研发提供资金保障，促进新技术、新产品的开发和应用，提高企业的技术水平和服务质量，如金融机构提供的财务管理和投融资咨询服务，可以帮助康养企业优化财务结构，提高资金使用效率，通过并购、重组等方式实现资源整合和规模扩张，提升企业竞争力。金融机构可以通过财务顾问、管理咨询等服务，帮助康养企业优化管理和运营，这些服务包括财务管理、风险控制、战略规划等，能够提高企业的管理水平和运营效率。金融支持能够为康养企业的品牌推广和市场拓展活动提供资金，帮助企业提升品牌知名度和市场占有率，金融支持能够促进康养企业的并购与重组，优化资源配置，实现规模效应和协同效应，通过并购与重组，企业可以整合资源，提升竞争力。金融支持能够帮助康养企业开展国际合作，拓展海外市场，通过跨境融资、国际并购等金融手段，企业可以引进国际先进技术和管理经验，提升国际竞争力。金融机构可以通过提供风险管理工具和服务，帮助康养企业提高风险管理能力，这包括信用保险、金融衍生品等，帮助企业应对市场波动和运营风险，保持稳定发展。通过多样化的金融手段和服务，金融机构能够显著增强康养企业的竞争力，促进其技术创新、优化管理、扩展市场和提升可持续发展能力，这不仅有助于企业在激烈的市场竞争中占据有利地位，也为康养产业的整体发展提供了强有力的支持。

5. 促进区域经济发展

康养产业的发展能够带动相关产业的联动发展，如房地产、医疗、旅游、服务等，形成产业集群效应，促进区域经济的协调发展。金融支持通过资金注入和服务提供，推动康养产业集群的形成和发展，提升区域经济的整体竞争力和发展水平，如金融机构在环京地区设立康养产业发展专项贷款，支持区域内康养项目的建设和运营，推动区域经济的协调发展，提升区域经济的竞争力。金融支持能够促进康养产业在区域内的布局和发展，增强区域产业结构的多样性，避免单一产业依赖，提升区域经济的抗风险能力。康养产业的快速发展需要大量的专业人才和服务人员，金融支持能够促进康养企业的扩展，带动区域内就业机会的增加，降低失业率，提升居民收入水平。康养产业的发展离不开完善的基础设施，金融支持可以推动区域内医疗设施、康养社区、公共交通等基础设施的建设和升级，提升区域的整体发展水平和居民生活质量。金融支持能够提升区域康养产业的吸引力，吸引外来资本和高端人才的流入，促进区域经济的开放与融合，增强区域竞争力；可以帮助区域打造康养产业品牌，提升区域的知名度和美誉度，吸引更多的投资和游客，带动旅游、餐饮、服务等相关产业的发展；能够促进区域间康养产业的合作与协同发展，推动区域经济一体化进程，实现资源共享和优势互补，提升整体竞争力。

6. 满足多样化养老需求

金融支持能够推动康养产业多样化发展，满足老年人多样化、个性化的养老需求。通过金融手段，康养产业可以提供更加丰富的服务内容，如医疗康复、休闲娱乐、文化教育等，提升老年人的生活质量和幸福感。金融支持能够推动康养企业进行服务模式创新，如社区养老、居家养老、医养结合等，以满足老年人多样化、个性化的养老需求；可以促进康养企业引入和应用智能化养老技术，如智能健康监测设备、远程医疗系统、智能家居等，提升养老服务的科技含量和服务水平，满足老年人对高质量养老服务的需求。金融机构通过长期贷款、专项基金等方式，支持康养企业建设和升级养老服务设施，如康复医院、护理院、养老社区等，为老年人提供良好的生活和医疗环境，满足其多样化的养老需求。金融机构可以根据康养产业的特点，开发和提供专业化的金融产品和服务，如养老保险、健康保险、养老理财产品等，为老年人提供财务保障和养老储备，满足其对经济安全的需求。通过金融支持可以帮助康养企业提升服务标准和品牌形象，推动养老服务的标准化和品牌化建设，提升服务质量和市场竞争力，满足老年人对高质量养老服务的需求；能够帮助康养企业开发多样化、个性化的养老服务，如文化娱乐、心理咨询、社交活动等，满足老年人精神文化生活的需求，提升其生活质量和幸福感。

5.2　康养产业投融资的现实困境

1. 融资方式单一

康养产业的融资渠道相对单一，主要依赖银行贷款和政府支持，缺乏多元化的融资手段，如风险投资、股权融资、债券融资等。这种融资结构限制了企业的资金获取能力，难以满足企业在不同发展阶段的资金需求。尽管政府对康养产业提供了一定的资金支持，但这种支持通常是阶段性和项目性的，无法满足企业长期、持续的资金需求。同时，获取政府资金支持的门槛和程序较为复杂，影响了企业的积极性。近年来，为助推康养产业蓬勃发展，中国人民银行与国家发展改革委携手推出了普惠养老专项再贷款试点举措，引导金融系统加大对康养产业的支持力度。然而从政策执行效果来看，当前康养机构能够享受到的再贷款融资利率优惠案例寥寥可数，且政策性金融机构在信贷资源配置上尚显不足。鉴于康养产业普遍具有较长的运营周期与高额的前期资金需求特性，当前政府财政补贴与运营补贴的拨付效率不高，存在明显的时滞现象，这在一定程度上削弱了财政补贴对康养产业发展的催化效应，难以充分发挥其杠杆作用，促进社会资本的有效投入与产业的快速成长。

康养产业目前主要依赖银行贷款获取资金，而银行贷款一般要求企业具有较高的资信等级和抵押品，这对于很多初创或中小型康养企业而言，是一大障碍，因而难以获得足够的贷款支持。从社会资本自主投资来看，主要呈现房企引领、保险企业驱动及医疗与养老服务机构为主体的三大趋势，然而这些投资流向多倾向于那些资金回流速度较快、短期效益较为明显的领域，而非均衡布局于康养产业的各个环节。风险投资和私募股权基金对于康养产业的关注度不高，主要原因是康养产业的投资回报周期长、风险较高，且缺乏成熟的退出机制，这使得康养企业难以通过股权融资获取资金，限制了其发展潜力。康养企业发行债券的能力和意愿都较低，一方面，发行债券需要较高的信用评级和规范的财务管理，而很多康养企业在这些方面存在不足。另一方面，投资者对康养产业的债券认可度不高，导致市场需求有限。目前市场上针对康养产业的专门金融产品和服务较少，难以满足康养企业多样化的融资需求，金融机构在设计金融产品时，往往缺乏对康养产业的深刻理解和专门研究，导致产品供给不足。

2. 融资成本高

康养产业的融资成本较高，主要体现在贷款利率高、融资手续复杂、审批周期长等方面。由于康养项目涉及医疗、养老、康复等多个领域，金融机构在审批时需要进行详细的风险评估和尽职调查，导致整个审批流程较长。这种长周期的审批使企业难以快速获得资金，影响项目进展。康养产业具有投资回报周期长、风险较高等特点，银行等金融机构为了规避风险，往往提高贷款利率，高利率贷款增加了康养企业的财务负担，影响其正常运营和扩展能力。康养产业在融资过程中需要经过烦琐的手续和复杂的审批流程，企业需要准备大量的文件和材料，进行多次评估和审核，这不仅增加了时间成本，还增加了企业的人力和财务负担。康养企业在申请贷款时，往往需要提供高额的抵押品，这对于很多中小型康养企业而言，是一大阻碍，因为他们往往缺乏足够的固定资产作为抵押，高额抵押要求增加了企业的融资难度，限制了其资金获取能力。康养企业在融资过程中，常需要第三方担保公司提供担保服务，而担保公司通常会收取高额的担保费用。高担保费用进一步增加了企业的融资成本，影响其资金利用效率。

3. 投资回报周期长

康养产业的投资回报周期较长，且回报率不高。养老设施建设、医养结合项目等前期投入大，回收周期长，导致很多投资者对康养产业持观望态度，缺乏投资意愿。康养产业需要大量的前期投入，包括土地购置、建筑设施建设、设备购置、人员培训等，这些投入不仅数额庞大，而且资金回收的时间较长，导致企业在初期阶段面临巨大的财务压力。康养产业的收益回报往往较为缓慢，由于康养服务的特殊性，其收费标准和盈利模式受到诸多因素影响，例如政府政策、市场需求、服务质量等，导致企业在运营初期难以实现快速盈利。康养产业的市场需求具有较大的波动性，受人口老龄化进程、政策变化、经济环境等多重因素影响。市场需求的不确定性增加了企业的经营风险，使其难以在短期内获得稳定的回报。康养产业的日常运营成本较高，包括人员工资、医疗设备维护、服务设施维护等。这些成本在长期内持续增加，加剧了企业的财务负担，延长了投资回报周期。由于投资回报周期长，金融机构和投资者对康养产业的融资支持较为谨慎。康养产业的投资回报率相对较低，与其他高收益行业相比，吸引力不足，这使得很多投资者在权衡风险和收益后，选择将资金投入回报周期短、回报率高的行业，进一步加剧了康养产业的融资困境。

4. 相关市场机制不完善

康养产业相对于传统行业而言仍较为新兴，康养产业目前没有明确的产业界定准入门槛，市场信息不够透明。投资者往往难以获取到准确的康养项目信息，包括项目运营情况、风险状况等，而康养企业也难以准确评估市场需求和竞争格局，导致投融资双方信息不对称。康养产业具有较高的不确定性和风险，但市场对其风险的定价机制尚不完善，缺乏科学的风险评估和定价机制，使得康养企业难以获得合理的融资成本，增加了企业的融资难度。

康养产业缺乏专门的法律法规支持，相关法规不够完善，未能对康养产业的发展提供明确的指导和保障，缺乏法律法规的约束和规范，使得康养企业在发展中面临着法律风险。尽管国家出台了一些支持老年产业发展的政策文件，但在具体执行层面，相关政策的扶持力度不够，很多政策只停留在文件层面，缺乏具体的落实措施，无法有效解决康养产业融资难的问题。不同地区对康养产业的支持力度和政策措施存在较大差异，有的地方政府对康养产业发展给予了大力支持，制定了一系列扶持政策，而有的地方政府对康养产业的关注度和支持力度不足，导致企业在不同地区面临不同的融资环境和政策支持。

康养产业的发展仍处于初级阶段，区域间发展不协调，各成体系的区域康养产业发展规划不能推动区域间产业的协同发展和跨区域产业链的形成，康养产业存在目标客源趋同、重复建设和同质竞争等问题。康养产业的供需不平衡，各康养项目没有充分利用资源条件，规模效应较弱，投资方难以预估盈利空间。康养企业在管理模式、商业模式、服务模式等方面缺乏创新，存在为了获取短期利益牺牲信誉和口碑的现象，可持续收益前景不佳，导致投资方对企业失去信任，融资困难。康养投入资金多、投资周期长、回报慢和风险高的特点，导致融资渠道窄。

5.3　金融如何支持康养产业发展

5.3.1　优化康养产业融资的多渠道供给

1. 银行机构支持

银行业在康养产业发展中扮演着关键的资金供给角色。为促进康养产的蓬勃发展，银行积极采取多元化策略，包括开辟专属绿色审批通道、实施利率优惠政策，并构建康养信贷白名单机制，以精准高效地支持康养项目的资金需求。特别是随着普惠养老专项再贷款政策的深入实施，银行进一步加大了对普惠养老机构的信贷倾斜力度，不仅简化了信贷流程，还显著降低了普惠养老机构的融资门槛与成本，为康养产业的可持续发展注入了强劲动力。银行机构向康养产业项目提供资金支持，包括养老社区建设、康复中心建设等基础设施项目的融资，为康养产业企业提供设备采购贷款，支持购置医疗设备、康复器材等。激励银行业机构为康养产业量身打造专项信贷策略，并创新研发特色化信贷产品，构建契合康养产业特性的信用评估体系、客户筛选标准及利率动态调整机制。同时，应积极探索住房反向按揭贷款、银龄理财服务等定制化金融产品，以满足康养市场的多元化需求。为增强康养机构的融资灵活性，应拓宽融资渠道，强化信用贷款与股权融资等非传统抵押担保模式的应用，并针对特定康养服务项目，灵活采用循环信贷、分期偿付等多样化还款安排，以保障康养机构的稳健运营，进而加速康养产业的规模化、专业化发展进程。

银行与政府合作共建康养产业公共项目，如社区养老服务中心、康复设施等，提供资金和风险保障；向康养产业企业提供经营资金贷款，支持企业日常运营、人员工资、供应链管理等；发行债券和资产证券化产品，协助康养产业企业发行债券，提供长期资金支持；将康养产业项目的资产打包成证券化产品，吸引更多资金参与。银行也可以创新康养相关金融产品，开发适合老年人的金融产品，如养老保险、养老金管理、老年人消费贷款等，设立银发柜台、银发网点。应系统性地将康养产业金融业务融入金融机构的整体战略规划之中，确立清晰的康养金融业务发展蓝图与目标，同时构建与之匹配的运作机制与流程，并界定各层级职责与权限，确保有专门团队负责执行。在企业架构层面，应强化康养产业金融的治理框架与决策流程，确保高效与透明。此外，需将养老金融与康养产业金融的职责明确细化至各组织层级，确保责任到人，同时将康养金融业务的操作规范与风险管理要求无缝嵌入企业的整体管理流程与风险控制体系之中，以实现业务发展与风险防控的双重保障。

2. 保险机构支持

保险机构可以提供金融支持和融资服务，通过发行债券、提供贷款等方式为康养产业提供资金支持，促进项目的建设和发展。一是发行保险产品降低投资风险。为康养产业企业提供定制化的风险保险产品，覆盖项目建设、运营等方面的风险，如项目延期险、经营风险保险等；为养老社区、康复中心等康养项目提供财产保险，覆盖房屋、设备等财产损失，保障项目正常运营，这些保险产品可以降低投资风险，增强投资者的信心，促进资金流入康养产业。二是提供债权投资和保本理财产品。发行债券为康养产业企业提供长期资金支持，帮助企业扩大规模、改善设施设备；推出面向康养产业的保本理财产品，为投资者提供低风险、稳定收益的投资选择，这些产品通常具有较低的风险和稳定的回报，可以满足康养产业长期资金需求，促进项目的稳健发展。三是提供项目贷款和融资担保。为康养产业项目提供贷款支持，帮助企业解决资金短缺问题，支持项目的建设和发展；康养产业企业提供融资担保服务，提高企业的融资能力，降低融资成本。四是开展投资型保险业务。推出与康养产业相关的投资型保险产品，将保险资金用于康养项目的投资，为企业提供长期、稳定的资金支持，这种方式可以满足保险机构长期资金配置需求，同时也为康养产业提供了可持续的资金来源。保险机构可以根据康养产业企业的实际需求，提供定制化的金融解决方案，包括融资安排、资产管理、保险保障等。通过与保险机构合作，企业可以获得更灵活、更符合实际需求的金融服务，解决融资难题，推动产业发展，还可以为康养产业企业提供资产管理服务，包括资产配置、投资组合管理等，帮助企业实现资产增值。保险机构具有丰富的风险评估和管理经验，可以为康养产业提供专业的风险评估和管理服务，帮助企业识别和管理潜在风险，通过保险机构的专业服务，企业可以更好地控制风险，提高项目的成功率和投资回报率。

保险兼具资本和时间的两大优势，与康养产业具有天然契合性。保险企业可直接投资康养产业项目，如投资养老社区的建设和运营，包括高端养老社区、普通养老院、康复中心等项目。投资医疗机构，包括康复医院、护理院等，提供医疗护理服务和康复治疗服务；投资康复设施建设，如康复训练中心、康复器械设备等，支持老年人康复治疗，投资兴建养老社区、养老公寓等养老地产项目，满足老年人的居住需求；投资兴建康复中心、康复酒店等康复地产项目，提供康复护理和休养服务，也可以投资运营老年人服务机构、养老社区管理公司等企业，参与养老服务的提供和管理；投资医疗保健企业，包括康复医院、护理院等，提供医疗服务和康复治疗。

3. 多层次资本市场助力康养产业融资需求

进一步发挥多层次资本市场融资成本低、风险分散和支持长期融资等优势，为养老产业发展提供多元化的融资。应进一步完善信息披露、市场准入和退出机制、持续监管等基础性制度，支持康养产业相关企业通过资本市场获得可持续融资。就主板市场而言，康养产业企业可以通过 IPO 在主板市场上市，通过股权融资获取资金，扩大企业规模，上市后，企业可以通过配股和增发等方式筹集资金，满足业务扩张和项目投资的资金需求。对于成长型的康养产业企业，可以选择在创业板上市，享受更加灵活的融资和管理制度。如果企业具有技术创新优势，可以选择在科创板上市，获取更多资金支持和政策倾斜。新三板市场上，康养产业企业可以选择挂牌融资，通过交易平台挂牌融资，吸引更多投资者关注和资金参与。债券市场，康养产业企业可以发行公司债券，募集长期资金用于项目建设和企业发展，对于短期资金需求，可以发行短期融资券，获取短期资金支持。资产证券化市场，将康养产业项目的收益权或资产打包成证券化产品，通过发行证券化产品筹集资金。私募股权市场，康养产业企业可以吸引风险投资和私募股权基金的投资，获取发展资金和战略支持。对于初创的康养产业企业，可以通过天使投资和种子轮融资获取启动资金。政府可设立产业基金支持康养产业发展，提供风险投资和财政补贴。

多层次资本市场需要不断创新融资工具，以满足不同类型企业的融资需求和投资者的风险偏好，为康养产业提供更多选择和更灵活的融资方式。一是房地产投资信托（REITs），将康养产业的房地产资产打包成信托产品，通过发行股份募集资金，提供稳定的租金收益和资本增值收益。二是资产支持证券（ABS），将康养产业项目的应收账款、收益权或租赁权等资产打包成证券化产品，通过发行证券募集资金。三是创业板交易基金（ETFs），通过创业板交易基金，投资者可以参与康养产业相关企业的股票交易，实现分散投资和风险管理。四是绿色债券，康养产业企业可以发行绿色债券，用于支持环保和可持续发展项目，吸引环保和社会责任投资者。五是科技金融产品，康养产业科技创新企业可以发行科技金融债券，用于支持科技创新和产品研发。六是区块链金融产品，康养产业企业可以发行基于区块链技术的债券，提高债券交易透明度和流动性；投资者可以通过数字资产投资基金参与康养产业企业的数字资产投资，如加密货币、区块链项目等。七是社会责任债券，康养产业企业可以发行社会责任债券，用于支持社会公益项目和老年人福利事业。八是长期租赁模式，康养产业项目可以通过长期租赁模式向投资者提供稳定的租金收益，吸引长期资金投资。

4. 吸引社会资本参与康养产业发展

多渠道吸引聚合社会资本，充分发挥社会力量促进地方老龄事业和养老产业多元化发展的作用。政府与社会资本合作模式建设康养产业项目，共同投资建设、运营管理，分担风险和收益。政府确定康养产业项目，明确项目规模、地点、服务内容等，并提供土地、税收、财政补贴等方面的政策支持，降低社会资本的投资成本和风险。社会资本按照协议投资项目建设，包括养老院建设、康复设施建设等，并负责项目的日常运营和管理，提供养老服务、医疗保健等服务。

鼓励社会资本通过股权投资方式参与康养产业，提供税收优惠、土地出让等政策支持，降低投资者参与的风险，吸引私募股权基金、风险投资机构等社会资本通过股权投资方式参与康养产业项目。社会资本通过认购康养产业企业的股票或者入股参与企业，分享企业发展的收益，并提供长期资金支持，用于康养企业的扩张、技术升级等。鼓励社会资本通过债权投资参与康养产业，发行债券或债务工具，提供固定收益的投资机会，吸引稳健型投资者，也可以发起设立康养产业基金，为社会资本提供专业化、多样化的投资机会。同时，康养产业企业可以与社会资本合作伙伴合作开发项目，共同投资建设和运营康养设施。

5.3.2　政府引导和政策扶持

1. 加强政府引导

政府提供康养产业市场信息和政策解读，引导社会资本了解投资机会和政策支持，主动确定重点康养产业项目，引导社会资本投资。明确康养产业发展基金投资方向、强化制度建设，明确基金落地细则和纳入市场化资金的具体办法，发挥财政资金的先导效应和政府资金带来的宣传和增信效应。设立专项资金和基金，政府设立康养产业发展基金，用于支持康养产业的项目建设和技术创新，提供低息贷款或补贴，设立风险补偿基金，为康养产业项目提供风险补偿，吸引社会资本参与投资。随着中国人口老龄化程度的加深，开展康养宣传教育非常必要，金融机构也应积极响应积极应对人口老龄化国家战略和建设健康中国的战略，与社会保障、医疗等部门协同推进，共同营造推动康养产业发展的社会环境。

在提高相关服务水平上，要加快投资项目审批速度，简化康养产业项目的审批流程，提高审批效率，缩短融资周期；提供投资咨询、项目评估、技术支持等配套服务，帮助企业顺利融资；建立风险分担机制，提供政府信用担保，降低投资者和金融机构的风险，增加投资吸引力。

2. 制定支持性政策

一是优化顶层设计框架。综合部署康养产业繁荣路径、养老金融服务策略及其实践蓝图，将康养产业视为推动当前经济增长的关键契机。持续强化康养产业金融领域的顶层规划指导体系，以引导金融资源与社会资本高效汇聚至康养产业，形成强有力的支持体系。例如，上海市通过政府引领，构建了财政与民政部门间的紧密协作机制，有效释放了政府信用背书与财政资金投入的双重政策红利，有效缓解了养老机构面临的融资困境。针对康养机构因担保手段有限而遭遇的融资障碍，上海市创新性地建立了"政府＋担保＋银行"三位一体的政策性融资服务协同平台，针对民政局筛选出的有融资需求的机构名单，对于单笔授信额度不超过1000万元的贷款申请，实行自主审批与快速放款流程，同时依托上海市融资担保中心实施事后备案式担保，并对符合规定范围内的代偿责任予以承担，从而为康养产业提供了及时有效的援助与扶持。

二是出台专项支持政策。围绕康养产业的现状与未来需求，深化康养金融领域的政策创新。政策导向需从单一的康养服务业扩展至康养全产业链，强化对智慧康养、康养旅游等新兴领域的金融支持，以促进康养产业生态的多元化与丰富性。为此，可引入财税激励与信用增强机制，针对运营稳健、模式创新的中小型康养企业，实施融资担保费用减免、税收优惠及补贴政策，通过构建康养企业白名单、发展第三方信用评价体系等措施，提升融资企业的信用等级，引导信贷资源向康养领域倾斜。同时，应减轻康养企业的税收负担，制定并实施免税或税收优惠政策，如减免土地使用税、房产税等，以直接降低其运营成本。此外，提供土地出让优惠，降低康养项目用地成本，并优先保障康养项目的土地使用权审批，以激发市场投资热情。以广州市为例，该市通过修订《广州市民办养老机构资助办法》，利用养老服务综合平台线上化办理新增床位、护理、医养结合及等级评定等补贴项目，有效汇聚社会力量支持普惠型民办养老服务机构。截至目前，该市养老服务的核心领域，包括约75%的养老床位、全部养老服务综合体及家政养老服务，均已实现社会资本主导，充分展现了政策引导下的市场活力与社会资本的积极参与。

三是强化金融机构在康养产业中的参与度，拓宽康养领域的金融供给渠道。应构建契合我国国情的养老金融服务体系，细化并差异化设计融资支持政策，确保普惠型与盈利型康养服务项目均能获得适宜的金融支持，进而构建起银行信贷支持重资产型养老服务项目的长效运作机制。应积极推广房地产投资信托基金（REITs）等创新型金融工具的应用，鉴于权益型 REITs 在美国、日本等发达国家康养产业融资中的成功实践，其潜力不容忽视。需进一步完善相关法律法规体系，通过政策导向明确 REITs 资金的投放与回收规范，并在现有税制框架下探索为康养产业 REITs 量身定制的特殊条款，构建康养产业 REITs 的税收优惠制度，从多个维度推动 REITs 等金融工具在康养产业中的广泛应用与深入发展。

3. 加强监管

一是推动实现康养产业金融活动全覆盖监管。加强和完善金融监管，依法将康养产业投融资各类活动全部纳入监管，是完善现代金融监管体制的必然要求和建设公平有序市场境的客观需要，政府需要关注制度风险和投资风险，做好相关监管工作，有效防范和化解风险。以养老服务为核心的康养产业体系投融资活动种类多样，而老年群体的金融知识较为薄弱、风险防范能力不足，尤为需要完善监管制度。首先，要补齐现行监管制度短板，健全康养机构和康养金融创新工具风险全覆盖监管框架，在现行分业监管体制下，将康养产业金融全行业、全过程纳入相应部门监管范围，加强监管机构沟通协作。其次，要完善康养产业金融发展相关法律法规。以 REITs 为例，围绕相关金融工具的开发应用，涉及多部法律法规。参照欧美发达经济体金融支持养老产业发展经验，可探索制定专项法律法规，明确相关设立条件、信息披露、资产估值、收入来源、市场退出和监管事项，促进 REITs 在养老产业金融中的应用。最后，要加强康养产业金融业务运行监测和监管，引导金融机构稳妥开展康养产业相关金融科技创新。同时，完善行为监管制度体系，强化金融消费者保护，尤其是明确老年人服务条款，强化金融监管部门的老年消费者权益保护职责，维护康养产业金融市场秩序。

二是明确部门监管职责，规范康养金融产品信息披露。出台康养金融监管的法律文件，明确不同部门的监管职责，探索康养金融多部门监管的协调机制，防止出现监管真空或者重复监管。进一步规范康养金融产品的信息披露要求，实施动态信息披露，引入第三方机构审查，保证信息披露的及时性和真实性，尤其是确保老年人能够充分了解产品的投资收益和风险。完善并制定统一的康养金融产品和服务标准，明确产品的设计与销售要求，规范服务的质量和责任，以提高产品的安全性和适宜性，避免不符合要求的康养金融产品，包括部分短期投融资工具等。充分利用大数据等技术手段，通过"互联网 + 监管"模式，促进金融监管更加精准化。

三是建立健全康养产业金融市场化退出机制。疏通康养产业机构退出渠道、降低退出成本有助于规范市场竞争秩序，减少市场扭曲，进而实现康养产业可持续发展。一方面，建立与准入制度相配套的康养机构退出机制，对于长期亏损的市场化康养机构，建立健全市场化的有序退出机制。设立康养机构管理负面清单和信用评价体系，对康养机构退出过程的财产处置进行严格监管，在处置过程中保障股东、债权人和消费者的合法利益。另一方面，支持康养业务经营不佳的部分上市公司剥离相关业务，拓宽转让和招标出售渠道，明确参与处置部门的处置职责、次序和流程，完善公共资金退出机制，确保退出机制的及时性、透明度和可预期性。

5.3.3　充分发挥金融科技的作用

1. 创新融资产品和平台

将康养产业项目的收益权、资产证券化，通过区块链技术发行数字资产，吸引全球投资者参与；利用智能合约技术发行债券产品，自动化执行债券条款和付息等，降低交易成本，提高流动性；利用互联网金融平台进行线上融资，为康养产业企业提供众筹、借贷等多样化融资渠道；发展供应链金融，使得康养产业链中下游的企业，依托核心企业的资信提升自身信用，获取更多融资；同时搭建信息共享平台，综合运用人工智能、大数据、云计算等技术，向金融机构和康养企业提供信贷信息、相关业务配套政策等服务，通过互联网金融平台提供融资服务，康养产业企业可以通过互联网金融平台在线提交融资申请，简化申请流程，提高申请效率。

2. 提升融资效率和透明度

利用大数据技术对康养产业企业的运营数据、财务数据等进行深度分析，了解企业状况和市场趋势；建立智能风控模型，通过大数据和机器学习算法对企业进行信用评估，快速、准确地识别潜在风险；基于智能风控模型实现自动化审批，加快融资申请的审核速度，提高融资效率；利用区块链技术建立融资交易平台，实现交易数据的全程记录和实时公开，提高融资过程的透明度；利用智能合约技术建立融资合同，自动化执行合同条款，确保融资交易的公正和透明；在互联网金融平台上，企业可以向投资者披露更多的信息，包括企业背景、项目规模、财务状况等，增强透明度，不同金融机构之间通过金融科技共享数据，提高风险评估的准确性，降低重复审核的成本和时间，与相关产业链上的企业和服务提供商合作，共享数据和资源，提高融资申请的通过率和速度。

3. 降低融资成本

一是利用大数据和人工智能技术，提高对康养产业项目的信用评估准确性，根据大数据分析结果，为康养产业企业提供个性化的融资产品和定价方案，降低融资成本。二是建立风险管理平台，通过智能风控和实时监测，及时识别和应对潜在风险，降低投资者和金融机构的风险。利用大数据和人工智能技术建立智能风控模型，更精准地评估康养产业项目的信用风险，降低风险成本。三是利用区块链技术建立分布式账本，实现融资交易的实时记录和透明化，增加投资者信任度，降低融资成本。四是利用智能合约技术实现自动化的合约执行和支付，降低交易成本，提高资金使用效率。五是通过互联网金融平台降低融资中介成本，康养产业企业可以通过互联网金融平台直接申请融资，减少中间环节，降低融资成本，互联网金融平台提供更多的企业信息披露和融资产品比较，帮助企业选择最优质、最低成本的融资方案。

4. 降低融资风险

一是数据驱动的风险管理降低风险成本。可以通过数字技术建立实时监测系统，对康养产业项目的运营情况进行实时监测，及时发现潜在风险并预警，降低风险成本；利用大数据技术对康养产业企业进行全面分析，包括企业财务状况、运营情况、市场前景等，辅助金融机构进行风险评估；利用数据分析技术对未来风险进行预测和分析，提前制定应对策略，降低因风险带来的损失。二是资金流动和结算成本的降低。应用智能支付技术降低资金结算成本和时间，提高融资效率，利用区块链技术实现资金的快速结算和转移，降低交易成本和时间成本。三是降低信息不对称带来的风险。通过金融科技平台实现金融机构、企业和投资者之间的信息共享，减少信息不对称，降低风险成本，利用智能合约技术实现自动化的权益保障和风险控制，降低纠纷风险成本；建立智能风控模型，通过机器学习算法对康养产业项目的信用风险进行预测和评估，提高融资决策的准确性和效率；将人工智能、大数据、区块链等数字技术应用于康养金融产品的开发过程中，进一步提升康养金融的数智化水平。

第 6 章

医养结合的康养产业创新案例分析

6.1　城市康养产业发展案例

6.1.1　攀枝花市康养产业发展实践案例①

1. 发展背景与现状

2010 年攀枝花市首次提出"康养"理念，发展阳光康养产业，将阳光康养与运动休闲、健康养生、旅游度假、医疗养老等融合发展，康养旅游度假产业蓬勃发展。2022 年，攀枝花市被评为"中国气候宜居城市"。近年来，攀枝花市积极推动"康养＋"产业的蓬勃发展，率先在国内发布康养产业的地方性标准体系，并创立了首个专注于康养领域的学院。攀枝花市凭借其卓越的生态环境，成功跻身全国呼吸环境十佳城市行列，同时在康养城市综合排名中稳居全国前 50 强。作为首批国家医养结合试点城市及国家智慧健康养老示范基地，攀枝花市还荣获了中国阳光康养示范市的称号，充分彰显了其在康养领域的领先地位。此外，攀枝花市已连续三年蝉联中国最具幸

---

① 攀枝花市人民政府. 攀枝花市东区"十四五"康养产业发展规划［EB/OL］.（2022 – 12 – 19）. www. panzhihua. gov. cn.

福感城市榜单，并连续五年入选全国康养城市 20 强。攀枝花市积极探索"康养 + 产业融合"，大力推进"5115"工程，成功实施了一大批"医、养、住、游、购、娱"康养产业基础设施项目，2023 年实现康养产业增加值 170 亿元。

2. 发展优势

（1）地理资源条件优越。攀枝花市地处北纬 26°，日照时数达 2700 小时，属南亚热带干热河谷气候，年均气温 20.7℃，森林覆盖率 62.38%，冬无严寒、夏无酷暑，年均湿度在 55% ~60% 之间，环境空气质量长年优良率稳定在 95% 以上，是一座适合避寒消暑、调理养身、农业种植、体育运动、旅游休闲等的城市。

（2）政府重点打造工程。四川省"十四五"规划明确提出将医疗康养作为促进成长型服务业做大做强，打造西部医疗康养高地。从攀枝花市看，市委十届十次全会和"十四五"规划鲜明提出，要立足攀枝花市域"内圈"、拓展川西南滇西北"中圈"、融入国内国际"外圈"，加快建设川西南、滇西北现代化区域中心城市。作为服务区域中心城市建设的康养产业，以"养身、养心、养智，避寒、避暑、避霾"理念，按照"一核、一带、三谷"布局，打造"冬日暖阳、夏日清凉"康养品牌，基于现有发展基础，攀枝花市积极争取应对人口老龄化重点联系城市，有望助推康养产业加速发展。

2012 年，攀枝花市政府率先提出了"阳光康养旅游"概念，成立了攀枝花市康养产业发展领导小组，编制发布了《攀枝花市康养产业基础术语》等 13 项区域性地方标准，并将长期持续打造康养城市，为统筹保障、招商引资、城市规划等提供强有力的保障，奠定了康养产业发展的基础。近年成功创建国家森林城市、国家园林城市，获得全国呼吸环境十佳城市、全国十大避寒名城等称号。攀枝花市委、市政府大力支持阳光康养产业发展，提出要建设国际阳光康养旅游目的地，打造成渝地区阳光康养度假旅游后花园。

（3）城市"红色基因"显著。攀枝花市是一座在党中央号召下建设的三线城市，是一座著名移民城市，也是西南地区唯一的首批全国和谐社区建设示范城。98％的城镇人口由全国各地汇集而来，形成了热情、包容的城市气质，具有"开放""自信"的城市性格，对于外来旅游者热情友好。

3. 创新发展特色

（1）医养康养相结合。攀枝花市结合全国医养结合试点城市、国家居家和社区养老服务改革试点城市等试点工作，推进健康城市建设，建设医养结合特色康养产业发展功能区。攀枝花市医疗资源丰富，人均医疗卫生资源水平位居四川省前列，近年来，大力发展医养特色服务，构建了以三甲医院为核心，以基层医疗机构为基础，以特色专科医疗为补充，以健康咨询管理机构为拓展，以康养机构为延伸的特色鲜明、个性化突出、覆盖全生命周期的康养服务体系。成功创办全国首家以康养为主题的攀枝花学院康养学院。先后引进美年大健康、慈铭健康、爱尔眼科、达康肾病、盛泰康复医院等大型民办体检连锁机构和知名专科医院；引进台湾养老模式的台湾敏盛长辈照护中心、日本养老模式德铭菩提养护院、德铭菩提康养社区康养综合体模式等国际前沿养老业态。

攀枝花市不断完善医养结合服务体系。完善以三甲医院为核心、基层医疗机构为基础、特色专科医疗为补充、健康咨询管理为拓展、康养机构为延伸的大健康服务体系，借力市中心医院、攀枝花学院附属医院、攀钢总医院等综合医院高诊疗水平，提升基层医疗卫生机构服务能力，加强与市妇幼医院、市康复医院等专科医疗机构合作，实现市级医疗机构与基层医疗卫生机构和社区养老服务机构的无缝对接服务。服务老年人群，重点打造老年康复医学科，着力培养"生活照料＋护理技能＋职业爱心"护理员，引导社会力量举办社区护理站、护理中心，将长期照护延伸至居家和社区，建立多个"社区医养结合站点"。整合基层医疗卫生服务机构，探索乡镇"卫生院、养老院"两院融合、社区卫生机构布局养老功能等。服务中青年人群，重点发展健康体检、健康管理、治未病等服务，形成15分钟医养服务圈，建成医养服务集聚中心。

攀枝花市不断推进医研产深度融合。强化医养结合保障和支撑体系建设，推进医养结合标准化，集聚发展区域医疗中心、医疗研发中心和医疗产业中心，重点发展远程医疗、基因检测、个体化治疗等高端健康服务新业态，引进医疗院士（专家）工作站，建设名医工作室。紧围绕康养产业链，依托攀枝花国际康养学院等职业院校，努力培养一批高素质应用型、复合型的健康管理、咨询、服务和资产经营管理人才，力争建成"中圈"城市群康养产业链人才培养中心、技术服务中心、专业培训中心、顾问咨询中心。依托基层医疗卫生机构，建立"候鸟"式康养人群医疗服务绿色通道，推出康养巡回医疗和公共卫生服务；依托市中心医院和攀枝花学院附属医院布局建设生命健康城，围绕以人为核心的健康需求，构建"政、产、学、研、用"为一体的新型产业发展模式，打造一流的生命健康产业集群；聚焦产业前景和中高端消费需求，布局建设炳三区医教研产养融合中心等高端健康产业集群，重点发展高端健康管理服务、中医治未病健康服务，创新健康管理服务模式，探索医疗机构与保险机构合作，推动"以治疗为主"向"以预防为主"转变。支持域内康复机构与国内外先进康复技术合作，建设现代康复理疗中心，依托攀枝花学院附属医疗康复理疗资源，开展中西医结合的综合康复服务，鼓励社会资本举办高端医疗、医美、医养服务机构，提升现有医疗康复护理等服务水平，逐步形成产业效应。

攀枝花市初步形成了四种特色医养融合服务模式：一是以十九冶康复医院为代表的"医疗机构 + 智慧康养社区服务中心"的医院开办养老机构模式；二是以 26 度阳光乐园为代表的养老机构内设医疗机构模式；三是以幸福记忆养老中心为代表的养老机构与医院合作模式；四是以爱心缘养护院为代表、家庭签约服务为基础的社区医养护一体化服务模式等，初步满足了康养人群多元化、多层次的医养需求。

医养结合特色康养产业重点项目：

①综合医院基础服务能力提升工程。支持攀枝花市中心医院、攀枝花学院附属医院、攀钢总医院、十九冶医院等综合医院提升基础工程服务能力，建设高水平的临床诊疗中心。助力加强康复理疗、治未病、医疗美容等中心

建设，发展特色健康产业。

②特色专科医疗服务工程。支持达康肾病专科医院、盛泰康复医院、市康复医院等个性化医疗服务机构发展。支持美年大健康、慈铭健康等体检连锁机构提升服务水平，开展定制服务包，满足康养人群个性化需求。

③基层医疗卫生服务提升改造工程。新建炳三区社区医院、炳四区社区卫生服务中心、瓜子坪社区卫生服务中心、迁建疾病预防控制中心、铜锣湾中医体验馆、大渡口社区卫生服务中心中医药实训基地。提升医疗卫生服务，整合基层医疗卫生机构，提质增效区域康养服务水平。

④普惠托育服务示范工程。对辖区符合条件的幼儿园支持托育服务设施改造，每年打造1~2个托育示范，带动辖区婴幼儿照护服务工作发展，发挥托育示范引领作用。

⑤生命健康城。重点在华山和五十四片区盘活存量地产、土地、人才人力资源，发展医疗产品、安宁疗护、保健用品、营养配餐、医疗器械、保健器具、休闲健身、健康管理、健康咨询、医疗旅游、康养住宅、养老地产、健康保险等多个与人类健康紧密相关的生产和服务领域。引入房企、险企、国企引导康养产业向专业化转变，由品牌运营商实施规模化、标准化、连锁化的产业运行模式。

⑥西海岸高端康养综合体。在西海岸片区整合资源重点发展中医特色康养、医学美容、健康体检、康复与治未病、生物细胞、中医药制剂产业，利用棚户区改造腾空区域发展配套的高端康养综合体。

⑦医养结合教研产业园。依托攀枝花学院和康养学院在炳三区片区打造教研产业园，提升攀枝花康养产业技术研究院水平，支持发展康养产业研究中心、康养产业孵化中心，研究康养产业关键技术和产业创新，重点发展以健康检测、培训、咨询、调理康复和保障为主体的健康管理服务产业。

（2）康养旅游。攀枝花市依托"冬季暖阳·夏季清凉"康养城市品牌，致力打造"康养＋旅游"融合发展示范，大力发展阳光、运动、养生、养心、养老、休闲、度假为特色的国际阳光康养旅游目的地，已建成花舞人间景区花香果园区、玉佛寺景区、"渡口记忆"三线建设特色街区。成功将阿署达特色康养村打造为中国美丽休闲乡村、四川省乡村旅游精品村寨，建成阿署达·故事里农耕文化体验区、以家庭经营为主要模式的安国枣园休闲农庄以及集特色农业、生态观光、阳光康养、科普教育于一体的阿署达现代农业示范园。建成希尔顿欢朋酒店、驻下酒店、依夫达民宿、揽月山庄、漫花山舍民宿、莱诗度假公寓、阿署达自驾车营地等一批康养旅居地。投资 150亿元建设攀西阳光欢乐谷国际旅游度假区，打造集民族风情欣赏、生态农业观光、农耕生活体验、乡村休闲度假、养身养心养智有机融合的样板。各类康养床位 12000 余张，年均"候鸟季"共接待游客超过 10 万人次。

康养文旅融合产业重点建设项目：

①大黑山森林康养开发项目。在现有的游步道体系基础上完善配套设施，新建旅游服务中心，开发康养旅居、研学线路、森林疗养院等度假服务产品，建设国家 5A 级旅游景区、国家生态旅游示范区、国家森林康养基地。推进多样性重点生态功能区建设，在弄弄沟—大黑山—双龙滩一线，完善小攀枝花至弄弄沟大黑山、双龙滩村的水利道路等基础设施，开发建设大黑山森林公园、双龙滩郊野山地公园。

②老工业区尖山钒钛磁铁矿矿区工业遗址保护开发工程。重点对攀钢朱矿、兰尖铁矿矿山及排土场进行矿山地质环境恢复治理。规划建设矿山治理、生态修复与工业遗址保护典范的 5A 国家矿山地质公园，有序开发打造尖山矿区矿山地质公园，高品质建设尖山主题公园、生态养生区、运动康养区、现代农业区，设计自然探索之旅、生态养生之旅、蒸汽朋克主题之旅、矿山观光火车之旅。

③中心城区段银江水电站库区及金沙江两岸生态景观打造工程。系统综合治理沿江两岸生态环境，梳理岸线功能、生态修复、景观打造、文化植入、时尚活力元素，整合银江水电站建成形成的高峡平湖景观，修建临岸步栈道、复合廊桥、廊道、廊亭、廊园，高品位、高标准规划建设御湖花都自然风貌与现代城市繁荣共生的综合体，串联两岸公共空间和地域人文元素，塑造高端论坛、展会、节会、商务、商旅、居游等功能齐集网红地，打造中心城区文旅融合发展新地标，提升两江交汇、滨江文化公园、休闲步道、金

雅仙客、桥梁景观等沿江重要节点。

④城市视野区山体保护利用和生态林带建设工程。依托攀枝花公园、东华山公园、凤凰花公园、马坎森林公园等城市公园，金沙江沿江生态长廊、竹湖园、阿么玉湖等城市绿园生态基础，提升城市公园绿化、景观设计，配套打造花街花道、绿廊绿道，强化机场路沿线生态绿化管护。

⑤生态宜居公园城建设。优化提升东华山公园、凤凰山公园等 7 座城区公园，完善城市绿道、慢行系统和登山健身步道，打造山地景观休闲园林。精心雕琢城市微景观，利用老旧小区和棚户区改造腾挪土地，建设一批主题鲜明、独具特色的生活公园、文化公园、主题公园、口袋公园等社区微型公园。专业打造一批便民健身公园、足球公园等主题性专类公园，新建凤凰花、蓝花楹等生态主题公园。建设银江水电站库区，实施运动游览休闲等水面空间开发，完善金沙江沿江亲水绿廊，打造生态化、园林化的滨水空间和湿地空间，建好城市阳光康养旅游接待会客厅。

⑥攀西阳光欢乐谷国际旅游度假区。项目规划面积 13.34 平方千米（约 2 万亩），总投资 150 亿元，由国际农庄、国际康养论坛中心、国际医疗中心、实验基地、特色小镇、星光花海、浮虹之环、天空之径、康体乐园、花山果海、养生天堂、花舞人间十二大核心项目构成，以国际康养高峰论坛、英雄传奇光影秀、阿署达文创艺术节、花舞人间艺术节、山地半程马拉松、梦幻荧光夜跑派对、缤果欢乐嘉年华七大主题节庆策划为支撑，建设 5A 级国家级旅游度假区。

⑦康旅配套体系。培育炳草岗大梯道、渡口记忆、万象城、万达、机场路商圈、竹湖园公园等有影响力的特色夜生活街区和大型文化娱乐中心区。开发阿署达、弄弄沟、沿江片区，创建国家级旅游景区、度假区旅游目的地体系；以建立智慧旅游体系为载体，完善旅游公共网络信息服务体系；以打造旅游全域化为目标，提升宾馆酒店、旅游产品服务水平和服务质量，完善旅游标识、旅游厕所、旅游服务中心等配套设施，建立优质、顺畅、便民的旅游服务接待体系。培育住宿、餐饮、商业、服务等区域形象品牌。

⑧特色文旅品牌营销活动。塑造特色文旅品牌节，持续举办欢乐阳光

节、创意设计周、重金属摇滚音乐季、夕阳红音乐表演、音响音乐乐器设施设备博览会、攀枝花街头艺术表演等大型文节庆活动。

⑨夜间经济集聚区。打造地标性夜生活集聚区，构建"3345N"夜间经济发展格局，中环天地、万达广场、万象城地标，帝景华庭、半山康城、学府花园3个夜宵示范街，花城壹号、花城生活广场、太谷广场、渡口记忆4个特色商业街区，马哈顿—中心广场—德铭阳光、万象城—金瓯广场—中央铭城、太谷广场—万达广场—龙发时代天街、半山康城—中环天地—花城生活广场、龙马路—恒大城—新鸥鹏5个核心商圈，N个夜间小店。

（3）运动康养。攀枝花市拥有非常适合体育训练和运动健身的温度、湿度和海拔高度，被誉为"竞训天堂"。仅从东区辖区看，体育基础设施完善，拥有体育场地826处，其中全民健身路径298处，球类运动场地397处，各类田径场和游泳池65处，其他运动场地66处，人均体育场馆面积1.65平方米，新建国家登山健身步道63公里，每万人拥有健身步道1.66公里，形成了城区15分钟健身圈。"十三五"时期以来，社区体育节、全民健身日、运动会、登山节等，篮球、乒乓球、羽毛球、网球等群众性体育节会、球类赛事活动蓬勃开展，成功举办国际皮划艇野水公开赛、马拉松赛、商学院精英越野挑战赛、国际公路自行车赛、CBBA全国健身锦标赛暨中国健美健身职业精英大赛、四川青少年跆拳道锦标赛等重大赛事，带动全民健身，形成了人人都有"运动场"、身边都是"健身房"的康养运动格局。

康养运动产业重点建设项目：

①山水鞠足球公园开发模式。支持建设山水鞠足球小镇并复制推广，共建共治共享，引领足球小镇开放足球场馆、竞训基地等优质场所。支持社区在用地支持、公共服务延伸、社会组织孵化方面，积极融入"阳光健康+足球、阳光健康+文化、阳光健康+生活"建设版图，做好"时尚体育"文章。

②康养运动基础设施。新建攀枝花儿童主题乐园、阿署达体育运动综合体等；盘活整合攀枝花公园、奥林匹克公园闲置场地及娱乐资产，建设攀枝花体育公园、奥林匹克体育公园等；利用银江电站库区水资源，重点打造集

体育健身、运动休闲、赛事竞训和娱乐休憩等多功能多品牌静水皮划艇基地；建设新型、微型和社区运动健身场所，打造城市社区 15 分钟健身圈。

③举办知名赛事。举办半程马拉松赛事、中青年羽毛球、篮球足球等体育赛事；举办 ICF 国际皮划野水公开赛、国家登山步道联赛、攀枝花国际公路自行车赛等。

（4）康养进社区、康养进乡村。推进康养进社区、康养进乡村，高标准建设居家康养产业发展示范区，打造成为"个个社区在康养、处处乡村在康养"的城区，让人民群众在生活中体验康养，在康养中享受生活。

全面实施村（社）康养标准化建设。全面贯彻执行《康养社区建设、服务与管理规范》等，在老旧小区和乡村振兴工作中，按照"改造一处、贯标一处"的要求，完善康养服务平台，配备康养主题建筑设施，供给智能、生态健康怡养服务，融入智慧康养大数据管理元素，构建全龄人群所组成的多种关系生活共同体。高标准建设康养进社区、康养进乡村示范项目，整合社区（村）闲置资产，结合区域资源优势，植入特色产业，因地制宜配套康养休息文化广场、口袋立体公园、社区康养大学、康养智慧服务中心等，拓展医疗卫生和文旅文娱项目建设，搭建"十分钟"康养娱乐教育圈、便民生活服务圈等。打造村寨环境，实施村庄"有村落景区、有特色民宿、有特色产业、有乡村电商"四有工程，形成以阿署达村、湖光社区等为龙头，全覆盖参与康养建设的全域康养、全民健康基层治理新路子，有序推进建设。

高标准建设居家康养产业发展示范区。着力培育健康管理、日间照料、家政服务等多业态融合的产业集群。支持面向社区居民的健康管理、预防干预、养生保健、健身休闲、文化娱乐、旅居养老等业态深度融合。在社区居家养老推进中，坐实机构康养、做大居家康养、做强社区康养，支持各类机构举办"社区居民大学""社区网上大学"，搭建文化娱乐、教育资源共享和公共服务平台，推动家庭社区服务向特色化、标准化、智能化发展。加快推进康养住宅标准化建设试点，加强社区康养服务基础设施、信息平台建设。对于标准化成熟社区，提档升级打造示范，丰富康养业态，积极引入"保险＋医养"、康养机构等大品牌运营商，发展全功能康养社区，在健康生活、健康教育、医养服务、健康管理、健康旅游等提供一站式全功能终身制康养服务，通过发展会员制购买康养服务包，让群众乐享康养生活；对于乡镇行政区划和村级建制调整改革中调整社区通过资源整合和增强服务，发挥改革创新试验田作用；对于基础薄弱社区，以补齐社区康养服务短板为重点植入产业、引进康养业态。

实施康养贯标示范工程。对标《特色康养村建设管理服务规范》《康养社区建设服务规范》，实施全域康养贯标工程，推进康养社区建设与改造，按照"对标、提标、补短板"原则，分别对老旧社区、新建社区、边远社区，优化社区宜居环境，完善配套功能设施，提供康养服务规范，充分融入康养元素。在社区生活、健康医疗、文体活动、教育培训、运动休闲、社区公园、便民服务等方面突出康养主题，充分利用棚户区、老旧小区改造康养住宅。开展文明城市创建、宜居社区建设、生态功能区建设等。推进康养乡村建设与改造，充分挖掘村庄生态资源、文化资源，植入康养主题，实施农村人居环境整治、特色康养村快速交通站点开通等配套工程，补齐康养服务短板，进一步提升康养服务能级，使全区所有社区、乡村达到"门槛"标准。

打造特色康养社区（村）培育工程。按照资源整合、因地制宜、聚散兼顾的原则，在全面贯标基础上发展特色，结合社区和乡村康养资源，引进项目和产业植入，康养进社区在运动康养、旅游康养、居家康养、医疗康养、住宅康养、智慧康养、党建康养等特色业态上探索试点示范，在医养结合上提供可借鉴的社区与三甲医院合作、基层卫生服务中心建立养老机构、社区引进失能半失能养老机构的有益经验模式，每个街道每年不少于1个市级特色康养社区示范，将康养元素嵌入城市建设和产业发展，形成康养社区新模式。康养进乡村在农文旅、特色小镇、现代农业、三线文化、森林康养等特色业态上探索试点示范，在集体组织经济上探索康养乡村新模式，每年不少于1个市级特色康养村示范，将康养元素嵌入乡村振兴和农耕文化。为康养进社区、进乡村打造样板精准施策，综合考虑人群类型、城乡面貌、人口集聚力精准营销，量身定制康养服务，实现康养进社区、康养进乡村特色化发展、差异化发展和高质量发展。

2021 年，建成文华、大地湾等市级康养示范社区；2022 年覆盖竹湖园、紫荆山、金汇、阳城、大渡口街等 11 个康养社区；2023 年覆盖凤凰、西海岸、龙珠、金福、东风等 10 个康养社区；2024 年覆盖红星、二街坊、民建、向阳、恒德等 9 个康养社区；2025 年覆盖湖光、望江街、学园路、密地、大花地等 8 个康养社区。

康养进社区、康养进乡村重点工程：

①阿署达国家级农村产业融合发展示范园。以阿署达、沙坝、弄弄沟为重点，引进奶油果标准化生产示范园、葡萄庄园标准化种植园、蓝莓标准化种植园等。利用农业与农村资源，作为校外大自然教室，发展康养研学服务，推进研学康养小镇建设，带动产业与教育发展。对阿署达村旅游民俗古村落进行保护性开发，建设现代农业庄园、农业主题公园、农业科普园项目、一批精品乡村酒店、精品民宿、客栈、自驾游营地，探索"休闲观光 +采摘体验 +农耕展示"等新模式，推出特色鲜明的乡村康养旅游产品，推动"乡村旅游 +康养产业"、特色小镇、传统村落融合发展。

②银江镇新型田园乡村建设。依托乡村得天独厚的自然生态优势，融合健康疗养、生态旅游、文化体验与体育休闲等多元业态，构建以田园风光为生活舞台，围绕农耕活动、田园劳作与田园乐趣为核心内容的乡村康养新模式。引导人们回归自然怀抱，享受生命之悦，促进身心修养，打造融合文创、农创、民宿等业态的新型田园乡村。

（5）智慧康养。"全域全龄全时智慧康养城区"。发挥智慧城区优势，以"全域康养、全民健康"为目标，依托攀枝花康养产业大数据平台，整合医疗、养老、社区等资源，构建"1 + 3 + N"康养服务体系，延伸康养消费链条，布局建设智慧康养公共服务平台、智慧产业大厦、智慧康养社区、康养特色街区、智慧医院、数字健康生态村等新型业态，实现医养全域全龄智慧连接，增加健康有效供给，提高全民健康管理水平，建设全域化布局、全龄化服务、全时段开放的智慧康养城区，打造全国智慧康养的典范。

加快新型数字基础设施建设、大数据研发、科技应用场景打造等，充分利用人工智能、5G、云计算、大数据、物联网、区块链等新兴信息技术，实现医养全域全龄智慧连接，建设全域全龄全时智慧康养城区。

积极发展"互联网＋医疗健康"。推动互联网诊疗和互联网医院规范发展，支持实体医疗机构从业医务人员在互联网医院和诊疗平台多点执业，支持符合条件的"互联网＋医疗"服务机构纳入基本医疗保障定点，打通互联网医院和实体医疗机构的数据接口，加快推动医药保数据互联互通。推动二级以上医疗机构上线康养护照 App，政企合作共建互联网总医院，推动智慧医疗、智慧服务、智慧管理三位一体的智慧医院建设，发展在线医疗咨询、诊疗、线上药店、私人医生等线上服务，拓展医疗服务消费需求，形成便民惠民一体化医疗服务模式，建设基层医疗卫生机构信息化，打造医疗信息高地，为群众提供更加便捷优质的医疗服务。

搭建智慧康养平台。建立攀枝花市智慧康养产业大数据平台体系，搭建一中心、三平台、五大服务体系，攀枝花市智慧康养产业大数据为中心，康养护照 App 为载体的居民健康管理、互联网医院服务、康养产品服务交易等三大平台，基层社区康养、医养结合健康管理、文化旅游、康养社群、康养产业智能监管等五大服务内容。加快智慧康养线上线下融合发展，通过应用智能化检验、检测仪器及可穿戴设备实现居民健康数据在线化，并基于数据提供个性化、精准化的产品与服务；同时将智慧康养服务中心的社交和服务功能在线化，基于平台向居民提供文化旅游、教育培训、健康管理等服务，增强用户黏性，挖掘消费潜力。丰富和完善康养产品服务交易平台。在线提供更多高品质的攀枝花市本地特色产品，助推本地产业经济发展。

创新智慧康养服务。打造攀枝花市智慧康养公共服务平台、智慧产业大厦、智慧康养社区、康养特色街区、智慧医院、数字健康生态村等新型业态，一站式提供医疗管理、信息管理、养老商城、在线课堂等服务功能。以康养产业相关领域统计、监测、监督和管理工作的精准性、及时性、动态性为目标，研发设计康养数据采集、评估、运行监测等智慧康养信息化管理平台系统，消除数据壁垒，建立跨部门跨领域密切配合、统一归口的健康医疗养老数据共享机制，提升行业的管理效率。增加健康管理供给，提高全民健康管理水平，推动向预防医疗转变，开展智能化家庭医生签约服务，提供差异化、定制化的健康管理服务包。

智慧康养产业重点建设项目：

①全域全龄智慧康养城区。构建"1＋3＋N"康养服务体系，建设 1 个康养大数据中心，覆盖区级、街道（镇）、社区三级服务网络，服务中老年、青少年、婴幼儿三类人群，实现养身、养心、养智三项服务，带动 N 个产业发展。建设攀枝花市智慧城市大数据中心，日间照料中心社会化运营及配套设施设备改造。开展智慧社区（含智慧养老服务、电子商务服务、智慧物业管理、智慧家居）、智慧康养、智慧教育、智慧党建、远程问诊、地震预警、城市应急信息发布 7 大板块的智慧广电工程。

②基于区块链技术的智慧养老金融大数据平台。基于区块链技术在智慧养老方面的场景应用背景，构建政府、金融企业、养老服务企业、老人四端融合的信任机制。

③攀枝花市智慧康养产业大数据平台体系建设。建设攀枝花市智慧康养产业大数据中心，打造以康养护照 App 为载体的居民健康数据管理平台、互联网总医院服务平台、康养产品服务交易平台，逐步创新推出基层社区康养服务体系、医疗养结合健康管理体系、文化旅游综合服务体系、康养社群交流互动体系、康养产业智能监管体系。

④智慧教育示范区。建设区级大数据资源管理平台，建设智慧教育区县和智慧教育校园。完成信息化设备剔旧更新和教学仪器设备标准化建设。

6.1.2　秦皇岛市康养产业发展实践案例①

1. 发展背景与现状

秦皇岛市是我国首批沿海开放城市、京津冀协同发展节点城市和河北省

---

① 秦皇岛市人民政府. 秦皇岛市生命健康产业发展"十四五"规划［EB/OL］.（2024－02－24）. http：//www. qhd. gov. cn/；北戴河区人民政府. 北戴河区康养产业发展"十四五"规划［EB/OL］.（2023－06－12）. http：//www. beidaihe. gov. cn/.

沿海经济发展重要组成部分，发展地位突出，区位优势明显，生态环境独特，具有发展生命健康产业的潜力。2016 年设立北戴河生命健康产业创新示范区。2017 年成立国家康复辅具研究中心秦皇岛研究院，2019 年国康秦皇岛医养康养老中心正式营业，全面建设国家养老应急救援、康复辅具应用双示范实践基地，实现医疗、养老、康复深度融合。2023 年，国家"7 + 6"批量支持政策正式落地秦皇岛市，河北省出台支持北戴河生命健康产业创新示范区发展的 25 条政策措施，为秦皇岛市康养产业发展提供了强劲动力。产业园将按照政府引导、市场机制、产学研合作的模式，着力打造合成生物原料药、新食品原料和保健食品等特色方向的生物制造产业体系，建设集科学研究、中试放大、产业化于一体的生物制造基地。

秦皇岛市成功入选了全国首批健康旅游示范基地，先后被确定为国家康复辅助器具产业综合创新试点、国家康复辅助器具社区租赁服务试点、城企联动普惠养老专项行动等试点城市。健康养老、健康旅游、康复辅具产业发展和区域医疗中心等被纳入到国家试点。秦皇岛市把康养产业作为产业升级和城市转型的战略切入点，全力加快北戴河生命健康产业创新示范区建设，承接京津产业疏解和转移，加快培育"医、药、养、健、游"一体的康养产业集群，以北戴河生命健康产业创新示范区作为康养产业高质量发展的核心区，聚焦高端医疗、生物医药、健康养老、健康旅游、医美等多个领域。

在支持政策落地的同时，秦皇岛市突出重点项目带动，把康养产业项目落地建设作为重中之重。紧盯中康养集团、国药集团在秦培疗机构转型项目，加快推进国药集团生命健康产业基地等项目建设。此外进一步做优做强承载平台，拓展产业承载空间，建设合成生物制造、药械、保健功能食品、医美、康养、健康服务等六大产业园区，构建示范区"一区六园"产业发展新格局。

秦皇岛市依托中国康复辅具产业创新大会以及康复辅具产业园，集聚康复辅助器具产业，一批在国际、国内具有较强影响力的知名品牌和优质企业落地生根，初步构建起覆盖全生命周期、内涵丰富、链条完整的康养产业体系。推动康养产业前延后伸、高位嫁接、跨界融合，秦皇岛市由此加快构建集聚有序、差异发展、特色突出的康养产业发展新格局。秦皇岛市强化"医疗""医药""医械"支撑带动，把握"养生""养老"成长空间，集中精力做优康养服务业，扶强康养制造业，重塑康养农业，聚合康养新业态，大力促进产业融合发展，构建形成全链条康养产业发展体系。

2. 发展优势与不足

（1）丰富的产业资源。秦皇岛市北枕燕山，东临渤海，拥有祖山、褐石山、天马山、兔耳山、背牛顶、角山、长寿山和联峰山等山地，海岸线总长162.7 千米，其中近 60% 海岸线沙细滩缓、水清潮平。区域生态环境优美，山区森林覆盖率高，海岸带区植被良好，空气负氧离子含量较高。山区及平原北部山前地带拥有丰富的地热资源。全市位于"北纬 37°"黄金地带上，是酿酒葡萄种植、葡萄酒酿制的黄金区域，是苍术等中药材优质产地。北戴河是第一个由国家确定的旅游避暑地，1954 年被确定为国家领导人、全国劳模、中外专家的暑期疗养地，大量培训机构、休疗机构为秦皇岛市生命健康产业发展留下了丰富"历史遗产"。丰富的自然资源和独特的养生文化是康养产业发展的突出优势所在。

（2）京津冀协同发展机遇。"十三五"期间，秦皇岛市在康养领域整体谋划了一批京津冀协同发展重点项目。目前，北戴河心脑血管病医院、北戴河肿瘤医院已经完成主体建设，与京津知名医疗机构合作运营。北京大学第三医院秦皇岛医院已经开工建设，纳入国家第二批区域医疗中心试点项目，成为引领京津冀医疗卫生协同发展的典范。与北京中关村生命科学园联合建设的中关村生命园昌黎科创基地已经开工建设，致力于发展康养产业等，建设医疗器械生产基地。与国家康复辅具研究中心建立战略合作关系，在秦皇岛市设立了国家康复辅具研究中心秦皇岛研究院、国家康复辅具质检中心秦皇岛分中心、国康秦皇岛医养康养老中心等机构，推动康复辅助器具产业发展实现突破。

"十四五"时期是京津冀协同发展远期目标的前五年，是保障京津冀协同发展目标实现的关键时期，京津冀三地将在重点领域纵深合作，未来北京市教育、医疗等非首都核心功能将加速向外疏解。作为京津冀协同发展的节点城市，秦皇岛市医疗服务、健康养老等领域将迎来新的机遇。随着京唐城际铁路加快建设，秦皇岛市即将融入首都 1 小时交通圈，为全面融入以首都为核心的世界级城市群发展新格局，创造了更加有利的条件。在推进经济强省、美丽河北的新时期，省委、省政府加快建设沿海经济带，示范区被确定为京津冀协同发展综合承接平台，北戴河区被确定为疗养机构改革的主战场，秦皇岛市被规划为康复辅助器具产业基地、葡萄酒产业基地，秦皇岛市列为全省康养产业发展的两大发展极之一，将催动更多的政策、项目、资金、人才等要素向秦皇岛市汇集。

（3）政策体系不断完善。为优化康养产业发展政策环境，秦皇岛市先后印发了《关于促进大健康新医疗产业发展的实施意见》《秦皇岛市区域卫生规划（2016－2020 年）》《秦皇岛市医疗机构设置规划（2016－2020 年）》《秦皇岛市卫生和计生事业发展第十三个五年规划（2016－2020 年）》《秦皇岛市全民健身实施计划（2016－2020 年）》《秦皇岛市推进康复辅助器具产业快速发展行动计划（2018－2020 年）》《秦皇岛市大力推进康养产品发展三年行动计划（2019－2021）》《北戴河区康养产业发展"十四五"规划（2021－2025 年）》，产业发展政策体系逐步完善，出台了《北戴河生命健康产业创新示范区产业发展扶持政策》《促进康复辅助器具产业园区发展支持政策》《秦皇岛市招商引资奖励办法（试行）》等具体政策，产业发展政策更加完善。

（4）产业集群加速形成。以北戴河区为核心，集健康旅游、休疗养生、健康养老、特色医疗、康养美容、会议会展于一体的康养产业集群实现提质升级。北戴河生命健康产业创新示范区核心区不断汇集高端医疗、特色医疗、生物医药和医疗器械等高端要素，以健康服务为特色，"医—药—养—健—游"五位一体的生命健康产业集群加速形成。依托紫竹药业、康泰医学、惠斯安普、泰盛健瑞仕等企业，秦皇岛经济技术开发区汇聚形成了以健康制造为特色，集医药制造、医疗器械、营养食品、康复治疗、健康养老于一体的生命健康产业集群。青龙县正在加速形成集中药材种植栽培、组培育苗、种植、仓储物流、贸易和加工生产以及观光旅游等于一体的中医药产业集群。依托华夏长城、香格里拉、朗格斯等知名葡萄酒品牌，昌黎建成集生产、研发、旅游、休闲为一体的葡萄酒产业集群。

"十三五"期间，为加大项目引进力度，秦皇岛市建立了优化重大招商项目会商研判、项目信息快速反应、县区招商协调联动共享等招商机制，成立了北京、上海、广州3个招商联络处，围绕生命健康强链延链补链开展会，吸引北医三院秦皇岛医院、秦皇燕达国际健康城、泰盛健瑞仕国际康复中心、嘉弘科技等一批高端项目落地。

（5）存在不足。一是产业层次低、链条短、供给能力不强，目前秦皇岛市康养产业发展仍不充分，大多处于点状、局部的发展状态，融合发展不够，产业间缺乏联系，区域间缺乏统筹，自然资源、文化资源优势未得到充分挖掘利用，现有产品和服务无法适应健康消费需求的变化。二是市场主体发育不充分，康养产业领域大企业、大项目数量少，尤其缺少大型龙头企业、知名康养品牌。三是科技创新、人才支撑能力不足，康养科技创新活动较少，落地的新技术、新产品更少；经营管理、专业技术等高层次人才较少，专家级医疗专家、创新团队人才匮乏，服务人员多数为临时性、兼职性。四是体制机制满足不了发展需求，产业发展政策红利未能得到有效释放，现有体制、机制、开发运行模式与产业发展需要存在较大差距。五是季节性仍是制约性因素，冬季游客稀少，大量旅游相关配套设施处于闲置状态，对秦皇岛市吸引国内外知名企业投资兴办大型服务机构、提供全时性服务仍是制约性因素。

3. 创新发展特色

（1）医养康养相结合。发挥生态环境、配套设施优势，创新发展高端养老、智慧养老、数字养老、地产养老、候鸟式养老等，建立涵盖老年慢病管理、康复护理、长期照护和临终关怀等完整的养老产业链条，打造京津冀养老承载地、国家医养康养养老服务标杆城市。

秦皇岛市积极提升医养服务水平。建立健全以基层医疗卫生机构为基础、老年医院、综合医院老年医学科为核心，相关教学科研机构为支撑的老年医疗服务网络。鼓励医院利用现有资源和条件，加强老年病科、康复科和安宁疗护科室建设，增加老年病床的供给。以港口医院、秦皇岛市第二医院、秦皇岛市军工医院为试点，在医院内设立医疗养护专区、老年人服务中心等养老机构，将部分医疗床位转换为养老床位。按照国家养老机构相关建设要求，规划和在建公立医院同步配套建设养老机构。允许公立医院与民营资本合作新建养老机构。充分发挥中医药特色传统优势，将中医药预防保健、康复医疗、养生保健、"治未病"的理念融入健康养老全过程，开发中医药与养老服务相结合的系列服务产品。

秦皇岛市着力建设国家区域医疗中心，发展包括健康管理、医学检测、诊疗方案制定、疾病治疗、手术实施、康复疗养等在内的全医疗服务产业链条，建设特色医疗高地、精准医疗中心。依托优势医疗资源，对接京津优质医疗资源，打造国家级区域医疗中心。依托北戴河生命健康产业创新示范区，规划建设公共医疗服务平台，引入社会资本高水平、高标准建设公共医学影像诊断中心、医学检验实验室、病理诊断中心、药品配送中心等，提供医学影像、医学检验、病理诊断、医疗消毒供应、药品配送等服务。

秦皇岛市谋划建设高水平康复医院，支持中医医院加强康复科建设；与京津冀地区知名医疗机构建立合作机制，承接医后、术后患者的后期护理、康复等服务功能；对接国内体育训练、体育俱乐部等机构，以骨科、运动医学等为重点，培育发展体育康复产业；把握休疗养机构改革有利契机，支持转型康复医院、康复医疗中心等康复机构。鼓励社会力量创办护理机构，扩大老年护理、残疾人护理、康复护理、母婴护理及安宁疗护等护理供给能力。

秦皇岛市依托优质医疗服务建设，接续建设一流老年医学中心、老龄公寓、康养社区等，吸引大型养老企业落户发展健康养老。推动党政机关和国有企事业单位举办的培训机构、休疗养机构等，依据自身特色转型发展养老产业，建设集康复护理、医疗保健、休闲旅居等功能于一体的健康养老基地。对接京津冀地区高收入人群退休后的养老需求，加强与京津两地高水平养老医疗机构合作，探索房产养老、公寓养老、机构养老等多种养老模式。

整合养老服务资源，推动已建成住宅的适老化改造和新建住宅的适老化设计，支持医养结合、康养结合型养老地产建设。与海南、广东、浙江、四川、重庆、云南、贵州等地区建立合作，发展"候鸟"式养老。

特色医养康养结合重点项目：

①秦皇燕达国际健康城。建设秦皇燕达医院、秦皇燕达康复中心、秦皇燕达养护中心、医学研究院、医护培训学院等，秦皇燕达医院按三甲级医院标准设置，金色年华健康养护中心提供普惠性养老服务。

②秦皇岛泰盛健瑞仕国际康复中心。采用一流康复医疗设备，为患者提供全面性康复治疗方案。

③中国煤矿工人北戴河疗养院尘肺病康复中心。将中国煤矿工人北戴河疗养院建成知名尘肺病康复中心。

④北戴河暑期保健基地。利用老暑期供应站院区建设以暑期保健服务为主，医技、中医、体检、老年病兼顾的高规格配套体系。

⑤运动康养中心。建设动康养项目标准研究院、健身健康运动康复体验中心。其他项目。秦皇岛市工人医院门诊康复综合楼、秦皇岛铭德戒毒医院等。

⑥其他项目。太平洋保险医养产业基地、秦皇岛泰和医养结合、龙洋医养结合青龙满族自治县老年养护院（公办）。河港集团医养康综合养老、生态康养基地、北戴河区民政事业服务中心老年养护楼、金色年华健康养护院、昌黎县综合福利院项目、青龙县民政养老服务中心、青龙县荣誉军人休养院等。

（2）发展健康旅游。挖掘滨海休闲文化内涵，发挥养生文化和避暑休疗文化的牵引作用，围绕休闲观光、特色医疗、中医药、休闲养生等，积极培育发展健康旅游，构筑"南有海南岛，北有秦皇岛"的健康旅游发展格局，打造知名山海康养休闲度假城市、中国北方生态颐养地和国际健康旅游目的地。以国际化、品质化为导向，加快滨海风景道、海上旅游航线建设，推动山海关长城文化体验、北戴河休疗度假、黄金海岸四季旅游等特色旅游区建设，打造国内外知名的滨海旅游度假目的地，将山海关景区、鸽子窝公园景区建成高等级旅游景区，将北戴河旅游度假区、北戴河新区旅游度假区建成高等级旅游度假区。大力发展邮轮游艇、滨海温泉、康体疗养、葡萄酒庄等优质滨海休闲度假业态，加强山地休闲度假产品、乡村休闲度假产品的开发，开发健身休闲和体育赛事相结合的旅游产品和线路。

加快推动医疗卫生资源向国家区域医疗中心、北戴河生命科学园等载体集聚，培育形成集医疗、康复、保健、养生等功能于一体的现代化健康服务园区。发挥气功疗养、肺灌洗治疗等特色医疗优势，推动社会资本与医学研究机构、医院联合打造形成一批专业化医疗服务平台和特色医疗，满足来秦旅客特色医疗服务需求。升级发展大北戴河地区休疗机构，加快建设一批现代康复疗养基地（中心），通过气功、针灸、按摩、理疗、日光浴、森林浴等多种服务形式，提供健康疗养、慢性病疗养、老年病疗养、骨伤康复和职业病疗养等特色服务。设立一批高端健康体验和管理中心，吸引旅客到秦皇岛市享受一流健康体检、健康管理等服务。

弘扬中医文化，推动旅游资源与中医药资源有效结合，加快中草药博览园等项目建设，打造一批集种植、观光、教育、养生、休闲娱乐于一体的中医药旅游观光基地。鼓励将中医文化融入养生文化，规范发展中医经络按摩馆、太极运动馆、养生馆、药膳馆、情志调摄馆等养生机构。发挥中医预防保健特色优势，推广中医药健康养生与"治未病"的理念，鼓励各类养生机构推广中医传统疗法，提供中医营养膳食、按摩保健、针灸、调理保健、慢病预防等特色中医康养服务项目。鼓励中医诊疗机构、中医医院与酒店合作建立"中医药康养中心"，为外源消费者提供中医康养体验服务。

发展温泉养生。发挥温泉地热水体的美容、瘦身、养生、康体等功能，推动温泉资源综合开发利用，结合辅助养生材料、养生手段及现代科技康疗手法，培育以温泉疗养、温泉保健等为调养手段的休闲养生业态，建设集休闲度假、特色医疗、保健养生于一体的温泉养生小镇、温泉保健疗养基地。

依托丰富的森林资源和生态资源，发展生态康养和森林康养，提供森林浴养生法、雾浴养生法、生态温汤浴法、生态阳光浴法等健康疗养项目。依托绿色有机食品、中药材、红酒等，围绕维护身体健康，发展以调饮食、补偏救弊和保健等为调养手段的健康养生业态，重点发展绿色有机健康养生食品、药膳健康养生产品等滋补养生业态。推动与海南、广东等地的跨省域合作，融合避暑度假、休闲体验、健康养生保健等多种元素，大力发展避暑度假服务，积极稳妥发展避暑度假地产，打造"冬去海南、夏到北戴河"的休闲养生度假品牌。

健康旅游服务业重点项目：

①秦皇山海康养旅游区。包括山海关区、北戴河区、北戴河新区、海港区、昌黎县、青龙满族自治县，发展滨海休闲、康养度假、海上运动、养生养老等产品，建设世界知名特色滨海康养旅游度假区。

②滨海休闲度假项目。北戴河国际康养旅游中心、秦皇岛海洋欢乐谷、渔岛温泉度假区、北戴河新区葡萄岛旅游综合体等重大滨海休闲度假项目。

③重点休闲旅游项目。建设阿那亚文创小镇、阿那亚水上乐园、影视文艺旅游、三栖产业综合体、好莱坞魔法城、阿那亚好望角、心乐园亲子养生文创园区 等滨海旅游项目。建设都山水镇、青龙桃林湖大峡谷风景区、八达田园综合体、卢龙县棋盘山绿色生态庄园休闲旅游开发（一期）、抚宁区背牛顶旅游度假区、秦皇岛左右庄园旅游开发二期（左右生态谷）等休闲项目。

④秦皇岛国际邮轮港。推进秦皇岛港由煤炭大港向国际旅游港和特色综合贸易港转变，建设"中国邮轮旅游发展实验区"。

⑤一龄北戴河生命养护度假中心。建设养生度假酒店、生命健康预检中心、一龄国际名中医健康医疗中心、一龄生命健康养护中心等。

⑥综合配套项目。北戴河国际旅游度假中心、奥特莱斯（秦皇岛）世界名牌折扣城城市综合体第三产业服务园区、鹏瑞利国际健康商旅城等。

⑦酒店项目。建设秦皇岛万豪度假酒店、中麟文旅度假酒店、维也纳酒店等。

⑧其他项目。健康城全龄全季旅游小镇一期、星空小镇·奚族故里、一渠百库康养度假区、夹河滩康养度假、华生园金色葡萄梦幻王国旅游区、昌黎县空港产业园温泉度假小镇、秦皇岛欢乐冰雪水世界、佳龙国际旅游度假区白鹭岛片区等。

（3）坚持创新驱动，发展智慧康养。秦皇岛市实施技术创新、制度创新、管理创新，提供新技术、新产品、新服务。依托健康大数据平台，促进下一代信息技术、大数据、区块链等先进技术应用，培育康养新产业、新业态，打造健康大数据、健康管理、健康金融"三大"康养服务精品。

构建健康大数据平台，推进北戴河数据产业园等产业平台建设，支持从事康养大数据标准化研发，提供健康数据分析挖掘、安全隐私保护等服务。推进全民健康保障信息化建设，强化公共卫生、计划生育、医疗服务、医疗保障、药品供应、综合管理等应用信息系统数据采集、集成共享和业务协同。整合康养产业相关数据，打通数据资源共享通道，强化医疗服务、健康养老、药品供应、体育健身、健康旅游、综合管理等应用信息系统数据采集，建设秦皇岛市健康大数据中心，搭建医疗健康大数据应用平台、健康创新产品测评中心和公共健康服务云平台，推动健康大数据的共建共享。创新"医疗共享"的服务模式，依托公共检验服务中心、公共影像服务中心、全自动生物样本库等公共平台，借力互联网、数字技术率先实现医疗数据资源的共建共享。

推进健康大数据的应用，建设智慧养老、智慧旅游、智慧体育等服务平台。积极开展医用机器人、医学影像辅助诊断、临床决策支持系统、疾病风险预测与诊断等项目示范和推广应用，培育发展智能医学影像、智能诊疗、智能健康管理等服务新业态。发展居家健康信息服务，规范网上药店和医药物流第三方配送等服务。

整合开发相关生命健康大数据平台，推进基因组学、蛋白质组学、代谢组学、表型组学等科研数据与居民电子健康档案、电子病历等医疗数据融合应用，建立专病临床研究数据库，支持临床真实世界研究。全面接轨国际临床研究标准和规范，联合国内知名医疗机构组织开展多中心、大样本临床研究。

引导健康管理规范发展，构建家庭医生、个性化体检、疾病筛查、保健指导、健康干预、慢病管理、心理健康咨询等特色健康管理服务体系。建立不同层级服务能力的健康管理机构，实现肥胖、高血压、糖尿病、心脑血管疾病、精神疾病等疾病的长期健康管理，探索多元化健康管理服务。引入基因检测、遗传检测、免疫检测等先进技术，设立医学检验实验室、血液净化机构、病理诊断中心等公共平台，开展高端化的定期健康检测、评估。依托健康大数据平台，促进健康管理与健康大数据深度融合，加快健康大数据分析、物联网等关键技术，以及可穿戴设备和家庭智能健康检测监测设备等在健康管理中的应用，发展群体智能健康管理。成立国际慢病协作中心，创建国际慢病合作联盟，面向国内外慢病患者，提供慢病防御、控制、治疗和管理等健康服务，引领全球慢病管理和治疗方向。吸引国内外第三方就诊平台入驻，引导设立数字化健康管理平台，面向国内外亚健康、慢病群体提供远程家庭健康管理服务。

健全北戴河生命科学园生物产业孵化器功能，推动产业平台设立专业化生命健康孵化和加速基地。搭建公共服务平台，设立科技服务机构，健全科技中介服务体系。建设科技成果交易中心、知识产权交易中心、科技成果转化服务中心、创新融资服务中心、中试服务中心、成果运用人才培训中心、科技成果转化信息中心等公共服务平台。建设创新药物评价与转化、创新成果检测中心、检验中心和质量评审中心等专业服务平台。建设信息云服务平台、共享药房、公共影像检测、公共医学检测等共享服务平台。建设生物医药与健康产业科技研发创新平台，建设双创"共享平台。

智慧康养项目：

①健康医疗大数据中心。建设一个健康医疗大数据中心、一个共享医院管理平台、6个共享医疗信息系统，为健康管理、康复疗养、养老服务等生命健康企业提供健康医疗大数据支撑，为个体健康管理、疾病诊断和治疗提供技术和数据支撑。

②其他项目。北戴河大数据存储中心和智能计算中心、河北数微信息智慧社区服务项目、秦皇岛海港数字经济产业园（秦皇岛市海港区）、河北中兴网信软件科技中兴网信大数据产业园项目。

（4）发展健康金融。围绕中高端人群、慢性病患者、老龄群体等人群多元化健康保障需求，结合特色医疗、健康管理、健康养老、健康旅游等产业发展，支持国内外知名保险机构设立分支机构、开展保险业务，创新多元化保险产品、服务和模式。支持和推动商业保险、医疗服务、健康管理等融合发展，鼓励商业健康保险公司开展健康管理服务，开发相关的健康保险产品，创新完善健康促进、慢病管理等保险服务，推动健康保险从理赔型保险向管理型保险转型。鼓励结合老年需求和特征，开发专属产品、长期护理险产品，针对亚健康群体的健康保障需求推出终身医疗险产品，创新高端化保险服务，探索建立家庭保险账户、团体健康险模式等，满足多人群多元化需求。探索以房养老等新型服务模式，支持国内外尤其是京津地区老人通过房产"倒按揭"等方式获得养老资金保障。加强大数据在健康保险开发领域的应用，丰富健康保险产品。

（5）协同合作发展。深化与京津知名医疗机构战略性合作，主动承接北京优质医疗资源疏解，鼓励设立分中心、分支机构等，采用托管、合作共建、对口支援等多种方式开展合作，争取将康复、护理等医疗职能外迁到秦皇岛市，着力打造京津冀医疗健康"微中心"和国家区域医疗中心。积极吸引在京优质教育资源、培训资源通过搬迁、办分校、共建共管等方式向秦皇岛市疏解。配合中国健康养老集团等做好休疗养院的改革，通过房产养老、公寓养老、机构养老等多种模式吸引北京市老龄人口在秦皇岛养老消费。联合在京医疗机构、大型企业设立医养康养机构，创新医养康养养老模式。加速京津科技创新资源在秦皇岛市转移转化，推进医疗器械上市许可持有人制度在秦落实，争取开展医疗器械注册人制度试点，探索推进京津冀注册人制度一体化。

国内康养产业区域合作。深化与国家发展改革委、卫健委等部委的沟通衔接，推动与海南博鳌乐城国际医疗旅游先行区建立合作共建机制，实现北戴河生命健康创新示范区与海南博鳌乐城国际医疗旅游先行区协调联动、互相促进、共同发展。积极对接上海新虹桥国际医学中心、防城国际医学开放试验区等健康产业园区管理机构，推动在政策联合申报、信息共享、人才交流等方面实现合作。加深与攀枝花市等康养城市合作深度，推动在标准制定、品牌打造、市场培育等方面深入开展合作。加强与国内海南、广州、杭州、成都、重庆等城市大型康养机构的合作，支持国内知名康养酒店、医疗机构等采用"候鸟"式运营方式在秦皇岛市投资康养机构，鼓励依据季节性变化、市场变化优化配置资源。

国际创新合作。支持康养企业整合国内外创新资源，在全球范围内加快开展创新链和价值链产业布局，开展前沿技术攻关和重大战略产品产业化。加强与河北侨梦苑、欧美同学会等单位和组织交流与合作，吸引境外投资者来秦皇岛市投资兴业。推进昌黎空港产业园开发建设，探索建立设立医疗保税区，吸引国外创新型医药企业入驻。加强与境外知名医疗机构、医药企业等交流与合作，支持在境外设立办事处、联络处，获取亟须药物、创新药物、高端医疗器械的渠道，协助进口药物、医疗器械进出口审批和报关，开展创新药物的临床试验，争取境内外同步临床试验。支持市中医医院中医康养国际合作基地、国家中医药服务出口基地建设。

（6）引进培育产业人才。优化人才引进环境。研究制定专门康养产业人才政策及实施细则，落实《秦皇岛市人才安居工程实施办法（试行）》，加大人才公寓、公租房等住房建设力度，吸引各层次康养产业人才入秦创新创业。做好来秦工作人员的社会保障变更等工作，做好秦皇岛市燕赵英才管理工作，放宽生命健康领域燕赵英才的标准。研究落实海外高层次生命健康类人才引进政策，在人才签证、在华工作期限等方积极申请试点，配合做好执业申请、注册申请等。

打造生命健康教育高地。强化与国内外知名医学院校的对接与合作，支持在秦皇岛市设立分校、分院、培训中心和实习训练基地等，推动河北医科大学临床学院转社工作，推进北戴河医学院项目落地和建设，强化与中国康养集团等项目单位沟通，推进北戴河健康职业学院、美国柏理双语际学校等项目建设。支持在秦皇岛高等院校及培训机构开设健康管理、健康养老、健康金融、数字健康等相关专业和课程，支持秦皇岛职业技术学院、河北对外经贸职业学院、河北建材职业技术学院等在秦职业院校向培养生命健康专业人才转型发展，提供健康管理职业培训和创业辅导等。

重视人才培养培训。与京津知名医疗机构建立交流与合作关系，通过帮扶、实习、人才交流等方式培养医疗服务人才。推动在秦高校围绕生命健康产业人才需求调整学科结构、人才培养方向，从机械、信息、数据、健康管理等方面培养专业人才。支持秦皇岛市医疗机构、企业与国内知名院校、科研院所合作，建立联合人才培养机制、联合办学机制，支持合作共建人才实训基地。支持健康职业教学与培训，重点培养健康管理师、康复理疗师、中老年养老护理师和中医经络调理师等健康管理技能人才。将紧缺急需的生命健康相关职业技能培训项目列入全市职业技能补贴培训目录加以补助。

（7）强化产业宣传推广。组织城市形象策划。面向国内外知名媒体、宣传机构，组织编制和推出生命健康产业发展宣传语、宣传画册、歌曲、专题节目、微电影等。组织国际顶级团队设计"健康秦皇岛，康养北戴河"城市形象，拍摄城市宣传片、宣传册等，拍摄专题片在知名媒体播出。支持围绕康养主题拍摄电影、电视剧和短视频，鼓励新媒体宣传健康产品、健康服务，打造网红小镇、社区、酒店、饭店等。

拓宽宣传推广渠道。发挥新媒体矩阵优势，通过秦皇岛市及各区县官网、微信公众号、微博、抖音、快手等，介绍秦皇岛市生命健康产业业态、发展动态，与去哪儿网、乐途网、携程网等旅游网络媒体合作，及时发布健康旅游信息，策划网络营销活动，提高网民关注度和点击率。在车站、机场、广场、公园等公共场所设立的电子屏投放康养产业宣传片、宣传画、公益广告。在重点酒店、景区、场馆等场所投放生命健康产业的宣传手册和信息服务手册。采用电视广告、网络广告、户外媒体、楼宇广告以及宣传册投放等多种形式，进一步巩固对京津冀、东北、华东等地区宣传推广，强化对高铁沿线、长三角、珠三角等重点地区宣传。加强与交通、铁路、民航等部门的合作，有针对性地开设以"秦皇岛"命名的航线号、动车号等，在航班、动车、邮轮等增加宣传册的投放、宣传片播放。

组织大型展览、论坛活动。与国内外知名会展公司、健康医疗类学会（协会）、智库等开展合作，积极参加国内外组织的有影响力的会议、会展、论文和学术报告等活动。支持中国康养产业发展论坛、中国康复辅助器具产业创新大会以及国际康复辅助器具产业与服务博览会暨国际福祉博览会在秦皇岛市举办，主动承担省级、国家级健康产业发展的会议会展，积极举办国际级、国家级、省级生命健康产业论坛、博览会、健康论坛、健康展览和高端峰会，策划生命健康界的达沃斯峰会及相关产业主题会议。

6.2　康养机构创新模式与实践案例[①]

6.2.1　案例简介

中国康养恒颐汇（燕山院），前身为国资委北戴河机械燕山疗养院，由中国健康养老集团接收原国资委北戴河机械燕山疗养院后，投资8294万元，经过整体全面适老化改造，打造的全国首家投入运营的党政机关培训疗养机构转型普惠养老机构项目，也是北戴河地区培训疗养机构改革首批试点项目。

燕山院是中国康养首个医养结合项目，也是河北省机构养老的标杆项目。恒颐汇燕山院临海而建，地处北戴河生命健康产业创新示范区，该区域是我国第一个国家级生命健康产业创新示范区，将重点发展生命健康服务业、生命健康制造业和绿色健康农业，形成"医、药、养、健、游"五位一体的生命健康产业集群，拓展养老服务的边界。燕山院建筑面积约1.5万平方米，面向全社会开放，实行普惠型养老，接收自理协助、护理型老年群体，设置自理型、半护理型、全护理型等各类房间155个、床位310张。

燕山院面向全社会为老人提供专业、精细流程化的医养结合的养老服务，实现老人健康全流程管理，多元化的普惠型健康养老服务与产品，高品质服务京津冀地区养老人群。燕山院传承了中国"敬老、爱老、奉老"的孝

---

① 中国康养. 中国康养 | 恒颐汇（北戴河燕山院）[EB/OL]. (2024－06－11). http：//www.cctgroup.com.cn/zgjkyljtyxgs/xmjs/hb/763221/index.html，秦皇岛市医保局. 秦皇岛：游养结合银发一族的"诗和远方"[EB/OL]. (2024－05－06). http：//ybj.qhd.gov.cn/home/details?id=2226.

道文化，以生活品质、健康医疗、高性价比为产品核心驱动，为广大工薪阶层长者提供"以人为本、以养为主、以医为辅、以乐为伴"的全方位生活照料服务。燕山院有完善的硬件设备设施和专业的服务团队，有特色的营养膳食服务和匹配老人不同需求的护理服务，有多元化医疗服务，还为老人提供丰富的增值服务，如中医理疗、康复、健康体检等。燕山院主张亲情关怀与人文关爱，从老年人生活的"康、养、食、娱、居"五大维度，成就安心、安全、健康、和谐的美好生活，让生命更有尊严，让晚年更加幸福。

6.2.2　发展优势

中国康养恒颐汇（燕山院）依托北戴河区的地域优势与政府扶持，发展迅速。康养产业是秦皇岛市的主导产业。近年来，秦皇岛市致力于塑造成为中国康养产业的璀璨明珠，依托国家层面的十三项扶持政策红利，积极吸纳全球生命健康产业的前沿科技成果，构建起产学研深度融合的科技成果转化高效体系。同时，秦皇岛市紧抓京津冀协同发展的历史机遇，汇聚包括两院院士在内的生命健康领域顶尖创新人才，为产业的蓬勃发展奠定了坚实的基础。截至目前，该市已拥有 58 家养老机构，总床位数突破万张大关，展现了强劲的产业规模。近期，秦皇岛市更是凭借卓越的人居环境，荣获"中国人居环境奖"殊荣，并成功跻身"2023 年中国康养产业可持续发展能力二十强城市"之列。

作为京津冀区域内闻名遐迩的滨海旅游城市，北戴河区有着得天独厚的资源优势与政治优势，将成为承接首都疏解休闲度假特别是医疗、健康、养生等专业性职能的重要载体。伴随京津冀一体化发展进程不断加速，城际交通发展脚步蓦然加快，随着京唐高铁的修建，秦皇岛市将成为"京津冀 1 小时交通圈"的一员，届时北戴河区利用交通优势带来的旅游、康养等产业发展优势将日益显现。在医疗合作方面，北京、天津多家一流医院和康养机构已与北戴河区医疗机构在合作办医、康复保健、健康养生等领域展开深度合作，带来了先进的资源、技术、人才等，将为北戴河区发展康养产业提供强有力的支持，为京津冀老年人康养提供强有力的医疗保障。

2016 年北戴河生命健康产业创新示范区获批设立，按照规划，将重点发展生命健康服务业，打造综合医疗、孵化创新、健身休闲、国医养生、抗衰美容、康养生活、国际会议 7 大功能板块，有力支撑北戴河区发展康养产业。2017 年秦皇岛市荣膺国家康复辅助器具产业综合创新试点的行列，2019 年又被选定为国家城企联动普惠养老专项行动的首批示范城市。近年来，秦皇岛市将康养产业视为推动产业升级与城市转型的战略枢纽，加速推进北戴河生命健康产业创新示范区的构建步伐。该市积极响应京津地区的产业疏解与转移号召，致力于培育一个集药品研发、医疗服务、健康养生、保健产品及旅游休闲于一体的综合性康养产业集群，以实现产业结构的优化升级。2020 年 2 月 7 日，国家发展改革委等十部门联合发布《关于推进党政机关和国有企事业单位培训疗养机构转型为养老服务设施的实施意见》，明确提出"将培训养老机构转型为养老服务设施作为改革的主要方向，转型成为养老服务设施后主要提供普惠养老服务"。2023 年，《河北省支持北戴河生命健康产业创新示范区发展的若干政策措施》出台，秦皇岛市北戴河区编制了《北戴河区康养产业发展"十四五"规划》，一系列"先行先试"的政策优势为秦皇岛康养产业发展提供了强劲动力。

北戴河区紧抓生命健康产业创新示范区的发展契机与政策优势，积极与顶尖央企等核心承接单位深度对接，精心构建康养产业成长平台，确保北戴河区培训疗养机构改革稳健前行。作为全国培训疗养机构改革的重要承接地，北戴河区目前承载着 112 家改革相关的培训疗养机构。该区充分利用改革契机，立足"京畿海岸、康养胜地"的定位，规划了"近海康养核心区""中海康养展示带""远海康养配套圈"，并成立了北戴河康养协会，定期举办康养产业发展高峰论坛。基于其独特的区位与环境资源，北戴河区精心策划四季康养主题，建设全年无休的康养胜地。此外，北戴河区深入挖掘本土康养特色，拓展了森林康养、滨海休闲、旅游度假、乡村田园、中医调理、太极养生等多元化康养模式，以丰富康养产品体系，推动康养产业的深度融合与发展。中康养、国药集团、京能集团、天津国兴等在内的 7

家央企及省级国企入驻北戴河，并与国药国际、北京康养、牡仙牡丹等众多企业签署了总计 15.5 亿元的战略合作协议。燕山院项目依托北戴河区的自然禀赋，进一步优化健康管理、保健养生、康复医疗、医养结合及综合康养等功能设施，逐步构建起覆盖全面、周期完整、服务便捷的一站式康养服务体系，有效缓解京津地区的养老压力，打造成为京津地区的理想康养后花园。

中国健康养老集团有限公司（以下简称中国康养）是中国诚通控股集团有限公司为积极响应国家人口老龄化战略、彰显国有资本运营效能而精心筹建的专项服务平台。中国康养现已覆盖全国 21 个省份的 51 座城市，成功接管了百余家培训疗养机构，累计提供养老床位超过两万张。近年来，北戴河区政府与中国康养建立了紧密的合作关系，共同对北戴河区内的 40 余家培训疗养机构进行了整合与转型，聚焦于健康养老领域的发展。通过这一合作，双方有效解决了资产交接、人员安置、项目报建及施工等四十余项关键难题与挑战，实现了从传统模式向以医养结合为核心，集医疗服务、健康保健、康复护理、养生休闲及老年照护等多功能于一体的新型业态的华丽转身。

6.2.3　创新发展特色

1. 有效承接京津冀养老需求

燕山院作为全面适老化改造典范，由传统培疗机构成功转型为养老机构，不仅树立了医养结合的新标杆，还承载着北戴河区域科学膳食指导、健康管理服务及专业人员培训实训等多重职能。燕山院面向全社会开放，致力于为老年人提供专业化、精细化、流程化的医养结合养老服务，其服务范围覆盖秦皇岛市乃至整个京津冀地区。通过健康管理、老化预防、医养融合、康复护理、5G 智慧康养，以及旅居颐养等全方位、多层次的普惠型健康养老服务与产品，燕山院为老年人群提供了高品质的生活体验。截至 2024 年 6

月，燕山院接待的老年人群中，超过八成来自北京、天津等周边地区，彰显了其在区域养老服务中的领先地位与广泛影响力。

北京市西城区民政局、北戴河区人民政府和中国健康养老集团有限公司三方共同签订战略协议，协议明确了对养老机构同等运营的扶持政策、异地康养的交通补贴以及对老人们的景区、路线的制定优惠等内容，将共同做好政策互通和无缝对接工作，联手打造京津冀一体化北戴河养老服务基地，提升养老服务综合实力，为老年人养老提供更多选择。

2. 开展异地养老服务体验活动

燕山院积极开展异地养老服务体验活动，组织异地老人到燕山院体验，如为北京西城区旅居老人打造的7天6晚的异地养老服务体验之旅。燕山院为老人们提供优质的居住、用餐和适老化服务设施，北戴河区相关部门也根据实际情况制定了景区景点的康养优惠政策，并设计了以四季为主题的适老化旅游路线。

3. 打造品质服务

燕山院在历经精心改造与升级后，融入逾五十项专为老年人设计的适老化元素，全方位提升设施使用的便捷性与安全性。例如增设扶手、栏杆与把手，极大地便利了老年人的行动与平衡保持；引入平缓坡道替代部分阶梯，有效降低了进出建筑的难度，对老年人与行动障碍者尤为友好；同时铺设防滑地板、配置防滑浴垫及浴室扶手，显著降低了滑倒风险。此外，还引进了国际领先的护理床具，旨在优化老年人的睡眠质量。燕山院致力于提供高品质的养老服务，其适老化装修设计兼顾美观与实用，活动区域保持整洁明亮，营造出温馨舒适的居住氛围。机构内设有设备完善的康复室、棋牌室、书画室等多功能空间，充分满足老年人的多样化需求。作为北戴河地区少数全年无休的运营机构，燕山院不仅为老年人提供了长期疗养的理想选择，还精心策划了丰富的文娱活动，如健康操、棋牌比赛、书法阅读、剪纸艺术等。

4. 开展特色服务

燕山院创新推出康养旅居方案，兼顾长期居住与短期游历的双重需求，为京津地区的老年人开辟了"跨城养老"的新途径。老人们可体验从秦皇岛野生动物园探秘虎踪，到鸽子窝公园静候晨曦，再到浅水湾浴场乐享赶海的乐趣，以及联峰山公园的自然风光、集发梦想王国的梦幻之旅等多彩行程。作为旅居老人，入住燕山院不仅可享受周边景区专属优惠，更有专业团队贴心陪伴，确保半月行程日日新鲜，不重复。据统计，仅在 2024 年 3 月，已有近 40 位老人选择了燕山院进行旅居。

此外，燕山院独具特色的阳光活动房亦是亮点之一，该区域视野开阔，沐浴在充足的自然光下，功能多样，既是老人们静心阅读、挥毫泼墨的静谧角落，也是老友相聚、对弈棋盘的欢乐天地，更是沐浴阳光、享受自然疗愈的温馨空间。

5. 发展智慧康养

燕山院除了依托北戴河区得天独厚的自然条件与先进的康养硬件设施外，还独树一帜地引入了特色智慧康养服务体系，其中亮点之一便是 HRA 健康风险评估服务。该服务通过前沿的生物电感应与人体电阻抗测量技术融合，仅耗时不到六分钟，便能全面评估人体十五大脏器的功能状态，精准捕捉超过 200 项功能指标与健康数据。燕山院采用秦皇岛市惠斯安普医学系统股份有限公司自主研发的国产"HRA 人体电阻抗评测分析仪"（以下简称 HRA），此设备运用计时电流统计分析法，借助分布于头部两侧及双手双脚的六个电极，在人体上施加 ±1.3V 的安全电压，实现全身快速扫描与 3D 脏器功能重建，直观展现全身脏器功能变化趋势，对九大系统健康状况进行风险分级评估。该 HRA 服务以其无辐射、无创痛、无需空腹及抽血的显著优势，加之高达 96% 的临床试验符合率，已成为国内最先进且首批获得医疗器械注册证的健康风险评估设备之一。它超越了传统体检的局限，不再局限于疾病的有无，而是深入探索全身器官的功能状态，通过功能变化的细微线索，提前揭示潜在疾病风险及其程度，为精准医疗、分级诊疗及可视化健康管理提供了强有力的支持。通过 HRA，人们能够更早地察觉健康隐患，实现疾病的早发现、早预防与早干预，有效避免疾病向器质性病变的恶化发展。

除此之外，燕山院还积极引入了包括 PMR 微循环修复仪、EIS 红细胞形态分析仪、ERS 红细胞聚集康复系统、ADDS 认知功能评估系统及 ADTS 记忆强化训练仪在内的多元化健康医疗设备，构建了三大闭环服务体系：一是针对老年人群各器官功能的早期筛查与干预；二是针对红细胞聚集状态的精准检测与治疗；三是针对阿尔茨海默病（AD）的筛查、诊断与康复。

在居住环境方面，燕山院全面推行智能化家居设计，如智能灯光控制系统等，极大地提升了居住的便捷性与舒适度。同时，构建了三层级医疗保障网络，覆盖了从社区基础医疗（针对常见病、多发病）、慢性病管理、用药咨询，到紧急救援（含 24 小时应急响应、救护车待命、院前急救）的全方位健康管理服务。此外，与北戴河医院建立了紧密的医疗转诊合作机制，为院内老人开辟了优先就医的绿色通道，并提供了包括居家养老辅助、失能失智专业照护及康复护理在内的全方位服务。为了进一步提升医疗服务质量，燕山院还定期邀请北戴河医院的资深医师与专家团队轮流入驻，为老人们提供面对面的诊疗、咨询与健康指导服务，确保每位老人都能享受到高质量的医疗服务与关怀。

6.3　医养结合型康养小镇创新发展案例①

6.3.1　案例简介

坐落于江苏省的大泗中药养生小镇，依托于占地广达 1240 亩、总投资

① 江苏省林业局. 泰州市高港区大泗镇打造中药养生特色小镇［EB/OL］. (2017 - 09 - 14). https：//lyj. jiangsu. gov. cn/art/2017/9/14/art_7085_5670262. html.

额达 4 亿元人民币的中药科技园，该园区核心聚焦于中药材的培育与种植，并独树一帜地融合了"中药材种植、产学研深度融合、养生旅游体验"的多元化特色，构筑了一个产学研紧密结合的标杆性中药科技园区，围绕这一核心园区，大泗中药养生小镇精心布局了中药养生旅游的产教融合实践基地，促进教育与实践、产业与文化的深度融合。同时，小镇针对康养需求，构建了一个综合性的服务区，集成了教育体验、健康检测、医疗服务、体质调理及养生休闲等多重功能于一体，为游客提供全方位的健康管理服务。在休闲度假领域，小镇匠心独运，将药材种植园区与特色民宿客栈相结合，打造了一处别具一格的旅游景区，让游客在亲近自然的同时，也能体验到浓厚的中药文化氛围。小镇还着眼于商贸文化的传播，搭建了中药养生与保健旅游的线上线下融合平台，不仅促进了中药产品的流通，也进一步弘扬了中药养生文化。

大泗中药养生小镇以中药科技园为核心，按照"医药养游"融合发展的定位，积极拓展产业发展的深度空间，打造以"1 + 3 + N"为发展体系的中医药文化、养生文化、旅游文化、餐饮文化的新空间、新平台。"1"就是一个核心，也就是江苏中药科技园，该园区以中药材种植为中心，产学研三结合，带动农民致富为特色，致力于打造国内一流、江苏省第一的示范性中药科技园，是泰州城南大健康板块重要组成部分；"3"是指策应大健康产业发展的三大产业，分别为以生态旅游为特色的休闲娱乐产业，以中药养生文化为特色的商贸文化产业，以医疗器械产业为主体的大健康产业；"N"是指舞台文化、养老、电子商务、生态农业等多个配套产业。

五大功能区布局：一是中药材种植景观区，占地约 3000 亩，主要种植泰半夏、决明子、药用花卉等。其中，中药科技园种植示范区占地 800 亩，已种植杜仲、板蓝根等药材。其他区域种植具有观赏、药用、经济价值的药材。二是中药科技园养生体验区，占地约 130 亩，是江苏中药科技园的重要组成部分。已建成中药养生馆、中药文化展示馆、游客中心等。三是中药材加工体验区，占地约 200 亩，重点发展中药材饮片加工及相关联产业。四是中药商贸文化街区，占地约 200 亩，建筑为明代风格，重点建设小镇客厅、国医馆、药膳馆、养生馆、特色商铺及民宿等。五是养生养老配套服务区，占地约 500 亩，完善社区功能，拓展养生养老服务产业。

6.3.2　发展优势

1. 地理位置优越

大泗中药养生小镇位于长江中下游流域，南接泰州长江大桥，西邻中国医药城，北接泰州主城区，作为高港区的"东大门"，地理位置得天独厚。镇内水陆交通便利，姜高公路横贯东西腹地，直达宁通高速，两条南水北调工程干河逶迤而过。大泗镇距泰州港仅 15 分钟车程，距上海虹桥机场和南京禄口机场均为 2 小时车程，处于国际化大都市上海和苏南经济圈的辐射范围之内。大泗镇是泰州市区的"中心节点"，东临姜堰区，南接泰兴市，西靠医药城，北依海陵区。泰镇高速"大泗互通口"和"大泗服务区"位于镇区，S355 省道穿境而过，距离扬泰机场仅 30 分钟车程，规划中的高铁枢纽距镇区仅 5 分钟车程。

2. 自然人文资源丰富

大泗镇因"银杏之乡"而闻名全国，是"国家级生态镇"。该镇拥有极为优越的水文资源，泗水环绕镇区，四面通达，大泗镇因此得名，水抱城流，城在景中。大泗镇的中医药文化历史悠久，老中医、老药铺遍布，曾有"一街十六药铺"的辉煌景象。该镇的医疗器械经纪人遍布全国各地级市，在业内享有盛名。大泗镇还具有悠久的商贸文化，是千年商贸古镇，自古有"买不到，到大泗；卖不掉，到大泗"的说法。大泗镇的特色生态饮食与节庆民俗活动独具魅力，霍堡全牛席、草虫鸡蛋、三福江蟹等饮食都承载着深厚的文化底蕴。

6.3.3 创新发展特色

1. 引进医药加工链，发展医疗器械产业集群

依托规模化的中草药种植基地，在中医药科技园区专门开辟加工区域，吸引医药加工产业的积极入驻，重点发展中药材饮片加工及其相关联的产业链。通过建立完善的基础设施和提供优惠政策，为企业提供全方位的支持，促进中药材的深加工和高附加值产品的开发。具体措施包括提供优惠的土地使用权、减免税收、提供技术支持和资金补助等，以吸引更多的医药加工企业落户园区。这不仅能提升当地中药材的利用率，还能推动中医药产业的整体升级，增加当地的就业机会，提升居民的收入水平，带动整个区域经济的发展。

同时，充分发挥传统医疗器械产业的影响力，连续举办全国性骨科医疗器械高峰论坛，通过高水平的学术交流和技术展示，形成专业医疗器械领域的行业影响力。通过这样的论坛，可以汇聚国内外的专家学者和行业领袖，探讨最新的技术和发展趋势，提升本地区医疗器械产业的创新能力和市场竞争力。论坛的内容将涵盖最新的骨科医疗器械技术、临床应用案例分享、市场发展趋势分析等，旨在促进技术创新和产业升级，推动国内医疗器械产业的发展。

为了进一步增强产业的竞争力，组建专业的招商团队，奔赴全国各地开展招商引资活动，主动对接国内外知名企业。通过精准的招商策略和高效的执行力，吸引贝尔泰克医疗器械、美诺医疗器械等龙头企业的入驻。这些企业的到来不仅能够带来先进的技术和管理经验，还能形成产业集聚效应，推动本地医疗器械产业的快速发展。招商团队将重点介绍大泗镇在基础设施、政策支持、产业配套等方面的优势，并为企业提供一站式的服务，从企业注册、项目审批到生产运营全程跟踪服务，确保企业在落户后的顺利运营。

此外，还与这些龙头企业合作，设立联合研发中心和培训基地，推动技术创新和人才培养。通过引进先进的技术和管理经验，不断提升本地企业的技术水平和管理能力，逐步建立起具有国际竞争力的医疗器械产业集群，提升大泗镇在全国乃至全球医疗器械市场中的地位。

2. 区域联动，形成差异化发展

大泗中药养生小镇充分整合区域内的优势资源，包括中国医药城、扬子江药业、溱湖度假区等，打造一个完整的泰州"医药养游"大健康产业链。中国医药城作为国家级的医药产业园区，集聚了大量的医药研发和生产企业，具备强大的技术和产业基础。扬子江药业则是全国知名的制药企业，拥有先进的制药技术和丰富的市场资源。而溱湖度假区则以其优美的自然风光和丰富的旅游资源，为康养旅游提供了得天独厚的条件。在这个大背景下，大泗镇立足于自身的特色和优势，实行错位发展策略，与泰州其他地区形成互补。依托药用农业和医疗器械产业，大泗镇重点发展中药康养服务，打造具有地方特色的康养产业链。具体措施包括：与中国医药城和扬子江药业开展合作，利用其先进的医药技术和资源，提升中药材的研发和生产水平；与溱湖度假区合作，开发以中药康养为主题的旅游项目，吸引更多的游客前来体验。通过这些举措，大泗镇将形成与泰州其他地区既互补又独立的差异化发展格局，推动区域整体经济的协调发展。

大泗中药养生小镇通过重点发展多元化的康养产业，推动镇域内以下产业的协同发展：

（1）中药种植业。依托大泗镇得天独厚的自然条件，扩大中药材的种植规模。引入现代农业技术，提高药材的品质和产量，实现标准化和规模化种植。建立中药材种植基地，推广绿色种植技术，保证药材的纯正和安全。通过合作社模式，鼓励农民参与中药材种植，增加农民收入。同时，开展中药材种植技术培训，提高农民的种植技能和水平，确保药材的高质量生产。

（2）骨科医疗器械产业。大泗镇在医疗机械领域具有传统优势，重点发展骨科医疗器械产业。引进先进技术和设备，提高产品的科技含量和市场竞争力。支持本地企业进行技术创新，研发符合市场需求的高端骨科医疗器械产品。通过政策扶持和资金投入，鼓励企业与国内外知名医疗机构和研究所合作，开展技术研发和产品升级。定期举办全国性骨科医疗器械高峰论坛，提升大泗镇在骨科医疗器械领域的行业影响力，吸引更多的企业和人才入驻。

（3）康养商贸服务业。建设完善的康养服务体系，发展以中药康养为主的商贸服务业。建立中药康养中心，提供中药调理、康复理疗、健康咨询等一站式服务。发展康养产品销售，推广优质的中药产品，打造大泗镇的康养品牌。建立康养信息平台，整合康养资源，提供全面的康养信息服务，为居民和游客提供便捷的康养咨询和服务。引入电子商务平台，实现康养产品的线上销售，扩大销售渠道和市场覆盖面。

（4）康养旅游业。依托大泗镇丰富的自然和文化资源，开发特色康养旅游项目。打造中药养生旅游线路，将中药康养与旅游相结合，提供温泉疗养、养生馆、药膳体验等服务，满足游客多样化的康养需求。开发中药文化旅游项目，举办中药文化节、养生讲座、药膳烹饪体验等活动，吸引游客参与，推广中药文化。建设康养度假村，提供休闲、康养、度假一体化服务，吸引长三角地区的游客前来度假康养，提升大泗镇的旅游知名度和吸引力。

（5）特色农业与产品加工产业。推动特色农业和产品加工产业的升级，形成以中药康养为核心的多元化产业链。发展生态农业，推广绿色种植技术，提升农产品的质量和市场竞争力。支持农产品加工企业进行技术改造和产品创新，提高产品附加值。打造农产品品牌，开拓国内外市场，增加农民收入。建设现代农业示范园区，展示先进的农业技术和管理模式，带动周边农民学习和应用，提升区域农业整体水平。

大泗镇带动周边特色农业和产品加工产业的升级，形成以中药康养为核心的多元化产业链，推动镇域内各产业的协调发展。完善基础设施建设，改善居民生活条件，为区域经济的可持续发展奠定坚实基础。

3. 推动农业转型，打造中药科技园

大泗镇虽然拥有一定的中医药文化底蕴，但过去大部分农田主要种植水

稻和小麦。这种单一的种植结构限制了农民的经济收益和地区的农业多样化发展。园区通过一系列措施推动农业转型，打造具有地方特色的中药科技园。

首先，园区组建中药材种植合作社，统一管理和指导农户的种植行为。合作社提供中药材种苗及标准化种植技术，并且与企业和高校合作，确保技术的先进性和科学性。合作社不仅供应高质量的中药材种苗，还为农户提供定期的技术培训和咨询服务，帮助他们掌握最新的种植技术和管理方法。例如，合作社引进了耐病虫害强、药效高的新品种，并推广生态种植和有机种植技术，以提高药材的产量和质量。同时，合作社还制定了严格的种植标准，确保药材的安全性和有效性，赢得了市场的信任和认可。此外，合作社通过建立示范田和试验田，展示先进的种植技术和管理模式，吸引了周边农户的积极参与。农户们不仅可以通过种植中草药获得更高的经济收益，还能在合作社的帮助下提升自己的专业技能和管理水平。合作社的成立大大增强了农户的信心和积极性，为中药材产业的发展奠定了坚实的基础。

其次，为了推动中药产业的技术创新和发展，大泗镇积极与多所高校和科研机构合作，形成产学研结合的发展模式。大泗镇与江苏农牧科技职业学校、南京农业大学、南京中医药大学等高校展开深入合作，共同引进和研发先进的药用农业和康养科技。多所高校在园区内建立了中医药研究基地，开展各类科研和教学活动。这些研究基地不仅是高校师生进行实践教学的重要场所，也为园区的中药材种植和加工提供了强有力的技术支持。

通过在实践中教学、在教学中推进药用农业发展，园区内的中药材种植水平得到了显著提升。此外，园区还与高校合作开展中药材的品种改良、栽培技术研究及病虫害防治等课题，推动中药材种植的科学化和现代化。高校的科研成果在园区内得到迅速转化和应用，为中药材产业的升级提供了源源不断的动力。园区与高校合作的成果不仅体现在种植技术的提升上，还在中药材的加工和应用上取得了突破。例如，园区与南京中医药大学合作开发了多种高效的中药材提取技术和加工工艺，生产出多种高附加值的中药产品，拓宽了市场渠道，增加了经济效益。同时，园区还积极开展中药材的深加工和综合利用，利用现代科技手段提高中药材的利用率和附加值，实现资源的最大化利用。此外，园区定期举办各类学术交流会和技术培训班，邀请高校专家和教授为农户和企业讲解最新的中药材种植技术和市场动态，帮助他们更好地了解行业发展趋势，提高生产和经营水平。通过产学研结合，大泗镇中药科技园不仅提升了当地中药材种植的技术水平和产业规模，也为区域经济的发展注入了新的活力。

园区内形成了以中药材种植、加工、销售为一体的完整产业链，促进了中药康养产业的快速发展。园区加强与高校和科研机构的合作，推进中药材产业的科技创新和可持续发展，打造具有国际竞争力的中药科技园区。

4. 立足康养，发展特色服务业

大泗中药养生小镇围绕中药康养科技园和医药产业加工区，结合当地悠久的商贸文化，大泗镇积极推动康养特色商贸服务的发展，形成了独具特色的综合康养服务体系。具体包括建设中药科技园养生体验区、中药商贸文化街区和康养配套服务区等，以全方位满足消费者和当地居民的中医药康养服务和消费需求。

中药科技园养生体验区将现代科技与传统中医药文化相结合，提供丰富多样的养生体验项目。例如，设立多个中药康养馆，馆内提供中药按摩、针灸、拔罐、药膳调理等传统中医养生服务。此外，园区内还引入了先进的健康检测设备和智能化的康养系统，能够为游客和居民提供个性化的健康管理服务。通过全方位的健康评估和专业的养生建议，帮助人们改善健康状况，提升生活质量。

中药商贸文化街区是展示和推广中医药文化的重要场所。街区内不仅设有中药文化展示馆，详细介绍中药的历史、发展和应用，还设有多个医疗器械展示厅，展示最新的康养设备和技术。此外，街区内还开设了众多特色商铺，销售各类中药材、养生食品和健康产品，满足消费者多样化的需求。这些商铺不仅为游客提供了购买优质中药材和健康产品的便利，也为当地居民提供了丰富的健康消费选择。

康养配套服务区是为康养产业发展提供全面支持的关键区域。这里设有多个现代化的养生养老服务机构，提供专业的养老护理和康复治疗服务，服务区内建有舒适的民宿，提供温馨的居住环境和细致的生活服务，为游客和居民提供理想的康养休闲场所。此外，服务区内还设有多个特色餐饮店，提供健康、美味的药膳料理，满足游客和居民的健康饮食需求。

康养小镇进行中药文化展示与教育，大泗镇的中药文化展示馆不仅是一个展示中药历史和知识的场所，更是一个教育中心。展示馆通过多媒体展示、互动体验和讲座等形式，向参观者传授中药知识和养生理念。此外，展示馆还定期举办中药文化讲座和研讨会，邀请中医药专家和学者进行交流和分享，提升公众对中药文化的了解和认同。通过这些活动，中药文化展示馆不仅丰富了游客的文化体验，也为中药文化的传承和推广起到了积极的作用。

在大泗康养小镇，中药康养服务不仅限于传统的中医药服务，还包括现代化的健康管理和康复治疗。比如，中药康养馆内设有现代化的健康检测设备，可以通过科学的检测手段，为游客和居民提供全面的健康评估报告，并根据检测结果提供个性化的养生建议和治疗方案。此外，康养馆还提供各类康复治疗服务，如理疗、针灸、按摩等，帮助人们恢复健康、改善体质。通过多样化的康养体验，大泗镇的康养服务不仅满足了人们的健康需求，也提升了他们的生活品质。

大泗镇的中药商贸文化街区、街区内的各类中药材商铺、养生食品店和健康产品专卖店，不仅为游客提供了丰富的购物选择，也为中药文化的传播和推广提供了良好的平台。此外，街区还定期举办中药文化节、养生讲座和健康沙龙等活动，吸引了大量的游客和中药爱好者前来参与。通过这些活动，街区不仅增强了游客的购物体验，也促进了中药文化的繁荣和发展。

为了更好地支持康养产业的发展，大泗镇还在康养配套服务区内建立了完善的基础设施和服务体系。比如，配套服务区内设有多个专业的养生养老机构，提供高质量的养老护理和康复治疗服务。这些机构不仅配备了先进的医疗设备和专业的护理人员，还提供个性化的养生护理方案，帮助老年人保持健康。此外，配套服务区内还设有多个舒适的民宿，为游客和居民提供温馨的居住环境和细致的生活服务，让他们在享受康养服务的同时，感受到家的温暖。

总体来看，大泗中药养生小镇依托良好的生态环境、中草药等健康资源，按照"医药养游"融合发展的定位，以市场为导向，以创新为支撑，注重提高竞争力，注重产业的科技创新，注重可持续发展，深入挖掘整合区域资源禀赋，加速大健康相关产业集聚，全力打造彰显地方中医药文化、养生文化、旅游文化、餐饮文化的新空间、新平台。

6.4　案例总结

通过分析康养产业的城市及企业发展案例，得出以下几点经验。

第一，攀枝花市、秦皇岛市以及大泗中药养生小镇都是依据本地独特的阳光、海域、温泉、森林等康养资源为基础，利用自身优势，构建产业融合的"康养+"发展模式，拓宽产业链条，形成全方位全领域的康养产业体系。环京地区康养产业发展过程中，要根据自身独特的优势资源进行差异化发展，避免出现同质化现象，要充分挖掘现有康养特色产业的发展潜力，挖掘区域自然资源、养生文化等优势，发展具有区域特色的康养产业，提高相关产业市场高度，叫响康养品牌。环京地区要充分挖掘自然资源、中医药资源等独特优势，发展壮大康养产业，形成一批具有影响力的康养品牌。要整合空间资源，规划建设生命健康产业园区、基地和特色小镇，引导企业聚集，优化产业布局，实现生命健康产业项目集聚发展。要强化产业分工，推动企业协作，形成协同发展、创新高效、竞争力强的产业集群。

第二，攀枝花市、秦皇岛市以及燕山院的发展都是以科技为支撑，环京地区要利用科技创新带来的新动能，发展智慧康养。随着信息技术的加速发展，大数据、云计算、互联网、人工智能等与医疗健康领域的深度融合日趋紧密，远程医疗、精准医疗、智慧医疗等技术应用越来越广泛，健康养老、健康食品、"互联网+健康"、健康旅游、体育健康等康养产业新业态、新模式不断涌现。要推动发展智慧养老、智慧医疗、智慧康旅、智慧健康教育与健康管理，为康养人群提供定制式精准智慧化康养数据服务，并以数据为依托，加快建设医疗健康管理和服务大数据应用体系，探索健康医疗服务新模式，推进精准医疗，打造高端、便捷、智慧化的康养产业体系。

第三，城市、康养机构及康养小镇的创新发展案例都注重提升医养服务水平，坚持医养康养相结合。环京地区要建设高质量医疗服务体系，加快优质医疗区域均衡布局，实现高水平综合救治能力全覆盖。依托现有医疗和康养资源，整合域内关联要素，着力打造特色医疗基地，配套建设康复保健中心，构建健康管理体系，打造高端化医疗康养区域中心健全中医服务体系，健全完善以公立医疗服务为主、社会力量办中医药服务为补充，各级各类中医医院和其他二级以上医疗机构中医科室为骨干，基层医疗卫生机构为基础，融预防保健、疾病治疗和康复于一体的中医药服务体系。加大中医药康养人才培养力度，重视发挥中医非药物疗法在康养中的关键作用，建设中医非药物疗法培训、实基地，规模化培训掌握老年人临床护理、健康照护、生活护理等传统中医保健护理技能的养老护理员、老年保健师和老年专科护士等高质量专业人才。

第四，城市、康养机构及康养小镇的创新发展都离不开政策的支持。针对环京区域，亟须强化顶层设计架构，以构建全面且精细的康养产业政策框架体系。这一体系应基于区域的具体条件与潜在优势，量身定制发展战略规划，并辅以详尽的扶持政策，同时应确立并明晰康养产业的行业标准与规范体系，以确保行业的有序发展。在此基础上，环京地区应积极响应并深入贯彻国家及省、市级层面关于康养产业的各项政策导向，紧密结合区域实际，实施精准化、差异化的政策措施，以精准对接康养产业发展需求，推动产业健康、快速、可持续发展。按照"服务、公正、发展、担当"等原则，不断完善现有的行政管理和保障体系。建立健全工作激励机制，从财政支持、土地供给、税收优惠、投融资政策等方面加大支持力度。环京地区要进一步优化康养产业的营商环境，转变招商理念，促进产业集聚。立足"康养＋"站位，借助"培疗机构改革"等契机，对环京地区康养产业谋篇布局，创新招商理念、优化招商机制，强化要素保障，积极开展与十大康养集团、知名保险企业的商务洽谈，引进一批具有国际竞争力、产业带动力、品牌影响力的龙头企业和重点项目，打造特色的康养品牌。要加强对康养产业的管理监督，建立健全康养产业准入、退出机制，加大对饮食卫生、消防安全、疾病防治、康复护理、服务价格等日常监管力度，严厉打击侵害康养人群财产权益等违法行为，促进康养人群纠纷依法妥善解决，推动康养产业健康有序发展。

第五，秦皇岛市及燕山院抓住经济及协同发展机遇，大力发展康养产业，承接京津的康养需求。在京津冀协同发展快速推进的背景下，京津产业不断向河北省外溢，先进的医疗、保健、康养设备等要素加速向外转移，社会资本开始向河北省康养服务领域流动。同时，秦皇岛市作为北方地区经济规模最大、人口最密集、老龄化最严重的地区，京津社会养老服务需求不断增加，养老服务功能加速向外疏解，这为环京地区康养产业发展创造了新的契机。

第 7 章

数智化赋能的环京地区康养产业创新发展路径

7.1 数智化技术在康养产业中的应用

7.1.1 发展基础信息设施

发展基础信息设施是环京地区康养产业实现数智化赋能的重要前提。具体而言，基础信息设施建设需要涵盖基础网络、无线网络以及各类信息服务应用平台，形成一个全面覆盖、互联互通的基础设施体系，以支持康养产业的高效运营和创新发展。面向康养产业需求，主动对接新基建，用好新基建政策、平台、技术，提升数字文化产业发展水平，运用 5G、区块链、大数据、云计算、物联网等新技术，汇聚康养大数据信息，为康养生产和消费的终端用户提供云服务。环京地区应当大力推进高速宽带网络和 5G 网络的普及和覆盖，确保康养机构、社区以及家庭能够接入高速度、低延时的互联网服务。高速宽带网络能够满足大数据传输、视频监控、远程医疗等应用需求，而 5G 网络则为物联网设备、实时数据传输和智能应用提供了技术支持。此外，还应加快光纤到户工程的建设，提升家庭网络的接入能力，为智能家居和远程健康管理提供基础保障。无线网络的覆盖和优化是基础信息设施的重要组成部分。康养机构和社区需要部署高密度的无线网络接入点，确保室内外的无缝网络覆盖。通过部署 Wi-Fi 6 技术,可以实现更高的网络吞吐量和更低的延时,满足大量设备同时接入的需求。在家庭环境中,应推广家庭无线网络优化方案,如智能路由器和信号增强器,确保老年人能够随时随地享受稳定的无线网络服务。此外,还应考虑到偏远和农村地区的网络覆盖问题,利用无线基站和卫星通信技术,弥补基础设施建设的不足,确保每一个老年人都能享受到高质量的网络服务。

各类信息服务应用平台的建设是实现信息化和智能化服务的关键。要构建统一的康养信息服务平台,集成医疗、养老、康复等多种服务功能,实现信息共享和数据互通。该平台应具备强大的数据处理和分析能力,通过大数据、云计算和人工智能技术,为康养机构提供精准的服务决策支持。例如,平台可以整合老年人的健康档案、医疗记录、生活习惯等数据,利用人工智能技术进行健康评估和风险预测,提供个性化的健康管理方案。此外,还需要开发专业化的应用软件,以满足不同场景下的康养需求。对于康养机构,可以开发智能管理系统,实现对机构内的人员、设备、资源的全面管理和调度;对于老年人和家属,可以开发健康管理 App,提供健康监测、远程医疗、在线咨询等服务;对于社区服务中心,可以开发社区健康服务平台,提供健康教育、社区活动、志愿者服务等功能。所有这些应用软件应具备良好的用户体验和安全性,确保数据的隐私保护和服务的便捷性。

基础信息设施的建设还需要健全的网络安全保障措施。康养产业涉及大量的个人健康数据和敏感信息,必须确保网络安全和数据隐私保护。应建立完善的网络安全管理体系,涵盖身份认证、数据加密、访问控制、安全监测等多个方面。通过部署防火墙、入侵检测系统和安全运维平台,及时发现和应对网络攻击和安全威胁,保障康养信息系统的稳定运行和数据安全。通过全面推进基础网络、无线网络和信息服务应用平台的建设,环京地区的康养产业将具备坚实的数智化基础,为实现康养产业的创新发展提供强有力的支撑。

7.1.2　发展便捷信息化服务系统

发展便捷信息化服务系统是推动环北京地区康养产业数智化赋能的关键步骤之一。通过构建高效、智能的服务系统，可以大幅提升康养服务的便利性和质量。远程医疗服务系统是便捷信息化服务的重要组成部分，远程医疗服务系统通过视频通话、远程监测和在线咨询等方式，实现医生与老年人之间的实时沟通和互动。老年人在家中就可以接受医生的诊疗建议，减少了往返医院的不便和风险。特别是对于慢性病患者，远程医疗服务可以提供持续的健康监测和管理，有助于及时发现和处理健康问题。远程医疗服务系统还可以与家庭医生签约服务相结合，建立起长期、稳定的健康管理关系。

构建健康信息管理系统，这一系统应覆盖所有年龄段和健康状态的人群，提供全面的健康信息记录和管理服务。通过电子健康档案（EHR）系统，将个人的健康数据，如病历记录、检验报告、影像资料、药物使用情况等进行数字化和系统化管理，实现健康信息的全生命周期管理。个人和医生可以随时随地访问这些数据，进行健康状况的监测和管理，提高医疗服务的效率和精准度。智能健康管理系统通过连接可穿戴设备、智能家居设备和医疗设备，实时监测老年人的健康数据，如心率、血压、血糖、体温等。系统通过大数据分析和人工智能技术，能够对老年人的健康状况进行评估，提供个性化的健康建议和预警服务。同时，智能健康管理系统还可以记录人们的日常活动、饮食和药物使用情况，帮助人们养成健康的生活习惯。电子健康档案系统的建设也是便捷信息化服务系统的重要内容，电子健康档案系统通过整合健康数据、医疗记录和生活信息，形成全面、准确的健康档案，该系统不仅可以供医生在诊疗过程中参考，还可以为老年人提供便捷的健康信息查询服务。人们可以通过手机 App 或网页端，随时查看自己的健康档案，了解自己的健康状况和历史就诊记录。电子健康档案系统还可以与区域健康信息平台对接，实现跨机构、跨区域的健康信息共享，为老年人提供连续、综合的健康服务。

智能预约和排队系统能够大幅提升老年人的就医便利性。通过智能预约系统，老年人可以在家中或社区服务中心，提前预约医生的诊疗时间，避免了长时间的排队等待。智能预约系统还可以根据老年人的健康状况和医疗需求，推荐合适的医生和诊疗时间，优化就医流程。智能排队系统则可以在老年人到达医院后，提供实时的排队信息和叫号服务，减少就医过程中不必要的等待时间。

建设面向社区的健康服务平台，社区健康服务平台应整合社区医疗资源、康养资源和社会服务资源，提供一站式健康服务。通过该平台，社区居民可以方便地预约挂号、查询健康信息、获取健康教育资源和享受远程医疗服务。平台可以设置健康咨询、慢病管理、康复指导等多个服务模块，社区医生可以通过平台对居民进行健康监测和管理，提高社区医疗服务的效率和覆盖面。智慧养老社区服务系统通过信息化手段，整合社区的各类服务资源，为老年人提供全方位的社区服务。例如，系统可以提供社区活动的报名和通知、志愿者服务的预约和管理、日常生活服务的订购和支付等功能。老年人可以通过手机 App 或社区终端，方便地获取和使用各类社区服务，提升生活质量和幸福感。

数据安全和隐私保护是便捷信息化服务系统建设过程中必须重视的问题，便捷信息化服务系统涉及大量的个人健康数据和敏感信息，必须确保数据的安全性和隐私保护。应建立完善的数据安全管理体系，包括数据加密、身份认证、访问控制和安全监测等措施，防止数据泄露和滥用。通过采用区块链技术，可以实现数据的透明、可追溯和不可篡改，进一步提升数据安全性和隐私保护水平。

7.1.3　推广康养智能产品

智能产品的广泛应用可以大幅提升人们的生活质量和健康管理水平，提供更加便捷、高效的康养服务。智能可穿戴设备在康养领域具有广泛的应用前景。智能手环、智能手表、智能血压计、智能血糖仪等可穿戴设备可以实时监测健康数据，如心率、血压、血糖、体温和睡眠质量等。这些设备不仅可以帮助人们了解自己的健康状况，还可以通过数据上传至云端，与医生和家庭成员共享，实现远程监测和健康管理。当设备检测到健康指标异常时，可以及时发出预警，提醒监测人及其家属采取必要的应对措施。推广智能养老设施，支持养老服务机构推广物联网和远程智能安防监控技术，实现 24 小时安全自动值守，降低老年人意外风险，改善服务体验，建设一批智慧安防、智慧服务、智慧记录、智慧感知等程度高的"智慧养老机构"。鼓励有条件的地方为老年人家庭安装智能监控、智慧养老服务终端等设施设备，开展健康、安全远程监测和"点菜式"服务等，构建"虚拟养老院"。鼓励企业开发适合老年人使用的智能化产品，设立线上线下融合、为老年人服务的专柜和体验店。

老年人是康养产业的重要服务对象，针对他们的智能产品应重点关注健康监测、生活辅助和安全防护。例如，智能血压计、智能血糖仪、智能心率监测器等设备可以实时监测老年人的健康状况，提供预警和指导；智能药盒可以帮助老年人按时服药，避免漏服或误服药物；智能照护机器人和智能家居设备可以辅助老年人日常生活，提高他们的生活质量和安全性。儿童和青少年的健康管理同样至关重要。智能穿戴设备如智能手表、智能手环等可以监测儿童和青少年的运动量、睡眠质量、心率等健康指标，帮助家长和学校了解他们的健康状况，制订合理的运动和休息计划。此外，智能学习桌、智能护眼灯等产品可以改善学习环境，预防近视和纠正不良姿势，提高学习效率和健康水平。打造面向中青年人群的康养智能产品，中青年人群是社会的中坚力量，通常工作压力大、生活节奏快，需要智能产品来辅助健康管理和减轻压力。智能健身设备如智能跑步机、智能健身镜等可以提供个性化的健身指导和运动数据分析，帮助中青年人保持良好的体形和健康状态；智能健康管理 App 可以整合健康监测数据，提供饮食、运动、心理健康等方面的综合建议；智能办公设备如人体工程学座椅、智能升降桌等可以改善工作环境，预防职业病。此外，对于有特殊健康需求的人群，如慢性病患者、康复期患者、孕妇等，智能产品可以提供精准的健康管理和康养服务。智能血糖监测仪、智能胰岛素泵等设备可以帮助糖尿病患者进行血糖管理；智能康复设备如智能康复机器人、智能康复训练器材等可以帮助康复期患者进行科学的康复训练；智能孕妇监测仪、智能胎心监测器等可以为孕妇提供全面的健康监测和孕期指导。

智能家居设备的应用可以显著提高生活便利性和安全性。智能家居设备包括智能门锁、智能照明、智能温控、智能安防系统等，这些设备可以通过手机 App 或语音助手进行远程控制和管理。例如，可以通过语音命令开关家中的灯光和电器，调节室内温度，监控家中的安全状况。智能家居设备还可以与紧急呼叫系统相结合，当老年人在家中发生意外情况时，可以通过一键呼叫紧急救援服务，保障老年人安全。智能药盒可以帮助老年人按时按量服药，避免因忘记服药或误服药物而导致的健康问题。开发个性化健康管理App 是推广康养智能产品的重要途径。这些 App 结合了健康资讯、健康评估工具、饮食建议、运动计划等功能，根据用户的健康数据和需求，提供量身定制的健康管理方案。用户可以随时随地通过手机或平板电脑获取健康建议和管理指导。智能药盒可以根据医生的处方和用药计划，自动提醒服药，并记录每次服药的时间和剂量。这些数据可以上传至云端，与医生共享，帮助医生了解用药情况，并进行相应的调整。智能移动设备可以帮助保持社交联系，获取健康信息和参与远程医疗服务。智能手机和平板电脑可以安装各类健康管理应用程序，通过这些应用程序，可以随时随地获取健康资讯，进行健康自测，预约医生，参与远程会诊。智能移动设备还可以帮助老年人与家人、朋友保持联系，参与在线社交活动。

智能康复设备可以提供专业的康复训练和指导。智能康复设备包括智能步态分析仪、智能力量训练器、智能平衡训练器等，这些设备可以根据老年人的身体状况和康复需求，提供个性化的康复训练方案。智能康复设备可以实时监测老年人的训练过程，记录训练数据，反馈训练效果，帮助老年人科学、安全地进行康复训练，改善康复效果。智能营养管理设备可以根据老年人的健康状况和饮食需求，提供个性化的饮食建议和膳食计划。智能冰箱、智能烹饪设备可以根据膳食计划，自动推荐食材和烹饪方法，帮助老年人保持均衡的营养摄入。智能营养管理设备还可以记录老年人的饮食习惯和营养摄入情况，提供科学的营养管理服务。

虚拟现实（VR）和增强现实（AR）技术在推广康养智能产品中也具有潜力。例如，通过 VR 技术提供康复训练、疼痛管理和心理治疗；通过 AR 技术提供实时的医学影像解析和手术指导。这些技术不仅可以改善医疗教育和培训，还能提升医疗服务的质量和效率。虚拟医疗服务平台可以为用户提供在线医生问诊、远程健康咨询和病历管理等服务。这些平台不仅提高了医疗资源的利用效率，还为用户提供了便捷的医疗服务体验。无论是慢性病患者、孕妇、还是家庭主妇，都可以通过这些平台获取及时有效的医疗服务。推广智能化健康管理服务涵盖了从健康数据收集、分析到健康干预的全过程。通过大数据分析和人工智能技术，实现对用户健康状况的精准监测和预测，为个体提供个性化的健康管理建议和干预措施。

政府应加大政策支持力度，鼓励和引导企业研发和生产康养智能产品，通过财政补贴、税收优惠、技术支持等措施，促进康养智能产品的创新和推广。应加强科研院所、医疗机构、企业之间的合作，建立产学研协同创新机制，加快康养智能产品的技术研发和成果转化。应加强康养智能产品的标准化建设，制定和推广康养智能产品的技术标准和服务规范，保障产品质量和使用安全。

7.1.4　发展康养数据管理与服务系统

构建全面的数据采集与整合平台，康养数据管理与服务系统需要采集不同来源的数据，这些数据包括医疗机构的电子病历数据、智能可穿戴设备的数据、家庭健康监测设备的数据、健身中心和康复机构的数据等。通过建立数据采集与整合平台，可以实现对分散数据的集中管理。这些数据平台应具备兼容性和开放性，以便与不同设备和系统进行数据对接和集成。康养数据的特征是数据量大、种类多、实时性强，因此需要高效、安全的数据存储与管理系统。云存储技术可以提供弹性存储空间和高效的访问速度，保障数据的安全性和可靠性。同时，数据管理系统应具备强大的数据处理和分析能力，可以对数据进行分类、标注和整理，为后续的分析应用提供基础。

开发智能化的数据分析与应用工具是康养数据管理与服务系统的重要组成部分。通过大数据分析和人工智能技术，可以对海量康养数据进行深入挖掘，发现隐藏在数据背后的健康规律和趋势。例如，通过分析运动数据和健康监测数据，可以提供个性化的健身和健康管理建议；通过分析医疗数据，可以预测疾病风险，提供早期干预和预防措施；通过分析心理健康数据，可以提供心理健康评估和干预方案。康养数据管理与服务系统应根据个体的健康数据和需求，提供个性化的健康管理和康养服务。例如，系统可以生成个性化的健康管理计划，包括饮食建议、运动指导、用药提醒、心理健康指导等；根据用户的健康状况和需求，系统可以提供个性化的康复方案和康养服务，包括康复训练、按摩理疗、心理辅导等。

推动数据共享与协同应用。康养数据管理与服务系统需要实现数据的跨机构、跨平台共享与协同应用。通过建立数据共享机制，可以实现医疗机构、康养机构、健身中心等各类机构之间的数据互通和协同，为用户提供一体化的健康与康养服务。例如，通过医疗机构和康养机构的数据共享，可以实现用户医疗信息和康养服务信息的无缝对接，提供连续、全面的健康管理和康养服务。要推动康养大数据共建共享，坚持政府统筹协调，依托省电子政务网，搭建覆盖城乡的智慧康养平台，整合康养产业相关数据，打通数据资源共享通道，强化医疗服务、健康养老、药品供应、体育健身、健康旅游、综合管理等应用信息系统数据采集，建设河北省康养大数据库。以政务大数据带动民用、商用大数据协同发展，拓展数据资源采集渠道，鼓励企业、行业协会、科研机构、社会组织等开展行业和市场数据收集，开发数据产品。制定发布康养行业公共数据开放标准、开放目录和开放计划，明确开放范围，畅通区域、部门、层级间的数据开放共享通道，建立依法开发、有序应用的数据开发机制和共享模式。

加强数据安全与隐私保护是康养数据管理与服务系统发展的重要保障。康养数据涉及个人隐私和健康信息，因此需要采取严格的数据安全与隐私保护措施。加快康养数据安全体系建设,建立健全"分级授权、分类应用、权责一致"管理制度,采取实名认证、资格认证、加密认证等措施,严格规定不同等级用户的数据接入和使用权限,防止数据滥用和隐私泄露。通过数据加密、访问控制、权限管理等技术手段,可以保障数据的安全性和隐私性。同时,建立完善的数据安全与隐私保护制度,明确数据的使用和管理规范,保护用户的合法权益。

康养数据管理与服务系统需要具备良好的可用性和易用性,方便不同用户群体使用。通过设计友好的用户界面和操作流程,可以提高系统的使用体验和满意度。同时,通过提供多种接入方式,如手机 App、网页端、智能终端等,可以满足不同用户群体的使用需求。此外,发展健康养老数据管理与服务系统还应关注教育和培训。通过对医疗人员、康养服务人员和用户进行系统使用培训,可以提升他们的数据管理和应用能力。教育机构和培训中心应开设相关课程,培养专业的数据管理和分析人才,为系统的长期发展提供人力资源保障。

7.1.5 培植和孵化智慧康养产业

大力培植和孵化智慧康养产业,推动康养产业的创新发展。通过政策支持、资金投入、技术引导等手段,促进智慧康养企业的成长。

在智慧旅游方面,环京地区可以积极开发智能导览系统、在线预订平台和虚拟现实体验等产品。智能导览系统结合人工智能和大数据技术,为游客提供个性化的旅游信息和路线推荐,提升其康养旅游的体验感和满意度。在线预订平台则使游客能够便捷地预订康养服务,包括健身、按摩、瑜伽等项目,促进康养旅游业务的数字化和高效化。虚拟现实体验技术能够模拟自然景观或健身活动,为游客提供身临其境的康养体验,吸引更多人群参与康养旅游活动。整合文化和旅游数据资源,建设文化和旅游大数据中心,发展新一代沉浸式旅游体验产品、增强数字化体验和智慧化服务,实现预约购票、信息查询、资源展示、导航导览、品牌推广、线上商场等服务功能,为游客提供智能化便捷化服务。支持文化场馆、景区景点开发数字化产品，扩展文旅融合的数字化新阵地，将创作、生产和传播等向云端拓展。培育和塑造一批具有鲜明环京地区文化特色原创 IP，加强 IP 开发和转化，充分运用网络文学、网络音乐、网络表演、网络视频、数字艺术、创意设计等产业形态，打造更多具有广泛影响力的数字文化品牌。开发基于 VR/AR/MR 的沉浸式数字化消费产品，提供虚拟讲解员、艺术普及和交互体验等数字化服务。

在智慧医疗方面，环京地区支持发展远程诊疗、在线健康咨询和智能诊断等技术应用。远程诊疗通过互联网技术实现医生和患者之间的远程会诊，解决了偏远地区医疗资源不足的问题，提高了医疗服务的覆盖率和效率。在线健康咨询平台为用户提供 24 小时在线健康服务，包括健康问答、健康指导和疾病预防知识，推动了健康管理的个性化和智能化发展。智能诊断技术则结合人工智能和医学影像分析，提供精准的医学诊断结果，辅助医生进行科学治疗决策，提升了医疗服务的质量和效率。开展智慧医疗专项行动计划，构建患者智慧服务体系，谋划建设环京地区统一的互联网医疗服务和运行平台，实现全民医疗健康信息互联互通。支持依托实体医疗机构独立设置互联网医院，推广互联网健康咨询、健康管理、网上预约分诊、随访跟踪等"互联网＋健康医疗"服务新模式。探索在家庭设置智能健康终端，与临床形成多维度的连续健康数据，打造实时健康监测、主动健康预警、全面健康管理的全周期家庭医生服务新模式。支持开发人机协同的手术机器人、智能诊疗助手，研发柔性可穿戴、生物兼容的生理监测系统，研发人机协同临床智能诊疗方案，实现智能影像识别、病理分型和智能多学科会诊。

在智慧养老方面，环京地区可以推广智能家居设备、健康监测系统和智能养老社区等解决方案。智能家居设备通过物联网技术实现家庭环境的智能化管理，包括智能灯具、智能安防系统和智能健康监测设备，为老年人提供安全、便捷的生活环境。健康监测系统可以实时监测老年人的健康数据，如血压、血糖、心率等，及时预警和干预，减少健康风险，提高生活质量。智能养老社区通过智能化设施和服务模式，提升了社区的服务水平和管理效率，为老年人提供全方位的健康和生活支持。引导有条件的居家社区服务组织、养老机构依托互联网、物联网、云计算、大数据、智能养老设备等，构建"互联网＋养老"和智慧养老模式，实现个人、家庭、社区、机构与健康养老资源的有效对接和优化配置。深入实施智慧助老行动，聚焦老年人日常生活中的出行、就医、消费、文娱、办事等高频事项和服务场景，推进互联网、人工智能等智能化应用，引导帮助老年人融入信息化社会。推动互联网应用适老化技术改造，优化界面交互、内容朗读、操作提示、语音辅助等功能，鼓励企业提供相关应用的"关怀模式""长辈模式""亲友代付"功能，将无障碍改造纳入日常更新维护。扩大适老化智能终端产品供给，创新开发适老智慧健康产品，加强老年人产品智能化和智能产品适老化，开发视听辅助设备、物理辅助设备等智能家居养老设备，拓展老年人活动空间。

为了有效培植和孵化智慧康养产业，环京地区还需要建立康养产业孵化器和创新基地，吸引高科技企业、科研机构和投资机构的参与。这些孵化器和基地不仅提供技术研发和创新平台，还支持企业开展产品开发、市场推广和商业化运作。政府可通过政策引导和金融支持，加快智慧康养产品和服务的推广应用，形成产业集群效应，提升环京地区康养产业的整体竞争力和影响力。

7.2　医养康养相结合

1. 提高医疗服务水平，完善医养结合服务体系

环京地区要积极承接京津地区的优质医疗资源，尽快建设心脑血管病、创伤、神经疾病、中医肿瘤等专业的国家和省级区域医疗中心，并继续实施重点人群健康服务补短板工程。强化国家医学中心和国家中医医学中心的引领作用，打造以三级综合医院和中医医院为龙头、二级医院为骨干、基层医疗卫生机构为基础、专科医院为特色的医疗服务体系。加快建设城市医疗集团和县域医疗共同体，强化医联体对基层医疗卫生服务机构的带动作用，推动县级医院提高标准和扩充能力，全面提升县级公立医院和基层医疗机构的

综合服务能力。加快研发新一代基因测序、干细胞与再生医学、生物医学等精准医疗技术，重点开发肿瘤、遗传性疾病、胎儿罕见病筛查、老年医学、生殖医学等领域的精准预防、诊断和治疗服务产品，同时加快细胞治疗研究的进展。建立健全的康复医疗服务体系，以康复医院、综合性医院的康复科、康复医疗中心为主体，以基层医疗机构为基础。加强康复医疗机构的建设。以设区市为单位，支持医疗资源丰富地区的一些一级、二级医院转型为康复医院。鼓励有条件的基层医疗机构开设康复医疗门诊并增加康复医疗床位。支持和引导社会力量举办规模化、连锁化的康复医疗中心。支持社会力量开办非营利性医疗机构，推动其规范发展，并加强监管。鼓励社会力量在妇产、儿科等专科，以及中医、康复、护理、体检等领域开办医疗机构。同时，支持社会力量设立独立的医学检验、病理诊断、医学影像、消毒供应、安宁疗护等专业机构，向区域内提供相关服务。鼓励有实力的社会办医疗机构发展前沿医疗服务，建立一批有规模、有影响力、有特色的社会办医院，并鼓励有资质的人员依法开办诊所。

完善大健康服务体系，以三甲医院为核心、基层医疗机构为基础、特色专科医疗为补充、健康咨询管理为拓展、康养机构为延伸，提高环京地区基层医疗卫生机构的服务能力，加强与妇幼医院、康复医院等专科医疗机构的合作。为老年人群服务，重点打造老年康复医学科，培养具有生活照料、护理技能和职业爱心的护理员，支持社会力量开办社区护理站、护理中心，把长期照护延伸到家庭和社区，建立多个"社区医养结合站点"。在整合基层医疗卫生服务机构方面，探索乡镇"卫生院、养老院"两院融合，推动社区卫生机构布局养老功能。为了服务婴幼儿人群，我们将重点建立婴幼儿照护服务体系，支持社会力量发展普惠托育服务，扩大3岁以下婴幼儿普惠性托育服务的供给，在社区新建、改扩建一批嵌入式、分布式、连锁化、专业化的托育服务设施，提供全日托、半日托、计时托、临时托等多样化服务，满足家庭的多层次需求。对于中青年人群，重点发展健康体检、健康管理、治未病等服务，形成15分钟医养服务圈，建成医养服务集聚中心。

提升医养结合服务质量，按照方便就近、互惠互利的原则，合理规划、建设和改造医养结合机构。首先，加强老年医院、护理院、康复医院、安宁疗护机构和综合性医院老年医学科的建设。其次，支持改造一批基层医疗卫生机构，重点向康复、护理和养老服务延伸，或转型为专门收治高龄、重病、失能和部分失能老年人的医养结合机构。此外，养老机构内部设立的诊所、卫生所（室）和医务室，若符合条件，应按规定纳入医保协议管理范围。鼓励养老机构与周边的医疗机构开展多种形式的签约合作，并支持养老机构与协议合作的医疗机构开通绿色通道。养老机构可以通过服务外包、委托经营等方式，由医疗卫生机构为入住老年人提供医疗卫生服务。为了进一步提升医养结合的能力，支持社会力量建设专业化、规模化、医养结合能力突出的养老机构。

2. 加强医疗与康养机构合作

推进环京地区医疗与康养机构资源的有效整合，鼓励医疗机构与康养机构建立长期合作关系，通过合作协议、联合运营等方式，实现资源共享和优势互补。医疗机构和康养机构需要在行政和运营上实现一体化管理，建立以医疗为基础，康养为补充的服务模式，通过整合医院、诊所、社区卫生服务中心等医疗资源，与养老院、康复中心、护理院等康养资源，实现资源的共享和互补。比如，医院可以在养老院设立分诊室，提供日常健康检查和慢性病管理服务，而养老院可以在医院设立康复护理专区，为出院后的老年人提供持续护理。医疗与康养机构应建立紧密的合作机制，制定协同工作流程。医疗机构可以定期派遣医生和护士到康养机构进行巡诊，康养机构则可以为医疗机构提供康复护理数据和反馈，形成双向互动的合作模式。这种机制可以确保老年人在康养机构也能享受到高质量的医疗服务，而医疗机构则能通过康养机构了解患者的康复情况和长期护理需求。

在信息化建设方面，大力推进医疗和康养机构的信息系统对接与数据共享。建立统一的健康管理信息平台，实现老年人健康档案的互联互通，使医疗机构和康养机构能够实时获取老年人的健康数据，提供精准的医疗和护理服务。通过建立电子健康档案，医疗机构和康养机构可以随时获取老年人的健康信息，确保医疗和护理服务的连续性和一致性。例如，当老年人在康养机构发生健康问题时，康养机构可以通过信息系统迅速联系医疗机构，获取专业医疗支持。整合医疗、护理、康复、养生等多方面服务，形成一体化的健康管理体系。通过多学科团队（MDT）的协作，提供从疾病预防、诊断治疗到康复护理的全周期健康服务。

人才培养和交流是推动医疗与康养机构深度合作的另一个关键。医疗机构和康养机构应联合培养专业人才，特别是既懂医疗知识又具备康养服务技能的复合型人才。可以通过联合办学、定期培训、岗位交流等方式，提高医护人员和康养人员的综合素质。此外，医疗机构的专家可以定期为康养机构的工作人员提供专业培训，康养机构的护理人员也可以到医疗机构学习先进的护理技术和管理经验。

3. 以医带养、以医促养

推进"医养结合"，统筹优化医养服务，实现以医带养、以医促养，发展健康大数据、智慧医疗、远程医疗，推动医疗机构提档升级，进一步打造国家区域医疗中心。重点发展运动创伤与康复、生殖医学服务、体检与基因筛查、中医养生等特色专科诊疗平台，以大专科带动医养和医疗旅游，促进"医"为"养"配套。推进"医养结合"产业发展，提升中医药保健技术，加快康复保健中心建设。构建健康管理体系，发展健康筛查检测、美容美体、健康咨询等服务，逐步打造环京地区医疗康养基地。支持鼓励各级医疗机构举办养老机构，增加老年医疗、康复护理、临终关怀、安宁疗护等服务供给。开展老年慢性病防治和康复护理，鼓励基层医疗卫生机构完善老年病、康复等专业科室设置，根据需求增设康复、护理、临终关怀等老年医疗护理病床。鼓励养老机构内设医疗机构，支持养老机构内设诊所、卫生所（室）、医务室、护理站，提高养老机构基本医疗服务能力，为老年人提供优质便捷的诊疗康复护理服务，开展疾病防控、营养调理、中医养生等健康服务。探索建立医疗机构与养老机构双向合作、社区医养护、"候鸟"医养服务等多层次医养服务模式，将康养服务向社区、家庭、旅居地延伸，签约建立健全急救急诊、预约就诊、双向转诊、定期巡诊等合作机制，支持基层医疗卫生机构与日间照料中心、居家养老服务中心、康养服务中心合作，开展家庭医生签约服务，为社区及居家老年人提供上门诊疗、社区护理、家庭病床、康复护理与健康管理等服务，积极引进长期照护、失能半失能照护康养服务机构。加快完善居家和社区养老服务设施，支持无社区养老服务设施的老城区、老旧小区通过改造、购置、置换、租赁等方式设置嵌入式养老服务设施，新建小区布局养老服务设施，拓展社区养老有偿服务、低偿服务、服务定制包等。

推动医疗、医药、医保、医养、医改"五医"联动，深度推进医养康养融合。支持养老机构配备医务室、护理站，按规定纳入基本医疗保险定点医疗机构范围，鼓励执业医师到养老机构设置的医疗卫生机构多点执业。支持有条件的养老机构开办各类康复医院、护理院、安宁疗护机构等。引导医疗卫生机构加强老年医学科建设、增设老年病床。统筹区域内医疗和养老资源，支持将医养结合机构纳入城市医疗集团或紧密型县域医共体。推动基层医疗卫生机构按照"定期+按需"的原则，为辖区未设立医疗卫生机构的养老机构开展上门巡诊服务。推进面向医养结合机构的远程医疗建设，鼓励有条件的医疗卫生机构为养老机构内设医疗卫生机构提供远程服务，鼓励有条件的养老机构内设医疗卫生机构设立远程医疗站点，加入全省远程医疗平台。有效利用社区卫生服务机构、乡镇卫生院等基层医疗资源，重点为失能老年人提供集中或居家医养结合服务，实施社区医养结合能力提升工程。加大医务人员从事医养结合服务支持力度。实施医师执业地点区域注册制度，支持医务人员到医养结合机构执业，鼓励退休医务人员到医养结合机构执业，引导职业院校护理及相关专业毕业生到医养结合机构执业。医养结合机构中的医务人员在职称评定、专业技术人员继续教育等方面享有与其他医疗卫生机构同人员等待遇。

4. 发展中医药养生

发挥中医养生保健和治未病优势，依托良好的生态环境、丰富的自然资源、蓬勃发展的中医药事业及悠久的民间养生文化，重点实施一批健康养生项目，积极推动中医药养生、太极拳养生及艺术养生综合开发利用，打造特色健康养生品牌。深入挖掘中医药养生文化内涵，拓展中医药健康产业服务，因地制宜，突出特色，打造成集中医药服务体验、药膳食疗养生及养生保健知识推广等中医药特色服务于一体的中医药养生中心。开发中医药养生产品，组织展览展示活动，拓展精准营销渠道。举办大型中医药养生论坛，吸引各地健康养生专家参与，扩大环京地区中医药养生中心影响力。发展太极养生，以太极运动养生为重点，配套融合太极茶道、太极音乐、太极禅音等产品主线，并与景区、度假服务相结合，构建"太极养"主品牌。支持中医师依照规定在养生保健机构提供服务，推进中医治未病健康工程升级。推进省、市级中医医院治未病中心和县级中医医院治未病科建设，着力提升中医治未病能力。鼓励中医药机构充分利用生物、仿生、智能等现代科学技术，研发一批保健用品、保健器械器材等。建立中医药健康科普联动机制，大力推广普及太极拳、八段锦等养生保健方法，推广体现中医治未病理念的健康工作和生活方式。

健全中医药服务体系，健全和完善以省级中医医院为龙头，市、县中医医院和其他医疗机构中医科室为骨干，基层医疗卫生机构为基础的中医药服务体系。分区域设置一批省级中医诊疗中心，省、市、县三级至少设置1所公办中医医院。在综合医院、妇幼保健机构等非中医类医疗机构设置标准化的中医药科室，综合医院应设置中医临床科室，社区卫生服务中心和乡（镇）卫生院设置中医馆、国医堂等中医综合服务区，卫生服务站和村卫生室提供中医药服务。

充分发挥环京地区中医药资源优势，坚持养老与养生结合，发挥中医药在治未病、慢性病管理、疾病治疗和康复中的独特作用，推广中医药适宜技术产品和服务。推广适宜老年人的中医"治未病"干预方案，普及中医养生保健知识和太极拳、健身气功等养生保健方法，推广体现中医"治未病"理念的健康工作和生活方式。开展相关中医药防治技术开发、药物研发、多学科临床协作攻关，提升中医药在重大疑难疾病、慢性病、传染病诊疗等领域的疾病诊疗和康复能力。支持中医医疗机构积极开展中医药服务贸易工作，加强与"一带一路"共建国家的中医药贸易合作。加快中医药与温泉、森林、草场等资源的融合和组合开发，建设一批规范化的中草药种植产业示范园和规范化生产基地。支持社会力量开展中医特色治疗、康复理疗、针灸推拿、药膳养生等服务项目，研制保健品、功能食品、药酒、固体饮料、胶囊、药妆等产品。加快引进和培养中医药专业人才，建设一支专业化的中医药服务队伍。促进中医药与温泉、森林、气候资源的融合，组合开发具备显著康养功效的中医药产品，全面提升中医药康养产业高质量发展水平。

加快发展现代中药，建立中药产业高质量发展体系，打造中药材种植"两带三区"，深入开展中药材种植标准化基地建设和道地中药材"三品一标"提升行动，做大做强河北道地药材产业基地。实施中药材种植提质增效、中医药工业现代化等系列工程，打造药材种植、研发、生产、加工基地，提升中医药保健服务水平。提升安国中药都综合实力，彰显安国"千年药都"金字招牌，打造全国领先的中药材集散地。实施中药工业现代化工程，壮大石家庄和安国中医药产业集群，加速唐山、衡水、邢台等市产业集聚，大力发展中药保健品、功能食品、日用品、化妆品、食品添加剂，延伸中药工业产业链，引导中药生产企业向规模化、精深化、差异化和品牌化发展，着力提高产品的市场占有率和品牌影响力。支持河北省中药企业开展古代经典名方、名老中医药方、医疗机构制剂等中药新药研究，发展新型抗肿瘤药物、心脑血管药物、新型胃肠动力障碍药物等中药创新药物。

5. 推进医研产深度融合

强化医养结合保障和支撑体系建设，推进医养结合标准化，集聚发展区域医疗中心、医疗研发中心和医疗产业中心，重点发展远程医疗、基因检测、个体化治疗等高端健康服务新业态，引进医疗院士（专家）工作站，建设名医工作室。紧紧围绕康养产业链，努力培养一批高素质应用型、复合型的健康管理、咨询、服务和资产经营管理人才，力争把环京地区建成康养产业链人才培养中心、技术服务中心、专业培训中心、顾问咨询中心。依托环京地区基层医疗卫生机构，建立"候鸟"康养人群医疗服务绿色通道，推出康养巡回医疗和公共卫生服务，依托医学院校，围绕以人为核心的健康需求，构建"政、产、学、研、用"为一体的新型产业发展模式，打造一流的生命健康产业集群，聚焦产业前景和中高端消费需求，布局建设高端康养综合体、医教研产养融合中心等高端健康产业集群，重点发展高端健康管理服务、中医治未病健康服务，创新健康管理服务模式，探索医疗机构与保险机构合作，推动"以治疗为主"向"以预防为主"转变。支持域内康复机构与国内外先进康复技术合作，建设现代康复理疗中心，依托医疗康复理疗资源，开展中西医结合的综合康复服务，鼓励社会资本举办高端医疗、医美、医养服务机构，提升现有医疗康复护理等服务水平，逐步形成产业效应。

依托现有产业基础，强化创新、加大研发力度，重点发展化学药、生物药，提升康养医药发展水平。依托行业龙头企业积极开展创新药、专利药研发，推动特色原料药、高效原料药向新、特、专类药物发展，加快实现新产品、新制剂和高端仿制药产业化，形成一批具有环京地区特色的原料药生产基地。推动骨干企业加强与高等院校、科研院所战略合作，壮大生物制造产业。

7.3　政府引导与政策支持

1. 加强组织领导，做好统筹协调

环京地区发展改革、民政、卫生健康、教体、文旅、商务、科技、财政、信息、市场监管等有关部门要加强沟通和协调，共同推动康养产业发展。建立各部门负责人联席会制度，组织研究、制定产业发展政策措施，统筹配置全市发展资源，及时协调解决产业发展中的重大问题。设立产业发展工作协调推进领导小组办公室，由专职人员负责推进工作的联络、组织等。环京地区政府有关部门要定期发布区域内优先发展的康养产业领域指南，引

导社会资源资本投向。完善康养产业统计体系，编制康养产业发展指标计划，做好规划的考核、评估和修订工作，适时总结规划实施情况，并根据规划实施情况和康养产业发展要求，调整专项发展规划的有关内容。制定环京地区康养产业发展指导意见、三年行动计划、年度工作方案等，将规划工作任务细化，将工作任务落实到具体部门、具体责任人。各部门制定生命健康产业年度工作计划，明确生命健康产业发展的重点工程、重点工作及其相关负责人。

探索康养产业发展正面引导和负面清单相结合的管理方式，简化项目审批环节，优化审批程序，建立市场准入、重点项目审批"绿色通道"。鼓励支持医疗机构利用现有资源申办养老机构和符合条件的养老机构申办医疗机构，实现医养结合跨界审批"双向通车"。以推进医养结合为抓手，采取政府引导、社会参与、个人承担、商业保险的方式，为老年人养老就医提供资金保障。实施好中医诊所、养老机构内设医务室和护理站备案管理，积极推进长期护理保险制度试点建设。

2. 完善政策体系，优化市场环境

统筹康养产业发展政策以及相关产业发展政策，统一制定康养产业扶持政策，从财政支持、土地供给、技术创新、税收优惠、投融资政策、项目、人才以及住房等方面加大对生命健康产业的支持。推进形成"政府引导，市场主导"新格局，以重点项目包装，招商平台构建、支持政策出台为重点，实现招商引资。创新投融资体制机制，优化康养领域资金资源投入使用方式，多渠道构建项目回报机制，激发各类主体投资活力，加大康养领域投资力度。落实用地保障政策，完善信贷支持、补助贴息等支持政策，吸引社会力量参与，通过购买服务、股权合作等方式，支持各类市场主体增加康养服务和产品供给。及时公布本地康养扶持政策措施清单、供需信息、投资指南等，打造便捷高效的政务服务环境。

保障康养产业土地供给，对符合条件的重点项目，优先考虑纳入省重大产业项目库，享受用地保障政策。倡导实施多元化土地供应策略，以促进健

康产业用地的高效利用，具体涵盖长期租赁、租让并行、先租后转及弹性年期供地等灵活出让方式。在新增经营性用地规划分配中，应依据区域卫生与健康服务需求评估结果，积极促进健康服务设施的配套建设。鼓励城市深度挖掘存量土地资源潜力，通过创新转型、节余地块再利用、政府回购储备等手段，激活土地市场，专项支持健康产业用房建设。倡导社会各界利用边角地块、废旧工业厂房等闲置资源，改造升级为体育设施，以丰富公共体育空间。为加速康养产业的金融赋能，应加大对符合条件的康养企业的金融支持，如股权融资、行业内并购整合及债务融资工具的发行。金融机构应积极响应市场信号，对健康产品和服务出口、健康产业企业的跨国并购活动提供市场化、专业化的金融服务支持。同时，需确保健康服务机构能够充分享受税收减免、行政事业性收费优惠及合理的价格政策，以减轻其运营成本。对于体育场馆等运动健身设施，应执行不高于普通工商业的电、气、热价格标准，并依据政策规定享受房产税、城镇土地使用税等方面的税收优惠，进一步激发体育健康产业的活力与潜力。

加强项目库建设，引导社会资本参与投资，围绕区域定位和产业布局，在康养医疗、康养旅游、康养运动、康养农业、康养工业深度融合领域增加有效供给，编制康养产业规划项目库，精心谋划储备一批重大康养产业化项目和康养基础设施项目，分年度安排投资计划，纳入重点项目予以强力推进，设立康养产业重点项目库，编制《重点项目招商手册》，构建招商平台，定期推介。编制年度康养资源及优秀项目推介规划，搭建企业＋政府招商平台，到发达城市定期开展全国康养项目推介会。

3. 健全行业规范，实施考核评价

健全行业规范制度，营造康养产业发展良好氛围，加快推动康养产业行业规范，建立健全康养产业标准体系，扩大服务标准覆盖范围。广泛推行服务承诺、服务公约、服务规范等制度，推动行业、知名企业、公民参与，发展康养社工、康养志愿者，以绿色、人文、公益等服务康养群体，丰富人文内涵，搭建康养消费平台。加强多部门协同监管，建立部门协作机制，重点

完善养老、旅游、互联网、健身休闲、医疗健康的跨界融合监管，强化食品药品安全监管，保障人民群众食品药品安全。

结合环京地区实际，参照国内外相关标准和规范，完善相关标准体系。探索研究建立康养产业监测统计与核算制度，强化康养资源调查和康养产业统计监测。建立推动康养产业融合发展的督查和评估制度，突出目标导向、问题导向和结果导向，加强动态管理和过程控制。探索建立康养产业发展的监测核算与统计信息发布制度，加强对重点领域、重点企业的统计监测，及时掌握产业发展动态，研究解决产业发展中出现的各种问题。研究建立适应康养产业新技术、新产品、新业态、新模式发展的包容有效审慎监管制度，强化药品安全监管，完善对养老、旅游、互联网、健身休闲与医疗卫生跨界融合的监管，加强临床研究的伦理审查机制建设。依法依规建立医疗卫生和药品流通行业黑名单制度。深入开展对无证行医、欺诈骗保等严重失信行为的专项治理，持续加大对虚假违法医药广告的打击力度。建立医疗卫生机构和医务人员不良执业行为记分制度，完善以执业准入注册、不良执业行为记录为基础的医疗卫生行业信用记录数据库。为强化医疗卫生与药品流通领域的监管效能，应依法合规构建行业失信惩戒机制，即"黑名单"制度。针对无证非法行医、欺诈性骗取医保资金等恶劣失信行为，需深入实施专项整治行动，并持续强化对虚假、违法医药广告的宣传查处力度，营造清朗市场环境。同时，建立并实施医疗卫生机构及其从业人员不良执业行为记分管理体系，完善涵盖执业资格准入注册、不良行为记录在内的医疗卫生行业信用信息系统，确保信用数据的全面性与准确性，为行业监管提供有力支撑。

推进康养服务领域社会信用体系建设，建立失信联合惩戒机制，培育和维护规范、有序、文明的康养市场。建立康养机构红黑名单制，利用专业信息化平台，定期组织对康养企业和机构资质审核和监管，及时利用平台对康养企业运营情况进行监测和评估。对欺行霸市、欺售假劣、欺客宰客等失信行为的机构、企业、人员及社会组织实施联合惩戒，将其行政处罚、抽查检查结果等信息依法在各类各级信用信息平台公示。建立常态化督查考核机制，强化激励和问责，制定考核评价细则，康养产业发展领导小组对实施进度和效果进行年度监测和评估，对环京地区中好的做法和典型经验，及时总结、积极推广。

7.4　金融支持与资本引导

1. 设立康养产业发展专项基金

设立康养产业发展专项基金是推动康养产业发展的重要举措。通过对接农业、医疗卫生、扶贫、林业等相关产业发展基金，可以大幅度增加对康养产业的投入力度，这种多部门、多领域的资金整合，能够有效提升康养产业的资源配置效率，实现资金的最大化利用。财政部门每年应安排一定比例的资金作为康养发展专项资金，用于宣传推广、发展奖励、项目规划及申报等工作。通过发起设立多个专项产业子基金，可以壮大康养产业投资基金规模，培植优势产业集群，不断提升资本的放大作用。例如，可以设立养老服务基金、康复医疗基金、健康管理基金等子基金，针对不同的康养细分领域进行精准投资，促进各子领域的协调发展。政府应加大购买服务的力度，调整和优化支出结构，建立健全财政支持产业发展的机制。通过整合现有政策和资源，可以为符合条件的康养企业提供建设补贴和运营补贴，这不仅能减轻企业初期建设和运营的资金压力，还能提高企业的市场竞争力，吸引更多的社会资本进入康养产业。

此外，还可以整合小额担保贷款贴息、财政扶贫贷款贴息等专项资金，对从事康养发展的企业实行政府贴息政策。例如，针对小微康养企业的融资难题，政府可以提供贷款利息补贴，降低企业融资成本，激发企业发展动力。积极争取康养产业投资基金，用于扶持、孵化和培育优势特色康养项目，能够推动创新型、特色型康养企业的成长，形成多层次、多元化的康养产业生态。为了确保专项基金的高效运作，政府还应建立健全专项基金的管理和监督机制。通过设立专项基金管理委员会，明确各方职责，确保资金的规范使用和透明运作。同时,引入社会资本、专业投资机构参与专项基金的管理和运作,提升基金运作的专业化水平,确保资金投向高效、回报可观的项目。

2. 建立政府、金融机构和企业融资合作平台

搭建政府、金融机构和企业的融资合作平台,是推动康养产业发展的重要举措。通过探索"省级财政贴息、政府政策优惠、担保公司担保、金融机构贷款、项目业主开发"的"五位一体"投融资建设模式,可以有效支持康养机构(企业)的贷款需求,解决融资难题,促进康养产业的稳步发展。政府可以与银行签订基础设施建设项目战略合作协议,确保银行给予康养企业必要的授信额度。在协议的框架下,政府提供财政贴息支持,降低贷款利率,减少企业融资成本。此外,政府还可以通过财政资金的注入,为银行提供担保,降低银行的信贷风险,鼓励银行加大对康养产业的贷款支持力度。如政府可以设立专项贷款担保基金,为康养企业的贷款提供担保,降低企业的融资门槛和成本,确保企业顺利获得贷款。

地方金融机构应大力扶持符合康养发展导向的新建和改扩建项目,优先安排贷款资金。地方金融机构可以建立专项信贷政策,针对康养产业的特点,推出符合实际需求的信贷产品,如康养贷款、养老服务贷款等,确保资金的精准投放。同时,金融机构还可以根据康养项目的具体情况,制定灵活的贷款条件和还款方式,降低企业的融资压力,提高贷款的可获得性和使用效率。在实际操作中,政银企合作还可以通过多种方式强化合作。如政府可以组织定期的政银企对接会,促进银行与康养企业的直接交流,了解企业的融资需求和发展情况,及时提供金融支持。同时,政府可以建立信息共享平台,将康养企业的融资需求和金融机构的信贷资源进行对接,优化资源配置,提升服务效率。

此外,鼓励企业通过股权融资、债券融资等多种融资方式,拓宽融资渠道,降低对银行贷款的依赖。政府可以设立康养产业发展专项基金,提供股权投资支持,吸引风险投资和天使投资,鼓励社会资本参与康养产业的投资。此外，政府还可以支持康养企业通过发行企业债券、资产证券化等方式筹集资金，丰富企业的融资渠道，降低融资成本。同时，政府应推动金融产品创新，支持金融机构开发针对康养产业的信贷产品和保险产品。如支持商业银行推出专门的康养贷款产品，提供低利率、长周期的贷款支持；鼓励保险公司开发康养保险产品，如养老护理险、长期护理险等，增强康养机构的风险保障能力。

3. 综合运用多种投融资工具，加强社会资本引导

综合运用多种投融资工具，积极引导社会资本进入康养产业，是推动环京地区康养产业持续发展的关键举措。要支持商业保险公司开发康养服务相关的保险产品，通过推行康养服务综合责任保险，可以有效覆盖康复、医疗、养老、护理等服务环节，增强康养机构的抗风险能力。尤其是在全国医保异地结算政策的利好背景下，应加快制定长期护理保险等新型养老金融工具的配套策略，充分利用政策红利，提升养老服务的保障水平。金融机构应积极创新融资模式，开发针对养老服务业的信贷产品。如可以通过以收费权质押等方式，拓宽抵质押担保范围，创新信贷方式，畅通康养机构的融资贷款渠道，这不仅可以缓解康养企业的资金压力，还能推动金融资源更加高效地配置到康养产业中。同时，鼓励金融机构为符合条件的康养企业提供上市融资支持，帮助企业通过资本市场筹集资金，实现快速发展。

引入社会资本是推动康养产业发展的重要手段。政府应鼓励国有企业、知名康养企业和社会资本共同参与康养项目的投资、建设和运营。具体操作中，可以通过设立专项基金，提供财政补贴和税收优惠等政策措施，吸引社会资本积极参与康养产业的建设。利用资产抵押的方式进行融资也是一个有效的手段，康养企业可以将土地使用权、开发经营权或其他经营收费权作为抵押物，向银行借款，获取发展所需的资金。与此同时，可以将康养项目打包，通过发行信托凭证向社会集资，进行信托融资。这不仅拓宽了企业的融资渠道，还能吸引更多的社会资金进入康养产业。政府应充分利用国家的鼓励政策，开展政策支持型信贷融资。例如，可以通过养老国债项目、医疗专

项基金、扶贫基金支持和生态保护项目等途径，提供政策性资金支持。这些政策性资金不仅可以降低企业的融资成本，还能促进环京地区康养产业的可持续发展。

7.5　打造康养知名品牌

1. 建设环京地区全产业链康养品牌体系

深入挖掘环京地区历史、文化、环境和民俗等各项资源，对接国内外康养市场的实际需求，依托京津地区优质医疗卫生资源与环京地区生态环境的有机结合，通过举办国际康养大会、各类国际级康养赛事、具有较强影响力的文化旅游康养品牌活动，塑造环京一流康养地区的形象。探索企业品牌、产品品牌、区域品牌、中华老字号、地理标志保护产品等品牌统一培育管理新模式，培育一批竞争力强、影响力大的知名品牌。通过深化区域间交流合作，举办开展系列宣传营销推广活动等途径，打造形成集各地区品牌、企业品牌、产品品牌、节庆品牌、服务品牌等于一体的全产业链康养品牌体系。

引入新项目，注入新技术、新理念和新设施，提升环京地区康养休疗品牌，形成一批叫得响的康养服务品牌。强化生物医药、中医药、健康食品、康复辅具等领域品牌培育，形成一批环京地区生命健康制造品牌。为了深化服务业品牌化战略，需聚焦于健康旅游、养老照护、休闲养生及体育健身等关键领域，加大品牌培育与推广力度，在环京区域打造一系列具有鲜明特色的生命健康服务品牌，并孕育出若干享誉全球的体育赛事品牌；强化商标、地理标志等知识产权的管理与保护体系，加速推进品牌商标化的进程。为提升环京地区康养品牌的综合竞争力，需进一步完善质量信用分级分类管理机制，通过强化品牌推广与宣传策略，不断提升其知名度、美誉度及市场影响力；应积极争创国家级质量品牌提升示范区，培育一批竞争力强劲、市场影响力广泛的知名品牌，并鼓励企业参评中国质量奖，以标杆引领行业进步。

在生物医药、健康食品、康复辅助器具及文化旅游等关键领域内，需加大品牌培育力度，通过精准施策，全面提升环京地区康养品牌的内在价值与市场地位；持续强化对驰名商标、中华老字号及地理标志等品牌的管理与保护，进一步加速品牌化进程。在品牌推广方面，应充分利用"中国品牌日"等国家级平台，深度挖掘并弘扬环京地区康养品牌的文化内涵；支持企业积极参与国内外各类博览会、发布会等高端交流活动，拓宽品牌展示渠道，不断提升环京地区康养品牌的国际知名度、美誉度及影响力。

2. 培养康养龙头企业

深化康养产业供给侧结构性改革，通过兼并、重组、联合等多种形式做大做强康养企业，是提升产业竞争力的关键举措。环京地区可以借鉴国际先进经验，积极推动康养企业在规模和技术上的提升，培育具有世界知名度和竞争力的大型健康产业"单项冠军"企业。通过兼并、重组、联合等多种形式，环京地区康养产业将实现资源优化配置和规模效应。兼并和重组有助于整合行业内的优质资源，避免资源浪费，提高产业集中度和市场竞争力。联合则能发挥协同效应，增强企业创新能力和市场开拓能力。例如，某些地方政府可以通过政策引导和资金支持，推动本地中小康养企业的兼并重组，形成具有较强市场竞争力的大型企业集团。环京康养企业应积极对标国际先进水平，引进和借鉴国际领先的管理经验和技术标准，加速提升自身竞争力。例如，可以引进国际知名的康养企业，通过合作办学、技术引进、联合研发等方式，提升企业的管理水平和技术水平。同时，政府可以搭建国际交流合作平台，促进本地企业与国际康养企业的深度合作，提升本地企业的国际竞争力。

政府应加大对康养产业领军企业的培育扶持力度，尤其是在资金、政策、技术等方面给予重点支持。在医、养、康、文、体、旅等领域，培育一批市场效益好、发展潜力大、龙头带动作用强的国内知名企业。例如，可以通过专项资金、税收优惠、用地支持等措施，扶持本地优秀企业的快速成长，使其成为行业内的"单项冠军"。环京地区可以通过政策优惠和营商环境优化，吸引国内外健康产业龙头企业在环京地区设立区域总部、研发中心和生产基地，具体措施包括提供税收减免、土地优惠、资金补贴等，吸引知名企业落户。国际知名康养企业在环京地区设立研发中心，将大大提升当地的技术水平和创新能力，带动相关产业链的发展。鼓励传统产业企业跨领域向康养产业转型发展，加快形成一批康养全产业链条的大型企业集团。例如，一些传统制造业企业可以利用自身在生产和管理方面的优势，涉足康养设备制造和智能化管理领域，推动康养产业的技术进步和服务升级。政府可以通过专项资金支持、技术培训、市场推广等方式，助力这些企业的成功转型。

3. 支持中小微康养企业发展

鼓励康养产业中小微企业向产业园区、特色小镇、专业孵化器、众创空间等集聚，形成产业集聚效应。例如，政府可以建设专门的康养产业园区，提供基础设施、政策支持和市场推广服务，吸引中小微企业入驻，形成资源共享、协同发展的良好局面。政府和行业协会可以搭建企业与高校院所、服务机构等的合作对接平台，促进协同创新，如通过组织产学研对接会、技术交流会等活动，推动企业与高校、科研机构的深度合作，开发康养新产品和新技术，提升企业的创新能力。政府应鼓励和支持有条件的中小微企业建立研发机构，开发康养新产品，促进康养企业专精特新发展，如可以通过设立专项资金、提供研发补贴、减免税收等措施，支持企业的研发活动，提升企业的技术水平和市场竞争力。

通过政策支持和资源整合，打造一批康养领域隐形冠军和"小巨人"企业。例如，可以评选和表彰在某一领域具有核心竞争力和市场影响力的中小企业，给予政策倾斜和市场推广支持，提升其行业地位和品牌影响力。政府应贯彻落实降低要素成本、加大财税支持、优化金融服务、扩大外贸出口等方面的扶持政策，营造良好的政策环境。例如，可以通过减免税收、降低用地和用电成本、提供低息贷款等措施，减轻中小微企业的负担，提升其市场竞争力和发展潜力。

7.6 康养人才队伍建设

1. 培养康养专业人才

以高校、康养培训企业为支撑，建立健全康养服务和市场运营人才培训体系。开展以市场运营、康养服务、保健养生等多方向人才培养和职业培训。积极发展康养指导师新职业，鼓励高校和职业学校设立康养相关学科和专业，培养实用型、技能型人才。依托河北医科大学、河北中医药大学等院校、学会和协会的优势资源，打造公共实训基地，提高从业人员专业素质和能力。全面深化国家高技能人才发展战略的贯彻实施，积极引导职业院校与培训机构聚焦"高精尖缺"技能人才的培育，特别是在康复护理、体育健身、老年关怀、健康旅游等领域，强化从业人员的职业技能提升与培训。鼓励环京区域内具备条件的高等教育机构设立康养相关专业，并构建康养产业人才培育的摇篮，着重培养医疗服务、康复护理、养老健康、健康管理、社会工作及运动健身等多个关键领域的技能型与应用型专才。为进一步促进康养专业人才的供需对接，应将康养领域相关人才纳入紧缺人才目录，以凸显其重要性与市场需求。对于成功获得职业资格证书的学员，应依据政策规定给予相应的经济补贴，以此激励更多人才投身于康养产业，为行业的持续健康发展注入强劲动力。

加大中医药康养人才培养力度，重点整合现有中医教育资源，积极拓展传统中医药职业教育培训机构，重视发挥中医非药物疗法在健康养生中的关键作用，建设中医非药物疗法培训、实践基地，规模化培训掌握老年人临床护理、健康照护、生活护理等传统中医保健护理技能的养老护理员、老年保健师和老年专科护士等高质量专业人才。

2. 引进高层次人才

为吸引高层次人才至环京地区投身创新创业活动，设立"绿色通道"，以高效便捷的方式迎接人才与项目的落地。通过绘制详尽的产业人才分布图谱，系统地制定包含人才需求、潜力项目、可用资源及专项政策在内的四张核心清单，构建一个精准高效的人才与项目对接体系。对于携带先进技术、丰硕成果及优质项目的高层次人才团队，提供全方位的资金扶持，助力其在环京地区顺利实现创新创业及成果转化，吸引并汇聚一批康养产业的领军人物与创新团队，进而催生并培育出康养产业领域内的新兴增长点，推动产业结构的优化升级与持续发展。推进实施"外专百人计划""名校英才入冀"工程，加强急需紧缺专业技术人才引进培养和京津"双一流"名校的人才精准招引等，打造多层次创新人才引进供给体系。设立人才成长计划，积极对接河北省创新人才推进计划、"燕赵科学家"计划、河北省科技新星计划、科技河北百名领军人才培养工程、河北学者计划、高层次创新创业人才支持计划等人才计划，用好省级人才政策。设立"康养产业"人才计划，并组织实施人才计划认定工作，对经认定的人才优先协助申报市级、省级和国家级人才奖励政策和资助政策。对经认定的康养高层次人才，按照类别提供不同等级的安居和资助政策，完善人才在环京地区的工作环境和生活环境。最大限度地吸引集聚省外专家人才，鼓励采用顾问指导、项目合作、兼职返聘、短期聘用、借调、技术承包等多种形式参与环京地区经济社会发展。借助"京津冀区域人才交流大会""京津冀招才引智大会"等系列引才服务活动，吸引、集聚和柔性引进康养产业领域领军人才和创新团队。滚动实施"巨人计划"等系列人才计划，重点支持一批高层次创新创业领军人才，打造一批高水平创新创业团队。

优化康养产业引进人才的公共服务，也是提升人才吸引力的重要方面，政府可以重点对引进人才的住房、医疗、子女教育、家属安置等提供专项服务。例如，可以为引进人才提供高质量的住房保障，解决其住房问题；提供优质的医疗服务，保障其健康；为其子女提供优质教育资源，解决其后顾之忧；为其家属提供就业机会和安置服务，解决其家庭问题。这些措施不仅可以提升引进人才的生活质量，还能增强其归属感和稳定性。

3. 推进产学研多渠道合作

环京地区康养产业的发展需要整合多学科领域的技术资源，形成合力，共同推动康养产业的科学研究与应用。环京地区具备丰富的卫生、中医药、旅游、教育、林业、农业、民政、体育等多学科资源，若能有效整合，将为康养产业的发展奠定坚实基础。例如，利用卫生和中医药资源可以开展关于老年病和慢性病管理的研究，旅游资源可以用于开发康养旅游项目，教育资源可以培养专业的康养人才，林业和农业资源可以开发生态养生项目，民政和体育资源则可以提供社会保障和健康运动服务。这种多学科交叉融合的模式，能够在康养环境和适宜人群的科学研究方面取得突破。通过联合医疗机构、中医药院校、科研单位、企业等各方力量，可以实现资源共享和优势互补。比如，河北省可以依托河北医科大学、河北中医药大学等高等院校，建立康养科技创新联盟，集中力量开展对人体保健、预防、康复等关键技术的研究。河北医科大学在临床医学和公共卫生方面有着丰富的经验，而河北中医药大学则在中医药理论和实践方面具有独特优势，与科研机构合作能够为康养产业的发展提供坚实的理论和技术支撑。

此外，环京地区应充分利用人社厅、科技厅等部门提供的人才培养机会，搭建和强化康养人才队伍。通过设立专项培训计划、组织专业讲座、开展科研项目合作等形式，可以不断提升康养从业人员的专业水平。例如，可以组织康养企业与高校合作，定期开展学术交流和技术培训，促进学术研究成果的转化应用。

引导学校与康养企业合作，是实现产学研结合的重要举措。学校可以与康养企业共同开展专业教学指导和校外实训指导，形成双赢机制。例如，学校可以将最新的科研成果和技术引入教学中，培养出符合企业需求的专业人才；企业则可以借助学校的科研力量，提升自身的技术水平和创新能力，这种合作模式不仅可以为教学、科研、生产、人才培养以及技术支撑服务等奠定基础，还能推动康养产业的整体进步。通过这种双赢机制，学校可以更好地培养适应市场需求的专业人才，企业也可以不断提升自身的技术和服务水平。例如,高校可以与当地康养企业合作,开展中医药在康养产业中的应用研究,开发具有中医药特色的康养产品和服务;可以与医疗机构合作,开展老年病和慢性病管理的临床研究,制订科学的康养方案。通过这种方式,可以实现学术研究与产业应用的无缝对接,推动康养产业的创新发展。

同时,环京地区应积极推动康养产业与科技创新相结合,可以设立康养科技创新基金,支持高校、科研院所和企业开展康养技术研发和应用示范项目。例如,可以在智能健康管理系统、健康监测设备、远程医疗服务等方面进行重点支持,推动康养产业的智能化、信息化发展。通过科技创新,可以提升康养服务的质量和效率,满足人民群众日益增长的健康需求。

4. 人才评价与激励

在康养产业领域,科学合理的人才评价和激励机制是吸引和留住高层次人才的重要保障。通过改进人才评价机制,落实高层次人才工资分配激励机制和科研人员职务科技成果转化奖励机制,可以科学确定和合理提高领军型、技能型人才的薪酬待遇。例如,可以建立绩效考核制度,根据康养产业发展目标和人才的实际贡献进行评估,确保薪酬与绩效挂钩,激发人才的工作积极性和创造力。在此基础上,探索建立"企业评价+政府奖励"的人才激励机制,赋予企业更大的人才评价自主权,是推动康养产业发展的重要手段。企业可以根据自身发展需求和市场变化,对人才进行综合评估,确定薪酬和晋升方案。同时,政府可以设立专项奖励基金,对在康养产业发展中做出突出贡献的企业和个人进行奖励。这样不仅能够激发企业的人才培养积极性,还能鼓励更多人才投身康养产业。

设立引才专项基金是吸引高层次康养产业人才的重要手段,地市可以设立专门的引才基金,并划出一定比例用于康养产业的人才引进和培养。例如,可以通过专项基金资助高层次人才的科研项目,提供科研启动资金,帮助他们快速开展工作;还可以提供住房补贴,解决人才的后顾之忧;提供医疗保障,为高层次人才及其家属提供优质的医疗服务,提升他们的生活质量。

同时，加强人才信息服务，定期发布康养产业重点引才目录，是实现人才资源高效配置和利用的重要举措。政府和企业可以联合建立开放共享的高层次康养产业人才信息云平台，通过该平台发布最新的招聘信息、人才需求、科研项目等，方便人才与企业之间的双向选择，还可以组织定期的招聘会、人才交流会等活动，为人才和企业搭建沟通桥梁。

此外，还应优化康养产业引进人才的公共服务。政府和企业可以共同努力，为引进的人才提供全面的生活保障服务。例如，为引进人才及其家属提供便利的落户服务，解决他们的子女教育问题，为家属提供就业机会等，可以建立高层次人才俱乐部，定期组织各类文化娱乐活动，增强人才的归属感和幸福感。在康养产业领域，还应重视职业发展路径的设计，为人才提供广阔的职业发展空间。例如，可以建立健全的职业晋升通道，为技术人才和管理人才提供多样化的发展路径，可以开展定期的培训和进修计划，帮助人才不断提升专业技能和管理能力，增强他们的职业竞争力。

第 8 章

结论与展望

8.1　研究结论

1. 环京地区康养产业发展机遇与挑战并存

通过实地调研、专家访谈及文献分析，本书深入剖析了环京地区康养产业的现状。目前，环京康养产业园建设日新月异，康养休闲养生旅游蓬勃发展，健康养老服务呈现多元化发展趋势，整个环京区域的多点发展形势喜人。从自然资源丰富度、区位优势、现有产业基础、丰厚的中医药资源，以及深厚的人文底蕴，再到京津冀协同发展战略的推动，环京地区康养产业正面临着前所未有的发展机遇。然而，与机遇并存的是一系列的挑战。环京地区康养产业在发展过程中面临诸多问题，如产业发展层次不够高、融合发展水平有限，基础设施建设相对薄弱，管理运作模式亟待优化，"医养 + 康养"结合程度不够深入，融资渠道狭窄且不畅通，科技创新能力有待提升，以及人才储备与培养存在瓶颈等诸多方面。在未来的发展中，解决这些挑战，充分利用现有的发展机遇，将是环京地区康养产业持续健康发展的关键。

2. 环京地区康养产业发展迅速，但存在区域发展不平衡

通过文本挖掘技术、Python 数据获取技术、因子分析等方法构建环京地区康养产业发展指数来看，2014～2024 年，环京地区康养产业发展总指数总体向右上方倾斜，环京地区康养正处于蓬勃发展中，尤其从 2019 年开始，康养产业发展呈现快速发展的趋势。根据康养产业相关政策文件、国内外相关研究成果和实际数据，建立环京地区康养产业评价指标体系。运用熵权 - TOPSIS 法、调查问卷法、专家访谈法等定性定量相结合的研究方法，对环京地区不同城市康养产业发展水平进行了量化和评估。发现各地区在环境与政策支持、医疗资源与服务、康养服务与设施、数字化康养、中医药康养、经济发展水平、社会认同与参与上发展不平衡。秦皇岛市在康养产业的各个方面均表现突出，是环京地区康养产业的标杆城市。石家庄市、承德市、张家口市、廊坊市、保定市这五个城市在多个指标上表现良好，具有较强的竞争力。唐山市、衡水市这两个城市在康养产业发展上具备一定优势，但在某些方面仍有提升空间。沧州市、邢台市这两个城市在康养产业发展部分指标上存在不足，特别是在环境与政策支持、经济发展水平等方面需要大力改进和提升。邯郸市康养产业发展整体表现较为落后，尤其是在医疗资源与服务、信息化水平等方面亟须改善。

3. 环京地区康养产业在投融资过程中面临困境，金融在推动康养产业发展中具有重要作用

康养产业在投融资过程中面临融资方式单一、融资成本高、投资回报周期长、相关市场机制不完善的困境。金融在支持康养产业发展中能有效促进康养产业资金供给、优化资源配置、推动技术创新、增强企业竞争力、促进区域经济发展、满足多样化养老需求。针对融资渠道不畅、融资成本高等问题，要优化康养产业的多渠道供给，如银行可以通过开辟绿色审批通道、实行优惠利率、设立康养信贷白名单等方式助力康养产业的发展。保险机构可以提供金融支持和融资服务，通过发行债券、提供贷款等方式为康养产业提供资金支持，促进项目的建设和发展。进一步发挥多层次资本市场融资成本低、风险分散和支持长期融资等优势，为养老产业发展提供多元化的融资方式。多渠道吸引聚合社会资本，充分发挥社会力量促进地方老龄事业和养老产业多元化发展的作用。

发挥金融在推动康养产业发展中的作用还要加强政府引导和政策扶持，加强组织领导，做好统筹协调；完善政策体系，优化市场环境；健全行业规范，实施考核评价。要充分发挥金融科技的作用，创新融资产品和平台，提升融资效率和透明度，降低融资成本与融资风险。

4. 医养康养相结合是环京地区康养产业发展的重要支撑，中医药在康养产业发展中也发挥着重要作用

通过选取城市和机构案例，深入分析其在康养产业发展中的创新路径和成功经验发现，医养康养结合在康养产业发展中发挥重要作用。要不断提高环京地区医疗服务水平，完善医养结合服务体系，积极承接京津地区的优质医疗资源，加快建设城市医疗集团和县域医疗共同体，建立健全的康复医疗服务体系，加强康复医疗机构的建设；提升医养结合服务质量，按照方便就近、互惠互利的原则，合理规划、建设和改造医养结合机构；加强医疗与康养机构合作，推进环京地区医疗与康养机构资源的有效整合，鼓励医疗机构与康养机构建立长期合作关系，通过合作协议、联合运营等方式，实现资源共享和优势互补；统筹优化医养服务，实现以医带养、以医促养，发展健康大数据、智慧医疗、远程医疗，推动医疗机构提档升级；推动医疗、医药、医保、医养、医改"五医"联动，深度推进医养康养融合。依托医学院校与科研机构，围绕以人为核心的健康需求，构建"政、产、学、研、用"为一体的新型产业发展模式，推进医研产深度融合。

同时，要发展中医药养生，充分发挥环京地区中医药资源优势，坚持养老与养生结合，发挥中医药在治未病、慢性病管理、疾病治疗和康复中的独特作用。发挥中医养生保健和治未病优势，深入挖掘中医药养生文化内涵，拓展中医药健康产业服务，开发中医药养生产品，推进省、市级中医医院治

未病中心和县级中医医院治未病科建设，着力提升中医治未病能力。加快发展现代中药，建立中药产业高质量发展体系。

5. 数智化技术是环京地区康养产业发展的重要推动力，智慧康养产业是未来的发展方向

本书通过实地调研、案例分析、问卷调查等发现，数智化技术在环京地区康养产业发展中扮演着重要的推动角色，其影响涵盖了多个方面，从管理效率到服务质量再到市场竞争力的提升，都具有显著的作用和潜力。数智化技术通过大数据分析、人工智能和物联网等手段，可以实现对康养服务对象的精准化识别和个性化服务。在环京地区康养产业中，通过对老年人群体的健康数据分析，可以实现对其健康状态的实时监测和预测，提前介入潜在风险，从而改善康养服务的效果和效率。数智化技术还能够应用于康养设施的智能化管理。例如，智能监控系统可以实时监测康养设施的环境条件和老年人的活动情况，确保安全和舒适度。智能化管理系统能够优化资源配置，提升服务效率，降低运营成本，使得康养设施的管理更加高效和可持续。在康养服务中，数智化技术还包括虚拟现实（VR）和远程医疗技术的应用。人们可以通过 VR 技术参与虚拟健身活动或者体验虚拟旅游，增强生活乐趣和康复效果。而远程医疗技术则能够使得人们在家中就能获取到专业医疗服务，解决了部分偏远地区康养服务匮乏的问题。数智化技术的广泛应用不仅提升了环京地区康养产业的服务质量和效率，还增强了其市场竞争力。通过提供智能化、个性化的服务，吸引更多老年人和家庭选择环京地区的康养服务，同时也促进了康养产业的品牌建设和市场份额的扩大。

随着技术的进步和应用场景的拓展，数智化技术将成为推动环京地区康养产业发展的重要动力，不仅提升了康养服务的质量和效率，还促进了康养产业的可持续发展和市场竞争力的提升。因此要不断发挥数智化技术在康养产业中的应用，发展基础信息设施、发展便捷信息化服务系统、推广康养智能产品、发展康养数据管理与服务系统、培植和孵化智慧康养产业。

8.2　研究展望

本书的研究范围与深度可能存在一定的限制，未能全面覆盖环京地区康养产业发展的各个方面和具体案例，由于康养产业涉及多个维度，如医疗服务、文化创意、金融支持等，未来的研究可以进一步扩展至这些具体领域的深入分析。在数据获取和分析过程中，可能会受到数据来源的限制，例如，部分数据的完整性和时效性可能不足，这可能影响到研究结论的准确性和普适性，未来的研究可以通过多渠道、多源头的数据收集方式，确保数据的全面性和科学性。研究方法的选择可能偏向某些特定方面，如文献分析、专家访谈或实地调研等，而未能充分结合多种方法的优势进行综合分析，未来的研究可以考虑采用混合方法研究设计，结合定量分析和定性研究，以全面理解康养产业发展的多维度特征。

在后续研究中，可以从更多维度深化研究视角，如区域差异性分析、产业链条的深入探索、消费者行为与需求的细致分析等。通过比较分析不同地区、不同类型康养机构的发展模式和策略，可以为环京地区康养产业的未来发展提供具体建议。可以借助先进的数据科学技术，如大数据分析、人工智能和机器学习等，加强对康养产业数据的挖掘和分析能力。通过深度数据分析，可以揭示康养服务需求的变化趋势、市场机会的发现及消费者行为的预测，从而支持更精准的决策和政策制定。

参考文献

［1］安树伟，凡路. 京津冀城市群产业链分工格局、机制与发展方向［J］. 河北经贸大学学报，2024，45（2）：57－65.

［2］巴曙松，李成林. 我国养老金融发展的现状评估与政策趋势［J］. 现代金融导刊，2023（11）：21－23.

［3］卜从哲. 河北省康养产业创新发展的环境分析及其路径选择［J］. 中国乡镇企业会计，2018（8）：11－14.

［4］曹毅，张贵祥. 京津冀养老资源供需矛盾和协同创新对策研究［J］. 科技智囊，2021（3）：46－51.

［5］陈臣，刘婧伟，张婷. 统一大市场视域下数字康养投融资现实困境与路径选择——以四川省为例［J］. 攀枝花学院学报，2023，40（6）：12－19.

［6］陈皓阳，崔正涵，陈志全，等. 积极老龄化视角下我国康养产业发展问题识别与对策研究［J］. 卫生经济研究，2022，39（9）：36－38，42.

［7］陈皓阳，葛鹏楠，刘易昕，等. 我国智慧康养政策执行困境及服务推进策略——基于史密斯模型［J］. 卫生经济研究，2020，37（12）：40－44.

［8］陈力，陈华，周凌杉. 资源型城市转型理解辨析与对策思考——以攀枝花康养特色产业为例［J］. 价值工程，2018（35）：7－10.

［9］陈运奇，周琳，侯惠如. 医养结合养老模式的研究与实践［J］. 中华保健医学杂志，2021，23（2）：200－201.

［10］丁文珺，熊斌. 积极老龄化视域下康养产业的理论内涵、供需困

境及发展路径分析［J］. 卫生经济研究，2020，37（10）：3 - 7.

［11］董克用. "金融强国：做好五篇大文章"之五：走好中国特色养老金融发展之路［J］. 金融博览，2024（5）：50 - 53.

［12］董兴杰. 秦皇岛市高端康养产业集群发展路径探索——以主动承接北京非首都功能为视角［J］. 燕山大学学报（哲学社会科学版），2017，18（1）：92 - 96.

［13］房红，张旭辉. 康养产业：概念界定与理论构建［J］. 四川轻化工大学学报（社会科学版），2020，35（4）：1 - 20.

［14］高建立，陈梦竹，田励平，等. 基于社会视角的河北省康养产业发展研究［J］. 甘肃科技，2019，35（9）：1 - 3.

［15］高鹏，杨翠迎，周彩. 医养结合与老年人健康养老［J］. 财经研究，2022，48（4）：124 - 138.

［16］苟翠萍，吴宗辉，谢冰，等. 我国医养结合发展历程与经验总结［J］. 中国医院，2023，27（10）：27 - 30.

［17］国家金融监督管理总局山东监管局课题研究组. 金融支持养老服务产业发展的典型做法与经验启示［J］. 中国银行业，2023（10）：56 - 58.

［18］郝成印，郝凌霄. 关于推进河北省在京津冀养老服务协同中发挥更大作用的思考［J］. 中国工程咨询，2021（11）：79 - 82.

［19］何鸿，王国桢. 乡村振兴视域下"医养康养相结合"养老服务产业高质量发展路径研究——以贵州省为例［J］. 新西部，2023（9）：94 - 96.

［20］何圆，林俊楠，王伊攀. 银行网点布局对养老金融发展的影响——基于金融地理结构的视角［J］. 金融论坛，2023，28（12）：54 - 66.

［21］扈剑颖. 河北省智慧康养产业发展模式研究［J］. 现代商贸工业，2021，42（31）：58 - 59.

［22］蒋其君，王诗晓，刘云，等. 老龄化背景下养老服务金融供给侧创新的研究［J］. 中国农业会计，2023，33（21）：96 - 98.

［23］金融强国：做好五篇大文章［J］. 人民论坛，2023（22）：6 - 7.

［24］《康养蓝皮书：中国康养产业发展报告（2021）》发布［J］. 新西

部，2022，555（8）：160.

［25］柯文轩，施文凯．中国养老产业金融发展业态研究［J］．新金融，2023（9）：51－56.

［26］孔舒．构建新时代中国特色医养结合模式初探［J］．人民论坛，2022（8）：87－89.

［27］李菲，覃凯，张培芳，等．老年人群健康养老服务需求及影响因素实证研究［J］．卫生经济研究，2019，36（12）：42－46.

［28］李后强．生态康养论［M］．成都：四川人民出版社，2015.

［29］李楠楠．基于 AHP－FCE 模型的辽宁省智慧康养服务的综合评价［J］．呼伦贝尔学院学报，2022，30（6）：59－66.

［30］李素红，郭兆红．河北省康养地产发展质量评价［J］．攀枝花学院学报，2023，40（4）：9－16.

［31］李秀芳，郑莹，南金花．医养结合背景下的康养人才困境与对策——以河北省张家口市为例［J］．中国发展观察，2022（7）：97－101.

［32］梁晨．"医养结合"服务体系建设的国际实践及经验启示［J］．北京工业大学学报（社会科学版），2023，23（6）：82－92.

［33］林文静，韩平．黑龙江省健康养老产业提质扩容研究［J］．对外经贸，2021（9）：38－40.

［34］蔺治羽．人口老龄化背景下我国养老金融发展对策探讨［J］．时代金融，2023（10）：32－34.

［35］刘恩，吴巧敏．"十四五"规划下以中医药特色康养服务应对老龄化趋势的思路研究——以浙江省为例［J］．中医药管理杂志，2023，31（13）：7－9.

［36］刘阳，姬茂旺，周键．养老资源配置、信息平台建设与智慧康养满意度关系研究——智慧康养价值感知的中介作用［J］．山东社会科学，2021（7）：100－106.

［37］刘战豫，孙夏令，石佳．康养为核心的三大产业融合发展——以焦作市为例［J］．中国集体经济，2019（7）：20－22.

［38］罗先菊．我国康养产业发展趋势探讨［J］．合作经济与科技，2023（2）：24－25．

［39］门洁．浅析养老金融的理论逻辑、保障水平及发展趋势——基于甘肃省养老金融发展情况［J］．中国信用卡，2023（11）：76－82．

［40］墨天娇．京津冀康养产业发展环境分析及路径选择［J］．河北企业，2020（4）：92－95．

［41］潘家华，李萌，吴大华，等．发展康养产业 坚守"两条底线"［J］．农村．农业．农民（B版），2019（1）：52－53．

［42］青连斌，王羽．推动医养康养心养融合发展的若干问题［J］．湘潭大学学报（哲学社会科学版），2022，46（6）：32－37．

［43］邱丽君，邢丹．城乡服务供给下医养康养智慧养老模式的研究［J］．村委主任，2024（1）：40－42．

［44］曲富有，卫学莉，张帆．康养产业智慧化转型面临的挑战分析［J］．商展经济，2023（19）：137－140．

［45］曲海慧，梅兴文．数字银行促进数字金融和养老金融融合发展［J］．中国金融家，2023（12）：128－129．

［46］任善智，鲍建华，姚占来，等．线上线下结合推动智慧中医康养社区建设［J］．民主，2018（6）：28－29．

［47］沈明辉，邹锐，李宁，等．信息技术在智慧康养中的探索与应用［J］．信息技术与标准化，2019（6）：8－11＋15．

［48］沈艳兵，单晨，黄璐琳．"十四五"京津冀大健康产业协同发展研究［J］．城市，2021（5）：3－10．

［49］施文凯，董克用．人口老龄化背景下建设中国特色养老金融体系研究［J］．中国高校社会科学，2024（1）：96－104＋159．

［50］石莹．河北推出10条中医药康养旅游线路［J］．中医药管理杂志，2018，26（17）：78．

［51］孙继艳，郝晓宁，薄涛，等．我国健康养老服务发展现状及建议［J］．卫生经济研究，2016（11）：13－15．

［52］孙鹃娟，蒋炜康，陈雨欣．医养康养相结合的养老服务体系：政策意涵与实践路径［J］．北京行政学院学报，2023（2）：109－118.

［53］孙雷，鲁强．河北环京地区经济发展的实证研究［J］．河北大学学报（哲学社会科学版），2014，39（1）：47－50.

［54］孙琳琳．做好养老金融大文章［J］．人民论坛，2023（22）：27－31.

［55］孙伊凡，陈丽莎．京津冀异地养老的认知困境与探索［J］．河北大学学报（哲学社会科学版），2019，44（3）：103－108.

［56］汤薇．"互联网＋"时代背景下的智慧康养社区建设［J］．国际公关，2022（16）：176－178.

［57］汪连新．医养康护一体化社区养老服务：理念、困境及借鉴［J］．学习论坛，2019（4）：83－88.

［58］王国桢，何鸿，郭坦．乡村振兴视域下"医养康养相结合"养老服务产业高质量发展研究——以贵州省为例［J］．领导科学论坛，2023（12）：97－101.

［59］王海英．河北省康养产业高质量发展的短板与路径［J］．北方经贸，2021（3）：141－144.

［60］王立剑，朱一鑫，马伟．智慧健康养老产业的现实需求与发展进路［J］．西安交通大学学报（社会科学版），2024，44（3）：31－39.

［61］王擎．建设金融强国的原则和路径［J］．经济学家，2023（12）：13－14.

［62］王玮．利用金融实现养老，让养老助力金融［J］．财富时代，2023（12）：19－22.

［63］王艳霞．环京津康养产业人才供需矛盾及破解之策［J］．经济论坛，2019（9）：36－42，153.

［64］王颖捷，陈友华．医养康养结合养老模式的实践探索与理论思考［J］．江苏行政学院学报，2023（4）：80－87.

［65］吴其伦．养老金融大势所趋，养老金融与资本市场如何实现良性

互动 [J]. 财富时代, 2023 (12): 23 - 25.

[66] 吴文武, 张燕婷. 健康中国战略视阈下的康养治理研究 [J]. 中国行政管理, 2022 (2): 94 - 99.

[67] 阎嘉昀, 孙海军. 国际视域下发展环雄安新区乡镇康养经济研究 [J]. 北华航天工业学院学报, 2020, 30 (3): 32 - 34.

[68] 杨彬. 智慧城市发展背景下的智慧康养社区建设研究 [J]. 建设科技, 2020 (11): 41 - 44.

[69] 杨继瑞, 赖昱含. 中国西部康养产业发展论坛观点综述 [J]. 攀枝花学院学报, 2018 (1): 112 - 116.

[70] 杨菊华. 智慧康养: 概念、挑战与对策 [J]. 社会科学辑刊, 2019 (5): 102 - 111.

[71] 杨丽君. 老龄化、健康养老产业与城乡居民消费层次互动性研究 [J]. 商业经济研究, 2021 (3): 180 - 184.

[72] 杨鑫, 万玉霜. 数智赋能赣南革命老区康养产业发展探究 [J]. 苏区研究, 2023 (2): 120 - 128.

[73] 于代松, 袁诗雨. 推动新时代我国西南地区康养产业创新发展的思考——以洪雅县为例 [J]. 攀枝花学院学报, 2024, 41 (1): 10 - 17.

[74] 喻琨, 宾映初, 曹旭, 等. 产业链视角下湖南省智慧康养服务的综合评价 [J]. 长沙大学学报, 2021, 35 (3): 68 - 75, 92.

[75] 张贝尔, 王红, 李元. 康养旅游产业数字化水平调查与提升策略 [J]. 经济纵横, 2022 (12): 112 - 117.

[76] 张翠英, 韩明娥, 张家硕, 等. 医养结合养老模式及其效果观察 [J]. 社区医学杂志, 2021, 19 (8): 497 - 500.

[77] 张杰, 朱珺. 攀枝花智慧城市背景下"智慧康养"发展路径研究 [J]. 攀枝花学院学报, 2018, 35 (6): 60 - 65.

[78] 张林华. 康养产业和智慧科技深度融合探析 [J]. 城市开发, 2021 (19): 20 - 22.

[79] 张闽. 探讨智慧康养产业的发展有效路径 [J]. 健康中国观察,

2024（1）：58-59.

[80] 张幸. 京津冀养老服务需求的影响因素分析——以河北省为例 [J]. 唐山师范学院学报，2022，44（6）：100-102.

[81] 张旭辉，李博，房红，等. 新冠肺炎疫情对攀西康养产业发展的影响及对策建议 [J]. 决策咨询，2020（2）：90-92.

[82] 张云迪，张秀卿. 智慧城市发展背景下的智慧康养社区建设研究 [J]. 大众标准化，2021（22）：43-45.

[83] 张志雄，王思琦. 老年人医养结合养老服务意愿研究——基于计划行为理论 [J]. 卫生经济研究，2024，41（4）：21-24.

[84] 赵桐，李冰，崔健. 乡村振兴背景下金融支持康养产业发展的模式研究 [J]. 企业改革与管理，2020（15）：214-215.

[85] 赵杨. 北京市机构养老供给现状及环京布局 [J]. 北京社会科学，2022，233（9）：46-54.

[86] 赵艳华，张洪钊. 跨界融合视角下京津冀健康产业发展路径研究 [J]. 中国卫生经济，2018，37（3）：83-85.

[87] 郑伟. 做好养老金融这篇大文章 [J]. 中国社会保障，2023（12）：49.

[88] 郑玉玲，康望星. 以需求为导向的智慧康养社区服务内容研究 [J]. 智能城市，2019，5（24）：8-9.

[89] 周言. 人口老龄化背景下我国养老金融产品发展研究 [J]. 新金融，2020（8）：40-44.

[90] 中国社会科学评价研究院课题组，荆林波. 中国城市康养产业发展评价：基于 AMI 评价模型 [J]. 体育科学，2022，42（11）：3-10.

[91] Carson, Shannon S., et al. "Outcomes after long-term acute care: an analysis of 133 mechanically ventilated patients." American journal of respiratory and critical care medicine 159.5（1999）：1568-1573.

[92] Conrad, Harald. Aging and social policy: a German-Japanese comparison. Vol. 26. IUDICIUM Verlag, 2002.

［93］ Cutler，D，A. Deaton A. Lleras-Muney. The determinants of mortality ［J］. Journal of EconomicPerspectives，2006（3）：97 – 120.

［94］ Ethan M. J. Lieber. Does health insurance coverage fall when nonprofit insurers become for-profits? ［J］. Journal of Health Economics，2018（57）：75 – 88.

［95］ European Health Management Association. "Integrating services for older people：a resource book for managers/edited by Henk Nies，Philip C. Berman." EHMA（2004）.

［96］ Harding，Richard，et al. "Comparative analysis of informal caregiver burden in advanced cancer，dementia，and acquired brain injury." Journal of pain and symptom management 50. 4（2015）：445 – 452.

［97］ Henry Y. Mak. Managing imperfect competition by pay for performance and reference pricing ［J］. Journal of Health Economics，2018（57）：131 – 146.

［98］ Kim，Jin Gun，et al. "The psychological effects of a campus forest therapy program." International journal of environmental research and public health 17. 10（2020）：3409.

［99］ Marek Radvansky，Viliam Páleník. "Silver Economy" as Possible Export Direction at Ageing Europe-Case of Slovakia ［J］. Eco Mod，2011：3280.

［100］ Maria，Avram Emanuela，and Raţiu Monica Paula. "Healthy tourism-a real need in today's challenging society." Journal of Medicine and Life 7. Spec Issue（2014）：38.

［101］ Nils Gutacker，Luigi Siciliani，Giuseppe Moscelli，Hugh Gravelle. Choice of hospital：Which type of quality matters？ ［J］. Journal of Health Economics，2016（50）：230 – 246.

［102］ Paul Z. Pilzer. The Wellness evolution：How to Make a Fortune in the Next Trillion Dollar Industry（2nd Ed）［M］. New Jersey：John Wiley & Sons，Inc. ，2007.

［103］ Sigurðardóttir，Sigurveig H. ，and Marie Ernsth Bravell. "Older caregivers in Iceland：providing and receiving care." Nordic Social Work Research

3. 1 （2013）：4 – 19.

［104］Staiff, Russell, and Robyn Bushell. "Healthy Tourism in a Fijian context." The Journal of Pacific Studies 26 （2004）：103 – 130.

［105］Toner, John. "The continuum of long term care：an educational guide for faculty in the health sciences." Physical & Occupational Therapy In Geriatrics 8. 1 – 2 （1990）：93 – 117.

［106］Yeon, Poung-Sik, et al. "Effect of forest therapy on depression and anxiety：A systematic review and meta-analysis." International Journal of Environmental Research and Public Health 18. 23 （2021）：12685.

［107］Yu, S. Y. , et al. "A unit-coordinator system：an effective method of reducing inappropriate hospital stays." International nursing review 58. 1 （2011）：96 – 102.